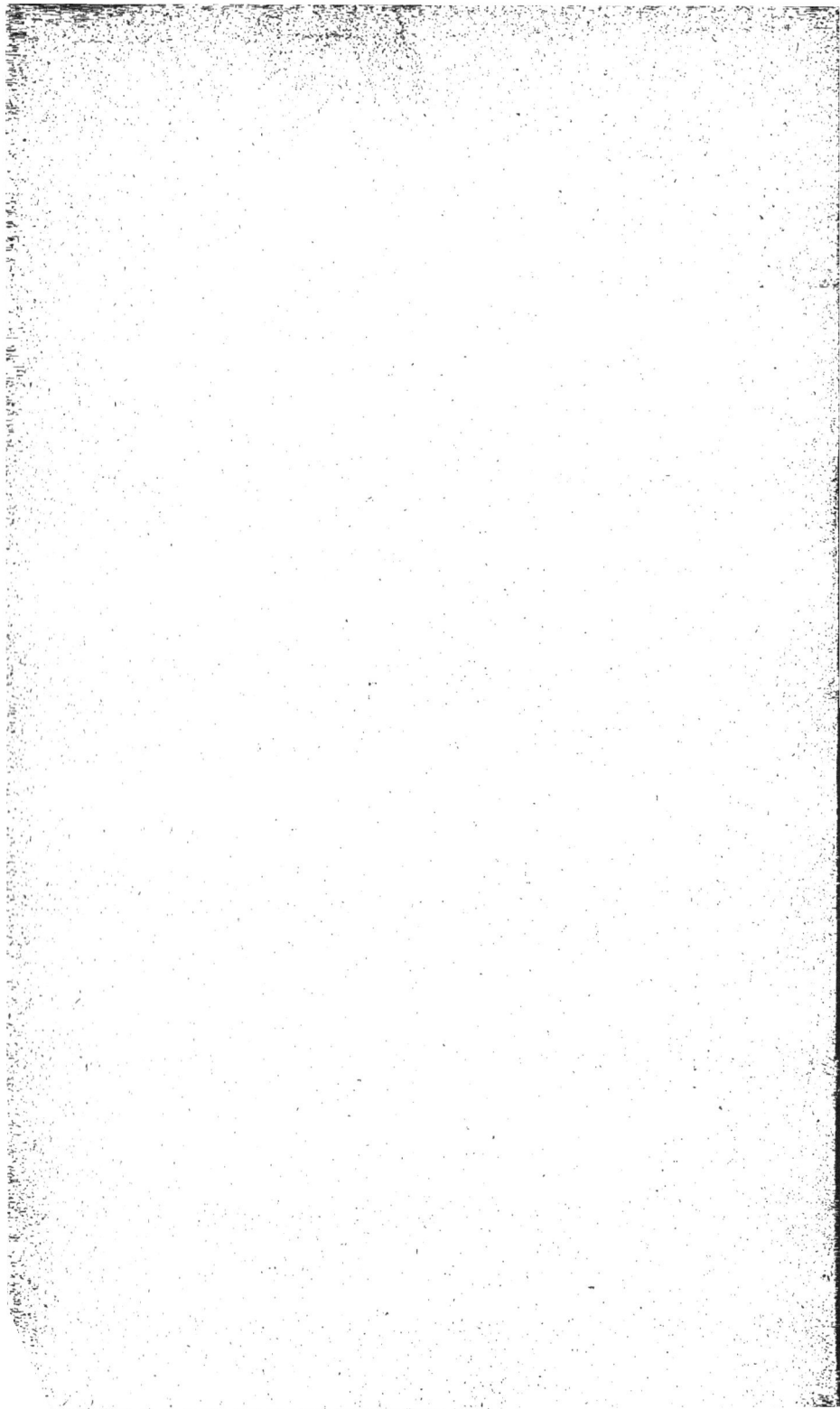

HISTOIRE NATURELLE DES ÊTRES VIVANTS

TOME II
Fascicule I

REPRODUCTION CHEZ LES ANIMAUX

EMBRYOGÉNIE DES MÉTAZOAIRES

HISTOIRE NATURELLE

DES ÊTRES VIVANTS

TOME II
Fascicule I

REPRODUCTION CHEZ LES ANIMAUX

EMBRYOGÉNIE DES MÉTAZOAIRES

A L'USAGE DES CANDIDATS

au Certificat d'études physiques, chimiques et naturelles
et à la Licence ès sciences naturelles

PAR

E. AUBERT & C. HOUARD

Docteur ès sciences,
Professeur au lycée Charlemagne.

Licencié ès sciences naturelles
et ès sciences physiques.

Deuxième édition, revue et augmentée

PARIS

LIBRAIRIE CLASSIQUE DE F.-E. ANDRÉ-GUÉDON

E. ANDRÉ FILS, SUCCESSEUR

6, rue Casimir-Delavigne (près l'Odéon)

(CI-DEVANT, 15, RUE SÉGUIER)

—

1897

PRÉFACE

DE LA PREMIÈRE ÉDITION

———

Le 1er fascicule du second Tome de l'*Histoire naturelle des Êtres vivants* comprend : l'étude de la *Reproduction chez les Animaux;* des *Compléments du Cours d'Anatomie et Physiologie,* Cours qui a fait l'objet du 1er Tome du même ouvrage.

En traitant de la *reproduction chez les Animaux,* je n'ai pas perdu de vue qu'un grand nombre des jeunes gens qui préparent le Certificat d'études physiques, chimiques et naturelles, se destinent à la carrière médicale ; aussi, tout en exposant d'une manière générale l'origine de l'œuf, sa segmentation et son développement chez les Métazoaires, j'ai réservé une large place à l'étude de la reproduction et du développement chez l'Homme.

Les *Compléments* comprennent : l'*étude* de quelques *glandes,* les unes spéciales (*glandes mammaires*), les autres incomplétement connues physiologiquement (*corps thyroïde, thymus, capsules surrénales, pancréas*) ; l'examen des *organes photogènes* et des *organes électriques.*

Il importe aux futurs médecins, comme aux candidats à la Licence ès sciences naturelles auxquels ce livre est également destiné, de posséder des connaissances précises, sinon très étendues, sur des sujets d'une telle importance.

Je suis heureux, en terminant, de témoigner toute ma gratitude à M. Giard, titulaire à la Sorbonne de la chaire d'Évolution des êtres organisés et mon excellent Maître, qui a bien voulu m'aider de ses précieux conseils dans la rédaction de ce travail.

E. AUBERT.

Paris, 1er janvier 1895.

PRÉFACE
DE LA SECONDE ÉDITION

La première édition de ce fascicule est épuisée ; c'est dire quelle faveur l'ouvrage a trouvée auprès des Étudiants. Cédant aux pressantes sollicitations d'un certain nombre d'entre eux, nous en avons augmenté la seconde édition d'une partie importante comprenant l' « *Embryogénie des Métazoaires* ».

Le soin tout particulier avec lequel cette addition a été condensée et illustrée nous fait espérer un accueil plus bienveillant encore de la part des candidats à la Licence ès sciences naturelles et des Étudiants en médecine.

E. AUBERT et C. HOUARD.

Paris, 1er janvier 1897.

TABLE DES MATIÈRES

DEUXIÈME PARTIE
EMBRYOGÉNIE DES MÉTAZOAIRES

TROISIÈME PARTIE
COMPLÉMENTS DU COURS D'ANATOMIE
ET DE PHYSIOLOGIE

HISTOIRE NATURELLE
DES ÊTRES VIVANTS

PREMIÈRE PARTIE

FONCTIONS DE REPRODUCTION
CHEZ LES ANIMAUX

Tout organisme vivant a une existence limitée.

Si tous les êtres mouraient sans rien laisser de leur substance à l'état actif, le monde organisé serait anéanti en peu d'années. Chaque être vivant doit donc assurer non seulement sa conservation propre, mais encore celle de son espèce.

On appelle *reproduction l'ensemble des phénomènes par lesquels les êtres vivants perpétuent leur espèce.* A cet effet, l'animal ou le végétal abandonne l'une de ses parties qui se transformera graduellement en un être *semblable à lui-même ;* cet individu nouveau demeurera vivant après la disparition de l'organisme qui lui a donné naissance.

Les êtres vivants naissent de parents qui les ont ENGENDRÉS.

Pouchet a été l'un des derniers défenseurs (1864) de la théorie de la *génération spontanée :* les anciens admettaient que la plupart des organismes inférieurs, même les Grenouilles et les Chenilles, sont le résultat d'une simple modification des matières en putréfaction, d'une fermentation de la vase des étangs ; que les Vers parasites se forment dans les humeurs des animaux qui les abritent, que les Infusoires apparaissent spontanément dans les infusions où ils pullulent, etc... *Tous ces êtres seraient créés et non engendrés.*

Les expériences de M. Pasteur ont montré qu'il n'en peut être ainsi, même pour les organismes les plus élémentaires.

La théorie de la génération spontanée est universellement rejetée aujourd'hui ; on a reconnu, en effet, que les conditions cosmiques *actuelles* sont inaptes à permettre la transformation des matières organiques en matière organisée douée de vie.

Les phénomènes de reproduction chez les Végétaux ont été longuement traités dans le 1er tome de cet ouvrage (pages 498 à 560) ; nous exposerons uniquement ici les modes les plus généraux suivant lesquels se reproduisent les animaux.

MODES DE REPRODUCTION

1° La reproduction est dite *asexuelle* ou *monogène*, quand un seul être concourt, par *scissiparité* (fractionnement simple ou multiple) ou par *bourgeonnement*, à la conservation de son espèce. Elle a lieu, le plus généralement, sans le secours d'organes spéciaux; les Protozoaires en fournissent de nombreux exemples.

2° La reproduction *sexuelle* ou *digène* consiste dans l'union (*conjugaison*) de deux êtres (Protozoaires), ou dans la *fusion* de cellules spéciales (*germes*) issues de deux êtres distincts (Métazoaires). Ces cellules, parfois identiques, sont le plus souvent différentes d'aspect et prennent naissance dans des glandes particulières ; l'un de ces germes, appelé *spermatozoïde*, a *fécondé* l'autre désigné sous le nom d'*ovule*.

L'*œuf*, qui résulte de l'union des germes considérés, se développe en un être identique aux deux organismes générateurs, qui sont l'un et l'autre *unisexués*.

Parfois, spermatozoïdes et ovules proviennent d'une même glande dite *hermaphrodite* (Escargot, *Cymbulia*) L'ovule peut aussi se développer, chez quelques animaux (Insectes, Rotifères), sans avoir été préalablement fécondé par le spermatozoïde ; c'est le phénomène de *parthénogénèse* ou *reproduction virginale*, qu'on observe assez rarement d'ailleurs.

REPRODUCTION

ASEXUELLE. Scissiparité...... Fractionnement simple. — multiple.
Bourgeonnement.

SEXUELLE. Conjugaison. Fusion temporaire (rajeunissement). — permanente : *Spores*.
Reprod. sexuelle proprement dite. Spermatozoïde. Ovule. Œuf.

I. — REPRODUCTION ASEXUELLE

Les Protozoaires qui sont unicellulaires nous fournissent des exemples nombreux et variés de la reproduction asexuelle.

§ 1. — Scissiparité.

La reproduction par *scissiparité* ou *fractionnement* consiste dans la division de l'organisme ordinairement en deux parties semblables ; les deux êtres nouveaux diffèrent de leur parent par la taille qu'ils acquerront eux-mêmes pour subir une pareille scission.

(a). **Fractionnement simple.** — La *Protamœba primitiva* (fig. 1, *a*) est une Monère de forme à chaque instant variable, semblable à une gouttelette

Fig. 1. — *Protamœba primitiva.* Reproduction asexuelle par *scissiparité* : L'être *a* subit un étranglement en son milieu, *b*; les deux moitiés deviennent indépendantes, *c*.

graisseuse, qui, parvenue à une dimension maximum de quelques centièmes de millimètre, se divise en deux (*b*, *c*).

Chez un Rhizopode, l'*Actinosphærium Eichhornii* (fig. 2), l'aspect aréolaire du corps disparaît ; celui-ci se contracte, devient opaque par l'accumulation de granules en son milieu ; la périphérie seule demeure mince et transparente ; la ligne de séparation (XY) s'établit autour d'une vacuole contractile, *v.c*, qui continue à fonctionner tout en se partageant en deux. Les deux corps globulaires ne sont bientôt plus réunis que par un filament ténu s'étendant entre les sommets des deux vacuoles jeunes, filament qui se rompt lors de leur contraction.

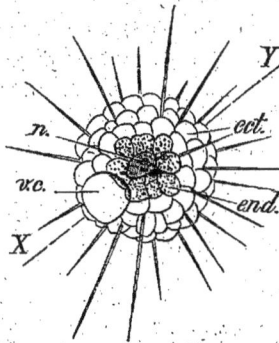

Fig. 2. — *Actinosphærium Eichhornii.* L'animal se divisera en deux, par scissiparité, suivant le plan XY qui coupe la vacuole contractile *v.c. ect*, ectoplasme; *end*, entoplasme; *n*, noyau.

La scissiparité débute par le noyau, chez les *Paramécies* (Infusoires) (fig. 3, *a*). Le noyau ou macronucléus s'étrangle en son milieu, puis l'animal adopte la forme d'un 8 dont le segment antérieur porte le cytostome; dans le segment postérieur se creuse un sillon buccal pour le deuxième individu. Les deux Infusoires nouveaux demeurent assez long-temps accolés; une rupture se produit tôt ou tard; chacun d'eux est désormais pourvu d'un noyau et de deux vésicules contractiles, comme la Paramécie primitive.

(b). **Fractionnement multiple**. — Une Monère, la *Protomyxa aurantiaca* (fig. 4, *a*), nous offre un bel exemple de ce mode de fragmentation. Cette masse gélatineuse orangée émet de nombreux pseudopodes sur toute sa périphérie; parvenue à une taille convenable, elle rentre ses pseudopodes, s'entoure d'une membrane épaisse et transparente : *elle s'enkyste* (*b*).

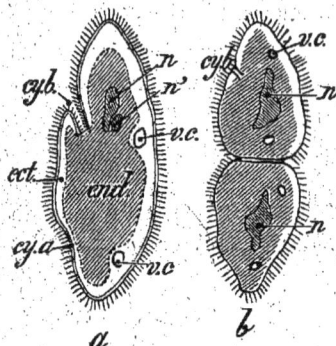

Fig. 3. — *Paramæcium aurelia*. L'être entier *a* présente, en *b*, un étranglement médian d'où résultera sa division en deux individus nouveaux. *cy.b*, cytostome; *cy.a*, cytoanus; *ect*, ectoplasme; *end*, entoplasme; *n*, macronucléus; *n'*, micronucléus; *v.c*, vacuoles contractiles.

La masse, homogène d'abord à l'intérieur du kyste, se divise

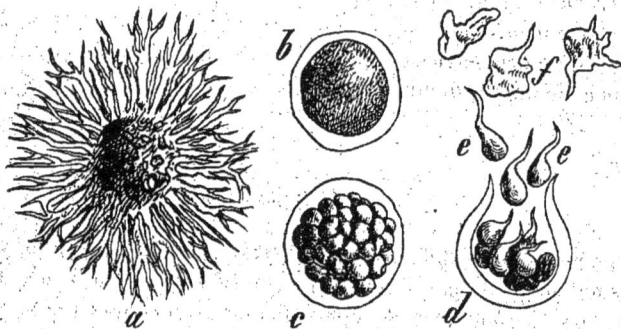

Fig. 4. — *Protomyxa aurantiaca*. L'être parfait *a* s'est *enkysté* en *b*; la masse protoplasmique du kyste se divise en petites sphérules, *c*, qui s'échappent du kyste rompu, *d*, à l'état de *zoospores*, d'abord flagellifères *e*, puis amiboïdes *f*.

en petites sphères indépendantes (*c*) qui s'échappent du kyste rompu (*d*) à l'état de zoospores pourvues d'un flagellum (phase flagellifère, *e*); peu à peu, chacun des petits êtres nouveaux adopte la forme amiboïde (*f*), acquiert des pseudopodes et grandit comme l'individu primitif.

Les Sporozoaires sont des Protozoaires présentant aussi un fractionnement multiple, lorsqu'ils ont atteint leur dimension maximum. Dans ce groupe sont rangées les Grégarines dont l'*Hoplorhynchus oliga-canthus* est un type inté-ressant.

L'*Hoplorhynchus* con-siste en trois segments dont l'antérieur (*épimé-ride, ep*) (fig. 5, *a*) est un appendice de fixation, le moyen (*protoméride, pr*) est dépourvu de noyau ; le postérieur (*deutoméride, de*) pos-sède, outre le proto-plasme, un noyau très net. A un moment donné, la Grégarine s'enkyste; le contenu

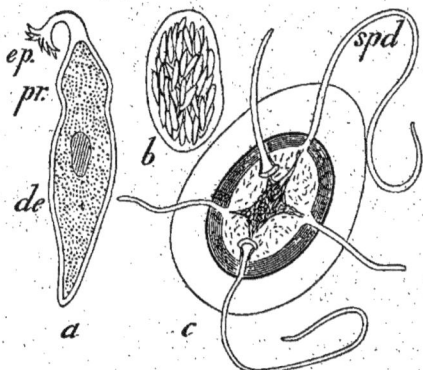

FIG. 5. — *Hoplorhynchus oligacanthus*. L'animal *a* s'enkyste en *b*; le contenu du kyste se partage en une foule de *sporanges* qui s'échappent, en *c*, par les sporoductes *spd*. — *ep*, épiméride ; *pr*, protoméride ; *de*, deutoméride,

du kyste se rétracte, se divise en une foule de corpuscules appelés *sporanges* (*b*). A la surface du kyste apparaissent des tubes (*sporoductes, spd, c*) par lesquels s'échappent les *sporanges*. Chacun de ces corpuscules, sous l'influence de l'humidité, rompt son enveloppe protectrice et met en liberté une masse protoplasmique douée de mouvements amiboïdes.

§ 2. — Bourgeonnement.

Ce phénomène diffère de la scissiparité en ce que les deux orga-nismes produits par l'individu primitif sont de taille inégale ; le plus petit, le *bourgeon*, se sépare du plus grand après que ce dernier a subi un certain accroissement propre à le rendre semblable à l'organisme générateur. Le bourgeon n'entraîne, en se séparant, aucune partie essentielle du parent.

Parmi les Protozoaires, les *Acinètes* se reproduisent par bour-geonnement. La *Podophrya gemmipara* (fig. 6, *a*) est un Infusoire dont le protoplasme, hérissé de suçoirs et de filaments préhensiles, forme des bourgeons plus ou moins nombreux dans chacun

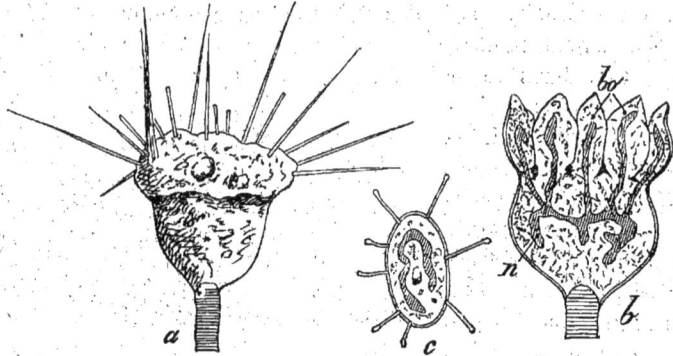

FIG. 6. — *Podophrya gemmipara*. Reproduction asexuelle par *bourgeonnement*.
L'individu *a* forme, en *b*, des bourgeons *bo* qui se détachent et deviennent autant
d'individus nouveaux, *c*.

desquels le noyau envoie un prolongement (*b*). Ces petits bourgeons se détachent et forment autant d'individus nouveaux (*c*).

§ 3. — Scissiparité et bourgeonnement
non suivis de la séparation des individus nouveaux.

Fréquemment, le fractionnement et l'émission de bourgeons se
produisent incomplètement, en ce sens que *les individus ne se
séparent pas; ils demeurent associés
en colonies.*

Ce fait se produit chez les Protozoaires et fréquemment aussi parmi les Métazoaires inférieurs.

**Scissiparité avec associa-
tion.** — Le *Myxodictyum sociale*
(fig. 7) est une Monère présentant
l'aspect de petits grumeaux avec
pseudopodes rayonnants et ramifiés; quand l'un de ces grumeaux a
atteint un notable volume, il se
divise en deux parties qui demeurent associées par leurs pseudopodes, grandissent et se dédoublent

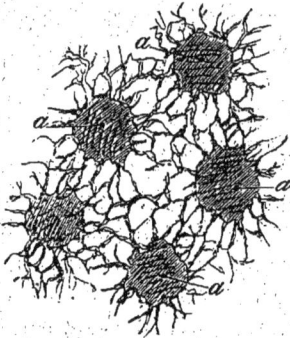

FIG. 7. — *Myxodictyum sociale*.
Colonie d'individus monocellulaires
a demeurant associés après la *scissiparité* d'un être primitif.

à leur tour, et ainsi de suite. L'association de ces individus (*a*) est telle que les courants protoplasmiques entraînent de l'un à l'autre les particules alimentaires.

Les *Monobia* forment également des colonies de Monères. Nombre d'Infusoires forment aussi des associations parfois volumineuses. Les *Rhipidodendron* (fig. 8) sont des cellules flagellifères habitant chacune un tube légèrement conique, plus ou moins arqué, qui croît constamment et n'est habité qu'à son extrémité ; l'association de ces tubes constitue une sorte d'éventail.

Les *Cladomonas*, *Phalansterium*, *Poteriodendron*, etc... édifient également des colonies dont l'aspect est variable avec chaque espèce flagellifère.

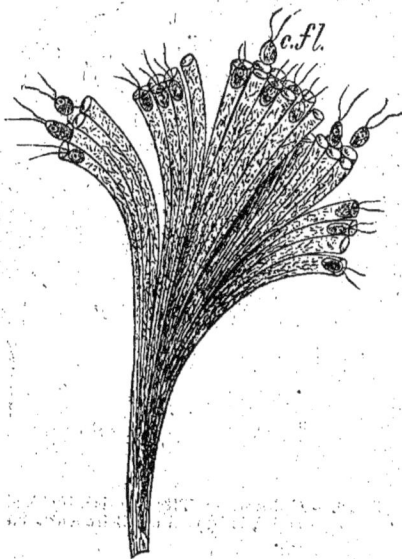

FIG. 8. — *Rhipidodendron*.
Colonie de cellules flagellifères, *c.fl.*

Bourgeonnement avec association. —

Les *Polypes* (Cœlentérés) comprennent un grand nombre de formes coloniales obtenues par un semblable bourgeonnement.

L'*Hydre* est un petit animal, *Hy* (fig. 9, 1), fixé par sa base sur une plante aquatique qui lui sert de support ; elle est constituée par une sorte de doigt de gant avec un seul orifice, *o* (bouche et anus) entouré de 6 à 18 tentacules flottant dans l'eau et destinés à capturer les matières alimentaires. Abondamment nourrie, l'Hydre se hérisse de boursouflures où se prolonge la cavité digestive ; ces saillies s'accusent davantage et forment chacune un animal nouveau (2) avec une bouche, des bras terminaux et une cavité digestive communiquant avec celle de l'animal primitif, *H*. La proie, saisie par l'un quelconque des membres de la nouvelle colonie, est digérée par lui et la matière alimentaire est portée d'une cavité digestive à une autre par les contractions de l'ensemble. Au bout d'un temps variable, des séparations se produisent à la base des cavités des divers individus qui se détachent et adoptent une vie indépendante.

La colonie d'Hydres a été une association temporaire d'individus tous identiques.

Chez le Corail (*Corallium rubrum*, fig. 10), les individus sont

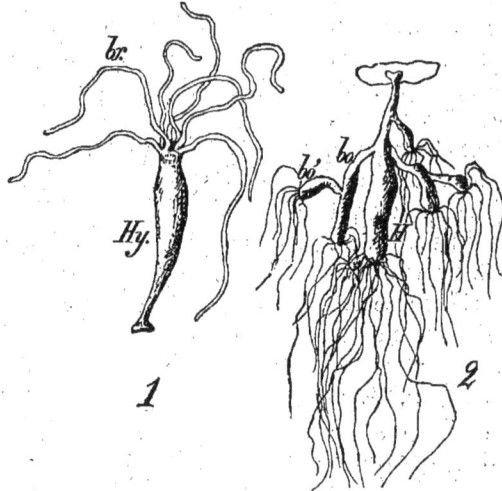

Fig. 9. — *Hydra grisea*. L'Hydre grise, *Hy* (1), abondamment nourrie, forme latéralement des *bourgeons bo'*, *bo''* (2) qui se différencient en autant d'individus *semblables*, associés *temporairement*.

encore tous semblables, mais le *communisme y est parfait et constant*. Chaque individu sécrète un axe calcaire *a.c* (fig. 11) autour duquel sont disposés : d'abord des canaux assez réguliers, *v.r*, parallèles et reliés les uns aux autres; puis d'autres canaux formant un réseau superficiel irrégulier *v.ir*, à mailles très serrées : tout ce système solide s'appelle un *polypier*. La cavité digestive de chaque individu communique avec cet ensemble de vaisseaux, et tous contribuent, chacun pour sa part, à l'entretien de la colonie, du cormus (Giard), qui résulte du bourgeonnement des individus les plus anciens.

Fig. 10. — *Corallium rubrum* (Corail). Sur le polypier *po* sont disposés un grand nombre de polypes, *p*, *tous semblables*.

Sur un même polypier sont des individus d'âges divers; la

substance molle de ceux qui meurent disparaît seule, les bour-

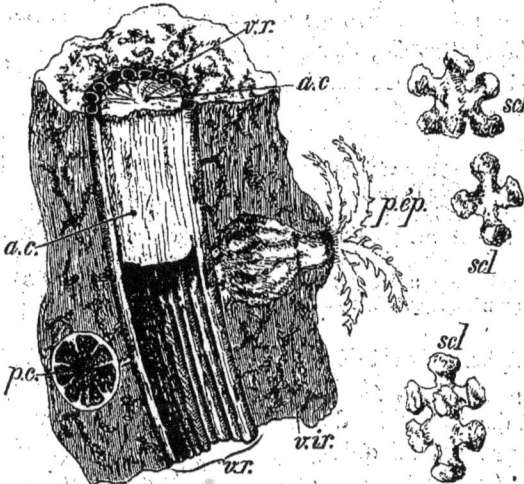

FIG. 11. — *Corallium rubrum*. Section schématisée du polypier passant par l'axe de symétrie d'un polype épanoui, *p.ép.*, et coupant transversalement un autre polype contracté, *p.c*, au niveau de la cavité digestive. — *a.c*, axe calcaire du polypier entouré de canaux réguliers, *v.r*, puis d'un ensemble de canaux, *v.ir*, formant un réseau irrégulier superficiel. *scl*, spicules formant le polypier.

geons nouveaux croissent, deviennent adultes et bourgeonnent à leur tour. Le polypier, d'année en année, s'accroît de la sécrétion fournie par chaque individu disparu.

Certaines colonies sont formées *d'individus dissemblables*, différenciés en vue de fonctions particulières ; tel est le cas de certains Hydroïdes où la division du travail physiologique est nettement en vigueur. Ainsi, l'*Hydractinia echinata*, qui vit habituellement sur la coquille du Buccin habitée par un Pagure Bernard-l'Ermite, présente trois sortes d'organismes élémentaires (*zoïdes*) :

1° Les *gastrozoïdes*, *ga* (fig. 12), ont la forme d'une poche ovoïde, pourvue d'une bouche entourée de tenta-

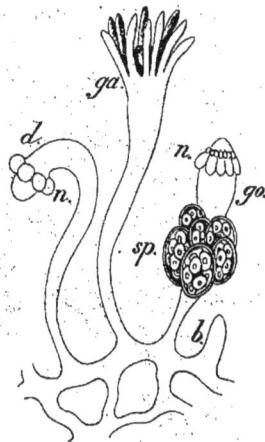

FIG. 12. — *Hydractinia echinata*. Colonie d'individus différenciés en vue de fonctions variées. *ga*, gastrozoïdes ; *d*, dactylozoïdes avec batteries de nématocystes *n* ; *go*, gamozoïdes portant des sporosacs, *sp*.

cules, dont la cavité communique avec celle des polypes voisins par des stolons ; leur fonction consiste à nourrir la colonie tout entière.

2° Les *dactylozoïdes*, *d*, sans bouche ni cavité centrale, sont garnis de tentacules rudimentaires formant d'énormes batteries de *nématocystes*.

Un nématocyste est une vésicule à paroi résistante, remplie d'un liquide hyalin et contenant un fil très fin, enroulé en une spirale assez régulière. Sous l'effet du contact le plus léger, le fil, projeté comme un ressort, pénètre dans les tissus à la manière d'un aiguillon, y est retenu par des barbules et y injecte le liquide venimeux dont il est imprégné. Ce liquide provoque une inflammation et une sensation douloureuse, analogues à celles d'une piqûre d'ortie. On donne pour cette raison au nématocyste le nom de *capsule urticante*.

Aux dactylozoïdes est dévolue la défense de l'association.

3° Les *gamozoïdes*, *go*, moins vigoureux que les précédents, possèdent deux batteries de nématocystes et, sur leurs flancs, des *sporosacs*, productions qui renferment les deux espèces d'*éléments sexuels*, *sp* (spermatozoïdes et ovules). Ils sont ainsi chargés de perpétuer l'espèce à laquelle ils appartiennent.

II. — REPRODUCTION SEXUELLE

§ 1. — CONJUGAISON.

On appelle *conjugaison* le phénomène par lequel deux (ou plus de deux) individus unicellulaires fusionnent leurs protoplasmes, temporairement ou d'une manière définitive.

Il en résulte une sorte de rajeunissement ayant pour conséquence le partage du protoplasme *en spores*, qui donneront naissance chacune à un individu nouveau.

(a). **Fusion temporaire.** — Elle s'observe chez les *Infusoires*, sauf les *Vorticellides*. Les *Acinètes* se conjuguent par un point quelconque de leur corps ; les *Paramécies* s'accolent par le cytostome.

Soit le *Paramæcium aurelia* (fig. 13) : quand deux individus A, A' se sont mis en contact par leurs faces cytostomales, ils se soudent intimement et perdent leurs cils sur ces faces. Leurs *noyaux* ou *macronucléus*, n, n₁, se gonflent, s'allongent

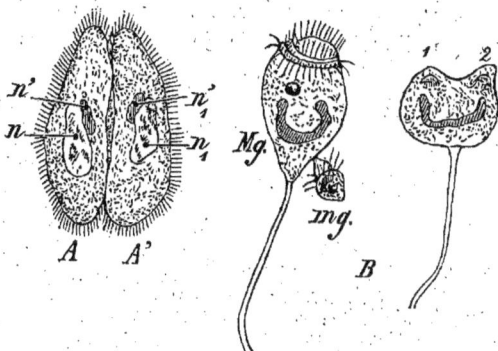

FIG. 13. — *Conjugaison :* Fusion *temporaire* de deux *Paramé-cies*, A et A'; n, n₁, macronucléus ; n', n'₁, micronucléus. — Fusion *permanente* de deux *Vorticelles*, B, à gauche : l'un des individus fusionnés (microgonidie, *mg*, libre) est plus petit que l'autre (macrogonidie, *Mg*, fixée).

À droite, multiplication d'une Vorticelle par bourgeonnement.

et s'enroulent en pelotons qui se segmentent ; les fragments qui en résultent disparaissent. Le rôle des noyaux est terminé; celui des *nucléoles* ou *micronucléus*, n' et n'₁, est plus important. Dans chacun des conjoints, le nucléole subit trois bipartitions successives d'où résultent 8 *nucléolules;* mais six d'entre eux sont résorbés, et l'un des deux qui persistent passe dans l'individu conjoint, jouant ainsi le rôle de *corpuscule mâle*. Après l'échange réciproque des corpuscules mâles chez les individus conjugués, chaque corpuscule émigré se fusionne avec le nucléolule qui est demeuré en place (*corpuscule femelle*).

Le nucléole mixte, résultant de cette fusion, se divise en 4 parties dont 2 deviennent des macronucléus, tandis que les deux autres se dédoublent en formant 4 micronucléus. Les individus conjugués se séparent à cet instant et renferment chacun 2 macronucléus et 4 micronucléus; ils se divisent en deux par scissiparité, de telle sorte que chacune des moitiés contient un noyau et deux nucléoles.

(b). **Fusion permanente.** — Deux individus qui fusionnent définitivement leur substance sont *identiques* (Grégarines), ou bien ils *diffèrent* (Vorticelles).

Les Grégarines subissent un fractionnement multiple, comme nous l'avons vu (page 13); ce phénomène n'a lieu, le plus souvent, qu'après la conjugaison des deux êtres qui s'accouplent bout à bout suivant leur grand axe, se contractent et s'entourent d'une enveloppe commune (fig. 14, 1); leurs protoplasmes fusionnés donnent lieu à une foule de petites masses arrondies (2) d'où proviendront les sporanges, *b* (fig. 5). Ceux-ci sont mis en liberté par rupture du kyste en certains points, ainsi qu'il a été dit précédemment.

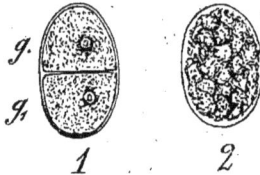

Fig. 14. — Conjugaison : 1, Fusion permanente de deux *Grégarines*, *g.g₁*. — 2, les masses protoplasmiques conjuguées se résolvent en pseudonavicelles.

Les *Vorticelles* se multiplient asexuellement, et d'une manière rapide, par scissiparité longitudinale (fig. 13, B, à droite); il en résulte souvent des individus plus petits nageant librement dans l'eau (*microgonidies*) et des individus plus gros (*macrogonidies*) parfois fixés au moyen d'un pédoncule. Une microgonidie libre, *mg* (fig. 13, B, à gauche), s'unit latéralement à une macrogonidie fixée, *Mg*, et se fusionne complètement avec elle.

La puissance reproductrice de cet être nouveau est considérable.

§ 2. — REPRODUCTION SEXUELLE PROPREMENT DITE.

La *reproduction sexuelle proprement dite* s'observe le plus ordinairement dans le groupe des Métazoaires (animaux pluricellulaires à trois feuillets).

Elle consiste dans la fusion de deux cellules spécifiques (**ovule ♀ et spermatozoïde ♂**), produites par la même glande (êtres *hermaphrodites* [1]), ou par des glandes distinctes que portent deux individus différents (*êtres unisexués*). Dans ce dernier cas, les ovules sont sécrétés par l'*ovaire*, glande sexuelle dont la femelle est pourvue; les spermatozoïdes sont élaborés par le *testicule*, glande sexuelle du mâle.

L'œuf est le résultat de la *fécondation* d'un ovule par un spermatozoïde. Cet œuf se développe en un seul organisme pluricellulaire.

Au premier abord, il semble qu'il y ait une différence profonde entre la conjugaison des Protozoaires et la reproduction sexuelle proprement dite des Métazoaires. La conjugaison est suivie de la fragmentation de l'être formé en *un grand nombre* d'organismes nouveaux; la reproduction sexuelle a pour effet la production d'*un seul* organisme nouveau. Mais cette différence n'est qu'apparente, car le Métazoaire pluricellulaire est l'équivalent des nombreuses cellules, libres ou associées en colonies, qui résultent de la fragmentation du Protozoaire primitif. La reproduction sexuelle dérive en réalité de la conjugaison.

I. — POSITION RELATIVE DES GLANDES SEXUELLES

DESCRIPTION DE QUELQUES TYPES

1º **Animaux hermaphrodites.** — La position relative des ovaires et des testicules est très variée chez les individus hermaphrodites :

(a). *Les éléments sexuels (spermatozoïdes et ovules) prennent naissance en des points très voisins.* — Chez la plupart des Cténophores (*Bolina*), les capuchons dans lesquels se développent les produits sexuels sont contenus *dans les mêmes canaux gastrovasculaires*, les capuchons mâles d'un côté, les capuchons femelles de l'autre. *Ovules et spermatozoïdes peuvent s'y rencontrer.* Comme l'individu peut, *à lui seul*, se reproduire en fécondant ses ovules par ses propres spermatozoïdes, on dit qu'il est doué d'un *hermaphrodisme suffisant*.

---

1. L'hermaphrodisme se rencontre dans tous les embranchements : chez les animaux qui vivent isolés (Ténia, Douve), qui sont sédentaires (Bryozoaires, Huître, Tuniciers), ou qui se meuvent très lentement (Escargot, Sangsue, Lombric ou Ver de terre).

L'Escargot (*Helix pomatia*) possède une *glande hermaphrodite*, *g.h* (fig. 15, A), dans chacun des follicules (B) de laquelle prennent naissance à la fois des ovules, *ov*, et des spermatozoïdes, *sp*.

Les deux sortes de produits sexuels s'engagent dans un même canal hermaphrodite, *c.h*; mais, au niveau de la *glande albumi-*

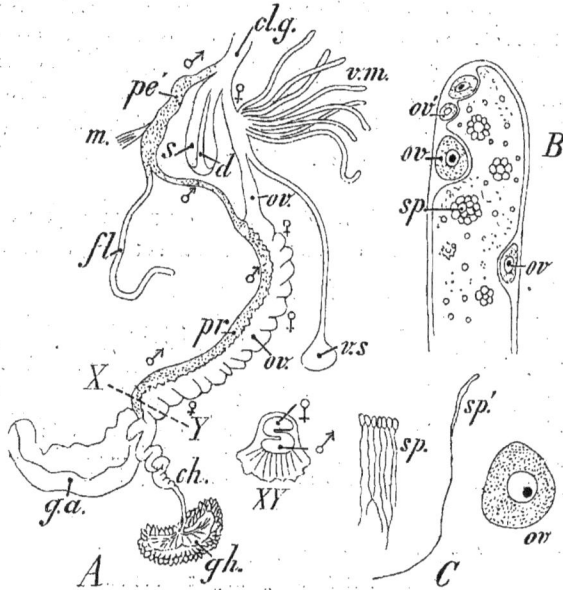

Fig. 15. — Appareil reproducteur de l'*Helix pomatia* (Escargot). — A; *g.h.*, glande hermaphrodite; *c.h*, canal hermaphrodite; *g.a*, glande de l'albumine; le canal *c.h*, bifurqué, se continue par la prostate *pr* et l'oviducte *ov*; *pé*, gaine du pénis; *m*, son muscle rétracteur; *fl*, flagellum; *s*, sac du dard *d*; *v.s*, vésicule séminale; *v.m*, glandes mucipares; *cl.g*, cloaque génital. — XY, coupe montrant la disposition relative des conduits mâle et femelle (figure un peu schématisée). — B, cul-de-sac fort grossi de la glande hermaphrodite; *sp*, spermatoblastes; *ov*, ovules. — C, *sp*, groupe de spermatozoïdes encore groupés par la tête; *sp'*, un spermatozoïde libre; *ov*, ovule libre.

noïde, *g.a*, *le canal se bifurque;* les ovules s'engagent dans l'*oviducte*, *ov* (coupe XY, ♀), et les spermatozoïdes pénètrent dans une sorte de *canal déférent* imparfait, rigole plissée avec un ruban glandulaire frangé appelé *prostate*, *pr* (coupe XY, ♂).

L'accouplement est nécessaire chez l'Escargot dont l'*hermaphrodisme est insuffisant;* la fécondation y est réciproque et les deux individus réunis jouent simultanément le rôle de mâle et de femelle.

(*b*). *Les éléments sexuels prennent naissance dans des glandes distinctes.* — L'*Hydre* (fig. 16) présente en automne, et quelquefois en hiver, des testicules et des ovaires *distincts, dépourvus de canaux excréteurs* et développés aux dépens de l'ectoderme.

Les testicules, *t, t'*, apparaissent à peu de distance de la base des tentacules ; ils consistent dans la prolifération de cellules ectodermiques (*spermatoblastes*) qui se transforment en nombreux zoospermes, à tête globuleuse, réfringente, suivie d'une longue queue. Les zoospermes mûrs s'échappent au sommet du testicule, *t*, qui ressemble alors à une verrue.

Les ovaires, *ov, ov'*, qui apparaissent au-dessous des testicules, vers le milieu du corps, sont constitués par un amas de cellules (ayant pour origine un *ovoblaste*) dont l'une, centrale, prend plus de développement, ressemble à une grande Amibe à pseudopodes lobés, puis se transforme en un ovoïde saillant : tel est l'ovule, *ov*, qui sera fécondé par les zoospermes du même individu (*hermaphrodisme suffisant*).

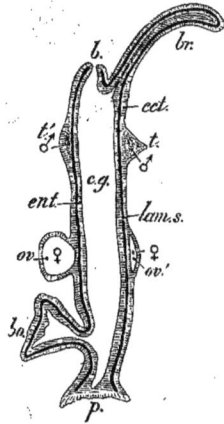

Fig. 16. — Hydre. *b*, orifice bucco-anal ; *c.g*, cavité gastrique ; *br*, bras ; *p*, disque pédieux ; *ect*, ectoderme ; *ent*, entoderme ; *lam.s.*, lame mésodermique ; *bo*, bourgeon. *t*, *t'*, testicules, et *ov*, *ov'*, ovaires à divers états de développement.

Chez le Ténia et la Douve, les organes sexuels mâle et femelle sont *séparés* et *pourvus de canaux excréteurs débouchant dans un cloaque commun ;* mais il y a accouplement des organes sexuels de deux anneaux différents chez le Ténia.

Chez la Sangsue (*Hirudo medicinalis*, fig. 17), les ovaires, *ov* (A et C), et les testicules, t_1 à t_{10}, sont *séparés et pourvus de canaux excréteurs avec des orifices distincts, o'.v* et *o.t*(D). Ces canaux excréteurs sont : l'oviducte, *c. ov* (C) pour les ovaires, les canaux déférents, *c. d* (A) pour les testicules. Ici, comme chez l'Escargot, l'accouplement de deux individus est nécessaire (*hermaphrodisme insuffisant*).

2° **Animaux unisexués.** — Si l'on imagine que, chez un individu, les testicules prennent un développement considérable avec atrophie simultanée des ovaires, ou réciproquement, l'être envisagé deviendra *unisexué : mâle* dans le 1er cas, *femelle* dans le second.

Chez l'embryon des animaux supérieurs (unisexués d'ailleurs), *une même glande sexuelle primitive, d'origine mésodermique, évolue dans l'un ou l'autre sens*, en donnant un testicule (mâle) ou un ovaire (femelle).

L'étude du développement de l'appareil génito-urinaire va

nous permettre de comprendre les homologies de ces organes sexuels.

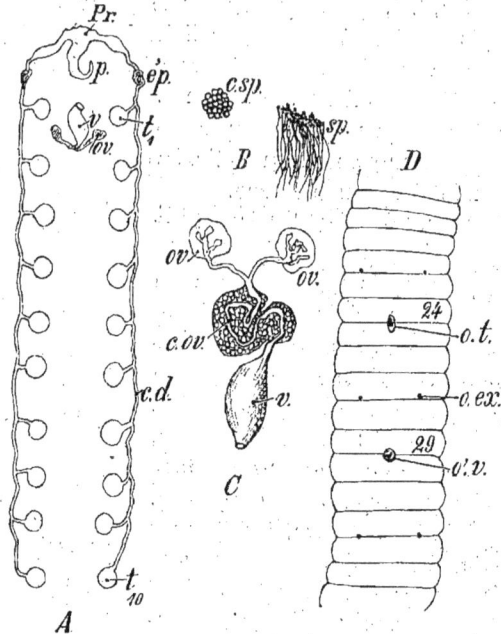

Fig. 17. — *Hirudo medicinalis* (Sangsue). A, Appareil reproducteur ; t_1 à t_{10}, testicules ; *c.d*, canal déférent commun ; *ép*, épididyme ; *Pr*, prostate ; *p*, pénis ; *ov*, ovaires ; *v*, vagin. — B, *c.sp*, cellules spermatiques ; *sp*, bouquet de spermatozoïdes développés. — C, appareil génital femelle grossi (mêmes lettres qu'en A). — D, position des orifices génitaux mâle (*o.t*) et femelle (*o'.v*) sur la face ventrale du corps ; le pénis peut faire saillie entre le 24ᵉ et le 25ᵉ anneau ; le vagin s'ouvre entre le 29ᵉ et le 30ᵉ ; *o.ex*, orifices des néphridies (organes excréteurs).

Nos connaissances sur ce sujet sont dues, en grande partie, à de remarquables travaux de Wolff, Waldeyer, Müller et de M. Mathias Duval sur l'embryon du Poulet et d'autres Animaux vertébrés.

II. — ORIGINE DE L'APPAREIL GÉNITO-URINAIRE.
DÉVELOPPEMENT.

L'embryon du Poulet, comme celui du Lapin (tome Iᵉʳ, p. 15), renferme, au bout de quelques heures, trois feuillets appelés, de dehors en dedans : l'ectoderme, le mésoderme et l'entoderme.

De l'ectoderme, *ect* (fig. 18) dérivent l'épiderme et le système nerveux, *m.ép* (moelle épinière sur la figure) ; l'entoderme, *ent*, forme l'intestin, *Int*. Le mésoderme, *més*, indivis dans le plan de symétrie du corps où il constitue la notochorde *not* et les prévertèbres *pr*, se partage en deux feuillets : l'un externe ou *somatopleure*, *f.so*, l'autre interne ou *splanchnopleure*, *f.spl*, circonscrivant la cavité générale ou cavité pleuro-péritonéale, *c.gé*.

Dans la région commune aux deux feuillets, au fond de la cavité pleuro-péritonéale, se trouve le **germe uro-génital** de Waldeyer $u.g$, d'où dérivent les
appareils urinaire et génital.

1° *Évolution de l'appareil urinaire.* — Dans le germe uro-génital se
forme le **pronéphros** ou **rein précurseur**, constitué par un canal excréteur (*canal
de Wolff*) établi sur un bourgeon de la région inférieure de l'intestin, $b.ug$ (fig. 19).

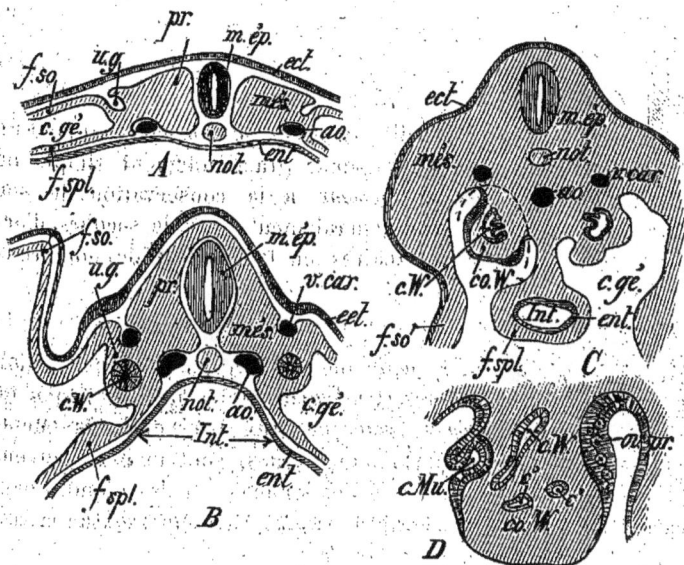

Fig. 18. — Origine de l'appareil génito-urinaire (Embryon du Poulet). — A (2° jour); *ect*,
ectoderme; *més*, mésoderme; *ent*, entoderme; *m.ép*, moelle épinière; *not*, notochorde; *f.so*,
somatopleure; *f.spl*, splanchnopleure; *c.gé*, cavité générale; *ao*, aorte; *ug*, région du
germe uro-génital où va apparaître le canal de Wolff. — B (fin du 3° jour); *c. W*, canal de Wolff;
v.car, veine cardinale. [A ce stade, les replis amniotiques commencent à se dessiner, ainsi
que le montre la figure à gauche et en haut; l'intestin, *Int*, se forme aux dépens de l'entoderme.] — C (début du 5° jour). *co. W*, corps de Wolff. [Les deux troncs aortiques latéraux
se sont confondus en une aorte commune et médiane; l'intestin, *Int*, constitue un tube
fermé sur la section.] — D, Corps de Wolff, *co.W*, au 5° jour de l'incubation. *c.W*, canal
de Wolff; *c*, *c'*, canaux secondaires; *c.Mu*, canal de Müller; *ov. pr*, ovules primordiaux
formés dans l'épithélium germinatif.

Le canal de Wolff est ramifié en un petit nombre de canalicules; ces petits canaux,
terminés par des pavillons vibratiles ou *néphrostomes* (fig. 20, C), s'ouvrent,
d'autre part, dans la cavité générale.

Le pronéphros disparaît peu à peu, sauf le canal de Wolff, *c.W*. (fig. 18, B)
qui persiste seul et sert de canal excréteur au **mésonéphros** (*rein primitif* ou
corps de Wolff, co.W, fig. 18, C), organisé dès le 4° jour dans l'embryon du
Poulet. Les canalicules de ce nouvel appareil excréteur s'ouvrent encore par
des néphrostomes dans la cavité générale *nép* (fig. 20, B) et sont pourvus, en
outre, de *capsules de Bowmann*, *gl*, où pénètrent déjà des pelotons vasculaires
(*glomérules de Malpighi*)[1].

1. Voir l'étude des Reins, *Histoire naturelle des êtres vivants*, t. Ier, p. 165.

Le mésonéphros, qui demeure en *partie* comme appareil urinaire pendant

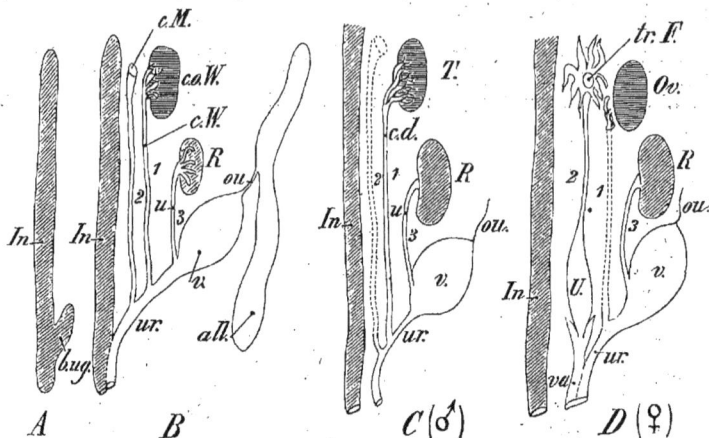

Fig. 19. — Représentation schématique du développement de l'appareil génito-urinaire. — A, Intestin, *In* et bourgeon uro-génital, *b.ug.* — B, *co.W*, corps de Wolff ou *mésonéphros;* *c.W*, canal de Wolff apparu d'abord (1); *c.M*, canal de Müller, de développement plus tardif (2); *u*, uretère apparu plus tard encore (3) ainsi que le rein définitif ou *métanéphros, R*. Le bourgeon uro-génital a produit l'urèthre, *ur*, dilaté en vessie, *v;* la vessie est en rapport avec l'allantoïde, *all*, par l'ouraque, *ou.* — C (♂). Transformation de la glande sexuelle primitive en testicule *T;* le canal de Wolff (1) devient le canal déférent, *c.d.;* le canal de Müller (2) s'atrophie. — D (♀). Evolution de la glande sexuelle primitive suivant le type ovaire, *Ov;* le canal de Müller (2) devient la trompe de Fallope, *tr.F*, et son canal qui aboutit à l'utérus, *U; va*, vagin; le canal de Wolff (1) s'atrophie.

toute la vie chez les Anamniens (Poissons, Amphibiens), s'atrophiera en partie

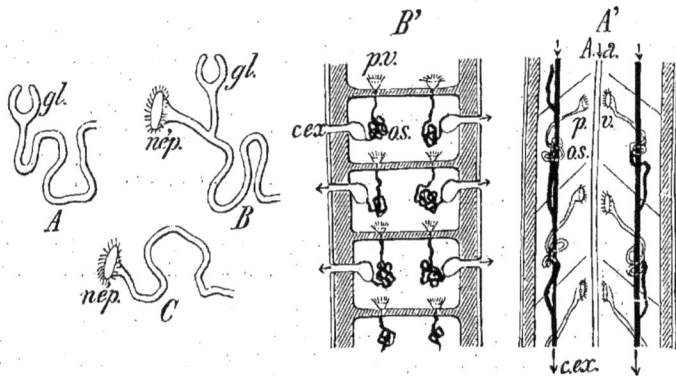

Fig. 20. — Organes excréteurs. Terminaisons du tube urinaire : chez les Vertébrés supérieurs, A; chez la Grenouille, B; chez l'embryon du Squale et les Vers, C; *gl*, glomérule; *nép*, néphrostome ou pavillon cilié. — A′, appareil excréteur de l'embryon du Squale; *p.v*, pavillon cilié de l'organe segmentaire, *o.s; c.ex*, canal excréteur commun. B′, appareil excréteur des Vers.

(région inférieure) dans la seconde moitié de la vie fœtale chez les Amniens

(Reptiles, Oiseaux, Mammifères). Ceux-ci possèdent un nouvel appareil excréteur, le **métanéphros** ou *rein définitif*, R (fig. 19, B).

Le métanéphros résulte d'un bourgeonnement du sinus uro-génital devenu l'*urèthre*, à l'endroit où ce canal s'épanouit en une *vessie*, v, prolongée par l'*ouraque*, ou, l'ouraque donne accès dans l'*allantoïde*, all.

La partie supérieure et persistante du corps de Wolff subit des transformations importantes qui en font une *glande génitale proprement dite*.

2° Évolution de l'appareil génital.

— Dans le germe uro-génital, *u.g* (fig. 18, A) se forme un sillon longitudinal, le *canal de Wolff*, c.W (fig. 18 et 19, B) qui se déplace au 3° jour (embryon du Poulet) vers la partie centrale du germe; celui-ci prend une grande extension, fait fortement saillie dans la cavité générale : c'est le **corps de Wolff**, co.W (C), sillonné des canalicules signalés précédemment.

Le corps de Wolff (fig. 18, D) est toujours tapissé d'un épithélium à grandes cellules cylindriques (*épithélium germinatif*). Au 5° jour de l'incubation, chez l'embryon du Poulet, cet épithélium se creuse, sur la face externe, d'une gouttière bientôt transformée en un canal complet; c'est le *canal de Müller*, c.Mu, dépourvu de ramifications, toujours ouvert à la partie supérieure (c.M, fig. 19, B); ce canal est une sorte de bourgeon du sinus uro-génital sur lequel il est inséré.

Sur la face interne du corps de Wolff s'organise la **glande sexuelle primitive**; on voit apparaître, en effet, dans l'épithélium germinatif, des cellules sphériques avec noyau et nucléole très visibles; ces cellules sont les *ovules primordiaux*, ov.pr (fig. 18, D) et ov (fig. 21), qui se multiplient et s'enfoncent dans le mésoderme.

Les ovules primordiaux occupent le fond de cordons cellulaires dus à la

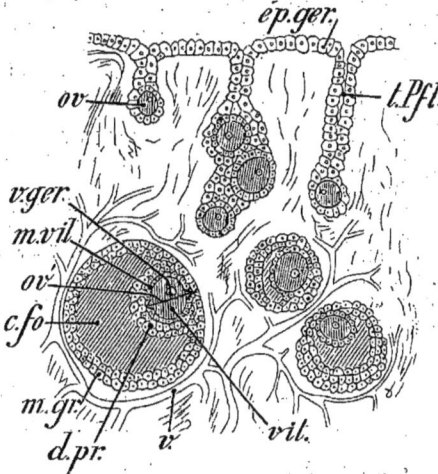

Fig. 21. — Fragment de la glande sexuelle primitive. *ep.ger*, épithélium germinatif; *ov*, ovoblaste; *t.Pfl*, tube de Pflüger. — En bas et à gauche, vésicule de Graaf en formation : *v*, vaisseaux sanguins et lymphatiques périphériques; *m.gr*, membrane granuleuse; *c.fo*, cavité du follicule; *d.pr*, disque proligère. — *ov'*, Ovule; *vit*, vitellus; *m.vit*, zone pellucide; *v.ger*, vésicule de Purkinje.

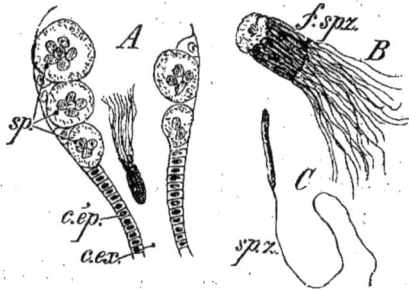

Fig. 22. — A, tube séminipare de la Grenouille, en mars; *c.ép*, cellules épithéliales; *c.ex*, canal excréteur; *sp*, spermatoblastes. Dans la cavité du tube est un faisceau de spermatozoïdes, grossi en B. — C, spermatozoïde libre.

germination de l'épithélium, *ep.ger*, et appelés *tubes de Pflüger*, *t.Pfl*.
Telle est la glande sexuelle primitive qui peut évoluer suivant deux sens et devenir un testicule ou un ovaire.

1° Si la glande sexuelle se transforme en *testicule*, *T* (fig. 19, C), les ovules primordiaux s'atrophient, les tubes de Pflüger deviennent les canalicules séminifères dont la paroi (fig. 22, A) forme des *spermatoblastes*, *sp* (origine des *spermatozoïdes*, *sp.z*.). Ces canalicules entrent en relation avec le canal de Wolff désormais appelé *canal déférent*, *c.d* (fig. 19). Le canal de Müller (2) s'atrophie. Le canal déférent s'ouvre dans le sinus uro-génital devenu l'*urèthre*, *ur*, qui se continue par la vessie *v*.

2° Quand la glande sexuelle primitive évolue selon le type *ovaire*, les tubes de Pflüger, *t.Pfl* (fig. 21), s'étranglent et forment des chapelets irréguliers dont chaque grain renferme un *ovoblaste* (ovisac ou *vésicule de Graaf*) pourvu d'un *ovule*, *ov'*. Les ovules sont indépendants les uns des autres.

Le corps de Wolff est ainsi devenu l'ovaire, *ov* (fig. 19, D). Le canal de Wolff(1) s'est atrophié, tandis que le canal de Müller (2) a formé la *trompe de Fallope*, *tr.F* (fig. 19) et *tr* (fig. 25), puis son canal, *c*, qui s'est élargi en un *utérus*, *ut*, et un *vagin*, *va*, indépendants de l'urèthre. (Dans la cavité utérine s'ouvrent les canaux des 2 trompes.)

III. — APPAREIL GÉNITAL DE L'HOMME.
TESTICULE ET SPERMATOZOIDE.

Testicule. — Les testicules sont deux glandes, préalablement logées dans la cavité abdominale en *T'* (fig. 23), qui émigrent en *T'* dans un sac appelé *bourse* ou *scrotum*, *bo*, extérieur au bassin. Un grand nombre de canalicules, 1000 environ, très contournés, forment ces glandes, à la face postérieure desquelles ils aboutissent dans les canaux excréteurs composant l'*épididyme*, *E*, *E'*. A l'épididyme fait suite un canal déférent, *c.d*, pour chaque testicule ; ce canal, en communication avec une *vésicule séminale*, *v.s.*, débouche dans l'urèthre, *ur*, qui traverse lui-même le *pénis*, *Pé* et le *gland*.

Les canalicules séminifères ont une membrane propre, composée d'une tunique fibreuse externe et de 2 à 3 couches de cellules internes ayant un diamètre de 100 μ. Ces dernières renferment des granulations amylacées, grasses, etc... englobées dans une masse pâle ; les plus internes (*spermatoblastes*) s'allongent vers la lumière centrale du canal séminifère, et donnent chacune un groupe, une *touffe* de jeunes cellules qui deviennent autant de *spermatozoïdes*, *f.spz* (fig. 22, B).

Les spermatozoïdes sont réunis d'abord par une substance granuleuse qui disparaît peu à peu, en les mettant en liberté dans un liquide épais, filant, appelé *sperme* ou *matière séminale*.

Spermatozoïde. — *Le spermatozoïde est la cellule mâle* dans la reproduction. Les spermatozoïdes de l'Homme (fig. 24) sont de petites cellules longues de 50 μ, ayant une tête, t (5 μ) et une queue q, renflée au début, qui leur permet des mouvements de progression, la tête en avant. Ces mouvements sont rapides dans le sperme et les solutions alcalines faibles, fort atténués dans un liquide *très faiblement* acide. Les solutions fortement acides tuent en un instant les spermatozoïdes. Le maximum de vitalité des spermatozoïdes a lieu à la température de 40°.

Les spermatozoïdes de la Grenouille, *sp.z* (fig. 22, C), ont une tête cylindrique allongée comme ceux de l'Escargot, *sp'* (fig. 16, C); chez la Torpille, la tête est également allongée et ondulée. Les zoösper-

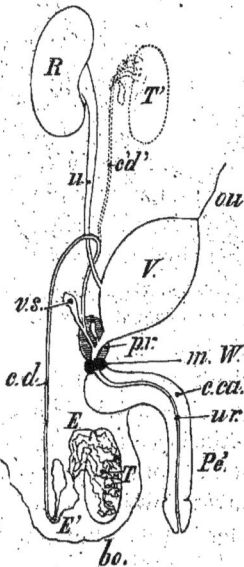

Fig. 23. — Appareil génito-urinaire de l'Homme, schématisé en partie. *R*, rein; *u*, uretère; *V*, vessie; *ur*, urèthre. — *T*, testicule; *E*, épididyme; *E'*, queue de l'épididyme; *c.d*, canal déférent [*T'*,*c'd'*, testicule et canal déférent avant leur descente dans la bourse, *bo*]; *v.s*, vésicule séminale; *pr*, prostate; *m. W*, muscle de Wilson contracté et oblitérant le canal éjaculateur, *ur*; *c.ca*, corps caverneux du pénis ou verge, *Pé*.

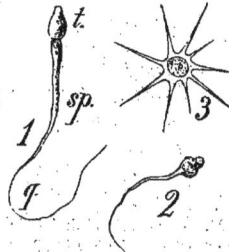

Fig. 24. — Spermatozoïdes. 1, Homme : *t*, tête ; *q*, queue. — 2, Méduse. — 3, Crabe.

mes des Méduses ont une tête renflée; chez certains animaux, ils ont plusieurs flagellums : ceux du Crapaud en possèdent deux; ceux du Crabe et de l'Écrevisse sont étoilés.

Les spermatozoïdes résistent à la putréfaction; *les acides sulfurique, azotique et acétique ne les dissolvent pas complètement* (caractère permettant de les reconnaître en médecine légale).

Sperme ou Matière séminale.

— Ce liquide est formé du produit des testicules auquel s'ajoutent, au moment de l'émission (éjaculation), le produit des vésicules séminales, *v.s* (fig. 23), le fluide des *glandes prostatiques, pr*, et des glandes de Cooper.

La matière séminale a une composition complexe; on y remarque des îlots blancs riches en spermatozoïdes, nageant dans un liquide filant et clair. Sa saveur est légèrement salée et alcaline, grâce au fluide prostatique qui contient des phosphates et sulfates de potassium et de calcium; la *mucine* et la *sperma-tine* en sont les matières albuminoïdes principales.

La composition du sperme est très variable.

L'analyse de la *laitance* des *Poissons osseux* a donné pour 100 : eau, 76; matières albuminoïdes, 19,3; lécithine, 0,95; cérébrine, 0,2; cholestérine, 0,16; corps gras, 2; matières extractives et sels, 1,4.

IV. — APPAREIL GÉNITAL DE LA FEMME.
OVAIRE ET OVULE.

Ovaire. — Les ovaires, au nombre de deux en général, sont des glandes de la forme et de la grosseur d'une amande verte, symétriques, placées à la partie inférieure de la cavité abdominale et recouvertes par le péritoine. De couleur blanchâtre, à surface lisse et unie dans le jeune âge, les ovaires se couvrent de cicatrices et prennent un aspect crevassé, à partir de l'âge de la puberté.

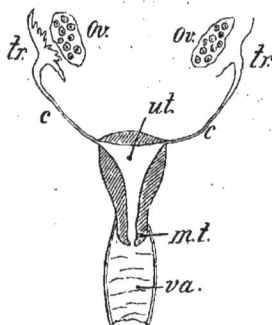

Chaque cicatrice résulte de la déchirure d'un ovisac suivie de la chute d'un ovule. Ainsi que nous l'avons vu précédemment, l'épithélium germinatif qui recouvre l'ovaire y pénètre en constituant les tubes de Pflüger, divisés en autant de grains qu'il s'y était formé d'*ovoblastes*, ov (fig. 21).

Chacune des cavités closes ayant pour origine un ovoblaste s'appelle *vésicule de Graaf* ou *ovisac;* elle émettra tôt ou tard un *ovule*. On trouve

FIG. 25. — Appareil génital de la Femme. *ov*, ovaire; *tr*, trompe de Fallope et son canal, *c; ut*, utérus; *m.t*, museau de tanche; *va*, vagin.

plus de 300000 ovisacs dans un ovaire normal; ils y sont contenus dans la *couche corticale* qui enveloppe une *substance médullaire* et vasculaire très développée.

Canaux excréteurs. — Au voisinage des ovaires sont disposés les *pavillons des trompes de Fallope*, *tr* (fig. 25), dont les canaux ou *oviductes*, *c*, de plus en plus étroits, parviennent aux cornes de l'*utérus*, *ut*.

La paroi des trompes est formée de fibres musculaires lisses recouvertes extérieurement par le péritoine; elle est tapissée intérieurement d'un épithélium simple, cylindrique et vibratile. Grâce à leur contractilité et à celle des ligaments qui les maintiennent, les trompes peuvent disposer leur pavillon devant l'ovaire, pour recevoir les ovules mis en liberté.

L'*utérus* est une cavité résultant de la soudure des deux trompes.

À l'état de vacuité, il a la forme d'un entonnoir dont le bec (*museau de tanche*, *mt*, fig. 25) est engagé dans le *vagin*, *va*.

La paroi de l'utérus est très épaisse (5 à 17 millimètres, suivant les points consi-dérés); fortement musculaire, elle est recouverte incomplètement par le péritoine et tapissée intérieurement d'une muqueuse. Cette muqueuse est pourvue d'un épithélium cylindrique vibratile abondant, qui éprouve des *mues périodiques* et peut former d'*importantes végétations* (voir page 35).

Le *vagin* est un conduit musculo-membraneux s'étendant de l'utérus à la *vulve* extérieure. C'est l'organe de *copulation* de la Femme, destiné à recevoir le pénis ou organe érectile mâle.

Vésicule de Graaf. — Nous avons vu que la substance cor-ticale de l'ovaire renferme un grand nombre d'ovisacs (vésicules de Graaf) dus à la pénétration de l'épithélium germinatif dans le tissu conjonctif sous-ja-cent (fig. 21).

Parmi les cellules qui composent l'un quelcon-

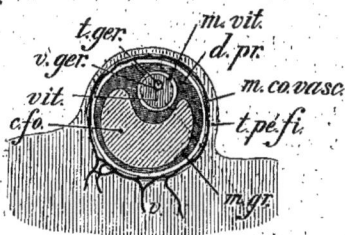

Fig. 26. — Vésicule de Graaf. *t.pé.fi*, tunique péri-tonéale et fibreuse de l'ovaire; *m.co.vasc*, membrane conjonctive et vasculaire; *m.gr*, membrane granu-leuse de la vésicule; *d.pr*, disque proligère; *c.fo*, cavité du follicule; *m.vit*, zone pellucide de l'ovule; *v.ger*, vésicule germinative ou de Purkinje; *t.ger*, tache germinative ou de Wagner.

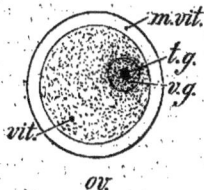

Fig. 27. — Ovule. Mêmes désigna-tions que pour la figure 26.

que des bourgeons, *ov*, l'une d'elles (*ovule*) se développe davantage et demeure unique, tandis que les autres se multiplient en formant une couche cellulaire épaisse et sphérique dite *membrane granuleuse*, *m.gr*. Cette dernière s'épaissit davantage autour de l'ovule, consti-tue le *disque proligère*, *d.pr* (fig. 21 et 26), saillant dans une cavité remplie de liquide albuminoïde et dite *cavité de la vésicule*, *c.fo*.

Ovule. — *L'ovule est la cellule femelle* dans la reproduction. Il atteint 100 à 200 µ de diamètre. On y distingue une masse proto-plasmique, le *vitellus*, *vit* (fig. 27), puis un noyau ou *vésicule de Purkinje*, *v.ger;* dans ce noyau est contenu un nucléole dit *tache de Wagner*, *t.ger*. Le disque proligère forme tardivement, autour de l'ovule, une membrane d'enveloppe appelée *zone pellucide*, *m.vit*.

Le vitellus se compose de 2 parties : 1° le *vitellus formateur* servant à constituer l'embryon; 2° le *vitellus nutritif* ou *deuto-*

plasme, composé de granulations grises ou jaunes (graisses) employées à la nutrition de l'embryon.

Quand le vitellus nutritif, peu abondant, est réparti uniformément dans le vitellus formateur, l'ovule est dit **alécithe** (certaines Éponges, des Méduses, Échinodermes, *Amphioxus*). — L'ovule est **centrolécithe**, quand le vitellus nutritif est disposé au centre du vitellus formateur, lequel est tout entier à la périphérie (certains Arthropodes). — L'ovule est dit **télolécithe**, quand les vitellus formateur et nutritif occupent respectivement les deux pôles de l'œuf (Mollusques, Vers, Vertébrés).

La membrane vitelline est épaisse, amorphe, transparente ; elle présente une certaine résistance.

Chez les Poissons, dont l'ovule se rapproche de celui des Oiseaux (Poissons osseux surtout), la membrane vitelline, percée de fins canalicules, porte souvent un *micropyle*, disposé en face de la tache germinative, destiné à livrer passage au spermatozoïde fécondateur lorsque l'enveloppe de l'ovule forme une véritable coque résistante (cette coque n'est pas toutefois comparable à la coquille de l'œuf des Oiseaux).

Expulsion de l'ovule. — Les ovules, ainsi que les ovisacs qui les renferment, n'arrivent à maturité, chez la Femme, que *les uns après les autres* (quelquefois deux ensemble), *à des intervalles assez réguliers*, d'un mois environ (époques menstruelles), et seulement *à partir de l'âge de la puberté*.

La *menstruation est liée intimement*, en effet, *au phénomène de l'ovulation ;* elle est due à la mue périodique de l'épithélium utérin qui met à nu de petits vaisseaux sanguins ; ceux-ci se rompent et déterminent une hémorragie plus ou moins abondante.

L'ovisac se gonfle quand l'ovule est mûr ; le contenu de sa cavité, *c.fo* (fig. 26), augmente dans des proportions telles que la vésicule presse fortement contre la paroi ovarienne en y déterminant une saillie très accusée. La turgescence des vaisseaux ramifiés dans la substance médullaire (*bulbe*) de l'ovaire, jointe à la pression de l'ovisac et à l'arrêt de nutrition de la paroi ovarienne comprimée, détermine la rupture de cette dernière.

L'ovisac rompu abandonne l'ovule au milieu des débris du disque proligère ; puis il se cicatrise, en formant sur l'ovaire une tache appelée *corps jaune*.

L'ovule expulsé est recueilli par le pavillon de la trompe de Fallope, pourvu de cils vibratiles ; le mouvement ciliaire fait émigrer l'ovule le long de l'oviducte jusque dans l'utérus. S'il a été fécondé pendant ce trajet, l'ovule demeure dans l'utérus ; sinon, il est entraîné au dehors avec les produits de la menstruation.

V. — MATURATION DE L'OVULE. — FÉCONDATION.

1° **Maturation** : *Naissance des globules polaires.* — L'ovule, (fig. 28, I), mis en liberté par la rupture d'un ovisac, a perdu sa limpidité ; son noyau (vésicule germinative) s'est allongé en un fuseau nucléaire appelé *amphiaster, aa'* (II), qui s'est porté vers un point de la surface (pôle supérieur de l'œuf). L'un des pôles de l'amphiaster soulève une petite quantité de protoplasme de l'ovule, en formant une sorte de bourgeon qui s'étrangle à sa base et devient totalement indépendant du vitellus : c'est le premier *globule polaire* formé, 1.*gl.p* (III); il contient le pôle ou *aster* supérieur du fuseau.

L'amphiaster incomplet se reforme en un fuseau nouveau qui donne lieu à un autre bourgeon émis de même (IV). A la suite de l'expulsion des *deux globules polaires*, le reste de la vésicule germinative se condense en un petit noyau sphérique appelé *pronucléus femelle, pr.f* (V), qui gagne le centre du vitellus.

L'ovule est désormais incomplet et ne peut se développer davantage, s'il ne reçoit un appoint équivalant à la portion de noyau perdue ; cet appoint peut être fourni par le spermatozoïde. De son côté, le spermatozoïde a subi l'élimination d'une partie de son noyau, de telle sorte que les deux éléments sexuels ont tendance à s'unir pour se compléter mutuellement.

C'est en cela que consiste la fécondation. Il importe de remarquer que l'émission des globules polaires est indépendante de ce phénomène [1].

2° **Fécondation**. — L'*accouplement* de deux individus de sexes différents a pour but d'amener les spermatozoïdes au contact de l'ovule mûr, afin d'en assurer la *fécondation*.

---

[1]. MM. Giard et Bütschli considèrent la sortie des globules polaires, non comme un rejet excrémentitiel, mais comme le résultat d'une division cellulaire indirecte. La seule différence avec la karyokinèse ordinaire consiste en ce que, dans la naissance des globules polaires, les deux produits de la division sont inégaux. Et même, pendant que se produit le 2ᵉ globule polaire, le 1ᵉʳ peut, par division, donner un globule polaire secondaire.

M. Giard part de ces faits pour considérer *la formation des globules polaires comme rappelant le stade Protozoaire dans l'évolution des Métazoaires (êtres pluricellulaires)* :

Tandis que le Protozoaire donne par fractionnement, comme nous l'avons vu précédemment, *n* cellules qui toutes se développent et donnent autant d'êtres unicellulaires nouveaux et indépendants, l'ovule du Métazoaire produit *n* cellules virtuellement équivalentes dont la concurrence vitale condamne *n*-1 à l'avortement.

Cet avortement de quelques-unes des cellules groupées en même point a été observé dans le cas des œufs de *Buccin*, provenant d'une même ponte et renfermés dans une même coque ; jamais la totalité de ces œufs ne se développe.

Chez les Amphibiens anoures et la plupart des Poissons osseux, la fécondation

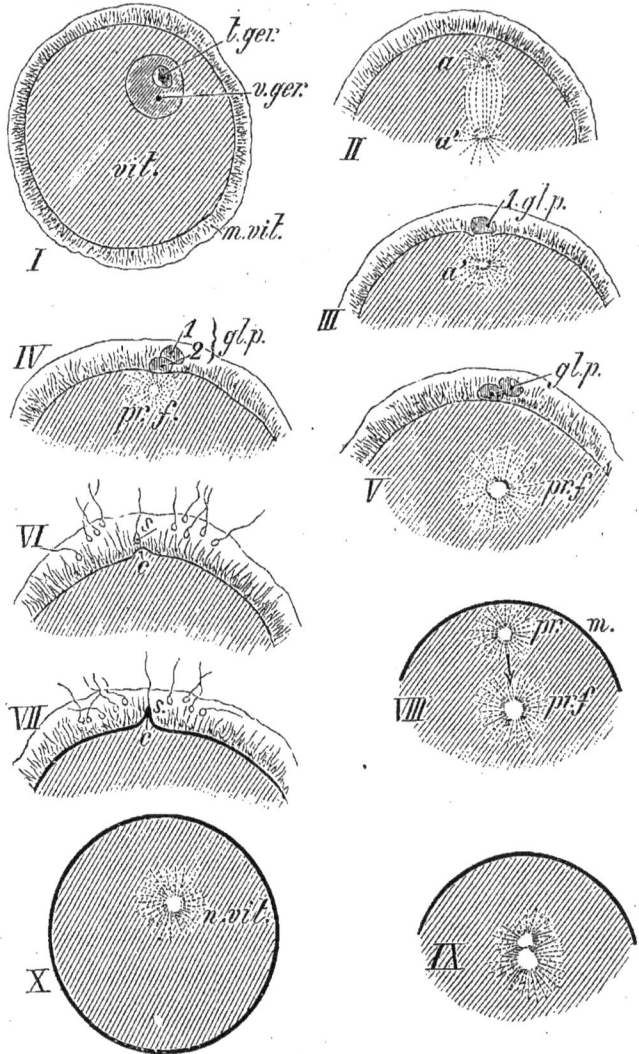

Fig. 28. — Naissance des globules polaires et fécondation de l'ovule. — I; ovule libre. — II; la vésicule de Purkinje s'allonge en fuseau ou *amphiaster*, *aa'*. — III; naissance du premier globule polaire, *1.gl.p.* — IV; les globules polaires sont formés, le reste du noyau constitue le *pronucléus femelle*, *pr.f*, qui s'éloigne de la surface de l'ovule en V. — VI; arrivée des spermatozoïdes dans la zone pellucide; soulèvement du protoplasme de l'ovule en c, au voisinage du spermatozoïde le plus proche, *s*. — VII; la tête du spermatozoïde, *s*, est incluse en *c*; formation immédiate de la *membrane vitelline*, *m.vit.* — VIII; *pr.m*, pronucléus mâle allant à la rencontre du pronucléus femelle, *pr.f.* — IX, fusion des pronucléus. — X, noyau vitellin, *n.vit.*

est *externe :* à mesure que la femelle pond des ovules dans l'eau, le mâle émet le sperme qui sert à les féconder.

Chez les Mammifères, la fécondation est dite *interne,* par suite de l'introduction du pénis du mâle dans le vagin de la femelle, avec éjaculation de liqueur séminale. Parmi les spermatozoïdes ainsi abandonnés dans le vagin, un certain nombre seulement pénètrent, par le jeu de leur flagellum, jusque dans l'utérus (*matrice*) où ils risquent de rencontrer ordinairement l'ovule ; car *les cellules spermatiques sont en grand nombre, elles évoluent en tous sens,* et quelques-unes d'entre elles trouveront sûrement l'ovule avec lequel *l'une seulement* se confondra.

Dès que les spermatozoïdes ont rencontré l'ovule, une fois engagés dans la zone pellucide, ils y sont prisonniers (VI) et ne peuvent qu'y pénétrer davantage, tête en avant. Toutefois, l'un d'entre eux est toujours plus avancé que les autres ; sa présence au voisinage du vitellus provoque un soulèvement du protoplasme de l'ovule (*cône d'attraction, c,* VI) qui atteint la *tête* du spermatozoïde et l'englobe (VII). Aussitôt le cône protoplasmique et sa capture (sauf la queue du spermatozoïde qui demeure dans la membrane mucilagineuse) entrent dans le vitellus qui est immédiatement enveloppé d'une *membrane à contours très nets ;* cette membrane est bien distincte de la zone pellucide et s'oppose à la pénétration d'autres zoospermes.

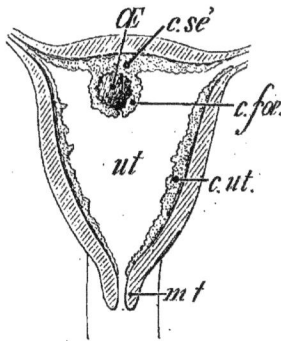

FIG. 29. — Formation de la caduque dans l'utérus, *ut.* — *Œ,* œuf ; *c.ut,* caduque utérine ; *c.sé,* caduque sérotine ; *c.fœ,* caduque fœtale ; *m.t,* museau de tanche.

Le spermatozoïde capturé forme, dans la masse vitelline, une petite tache claire centrale, avec des granulations : c'est l'*aster* ou *pronucléus mâle, pr.m* (VIII), qui se porte à la rencontre du pronucléus femelle, *pr.f,* et se confond avec lui (IX). Il en résulte un noyau complet appelé *noyau vitellin, noyau de segmentation, n.vit* (X).

L'ovule est devenu un œuf.

Le développement de cet œuf va produire un être semblable aux parents qui ont fourni les deux cellules spécifiques dont il procède.

Formation de la caduque. — Chez la Femme et certains Mammifères, la muqueuse utérine, douée d'une activité et d'une turgescence particulières coïncidant avec la fécondation de l'ovule, produit d'énormes villosités entre lesquelles est logé l'œuf, *Œ* (fig. 29). Celui-ci est bientôt complètement enveloppé par les végétations de la muqueuse qui reçoit le nom de *caduque*. On appelle :

caduque utérine, *c.ut*, toute la muqueuse qui tapisse l'utérus ;
caduque ovulaire ou *fœtale*, *c.fœ*, la partie qui enveloppe l'œuf ;
caduque sérotine ou *placentaire*, *c.sé*, la partie commune aux deux premières, c'est-à-dire la portion de muqueuse sur laquelle repose l'œuf.

Œuf des Oiseaux. — L'œuf des Oiseaux paraît différer beaucoup de l'ovule décrit précédemment. Tel qu'il est pondu, c'est effectivement un *œuf*, car il a été fécondé avant que s'y soient ajoutées les parties accessoires qui l'enveloppent (albumen, membranes et coquille).

L'œuf des Oiseaux comprend, de l'intérieur à l'extérieur, les parties suivantes :

1° Un *vitellus blanc*, *vit.bl.* (fig.30) ou vitellus formateur, qui embrasse le *vitellus jaune vit.j.* ou vitellus nutritif. Le vitellus blanc forme, en un point de sa surface,

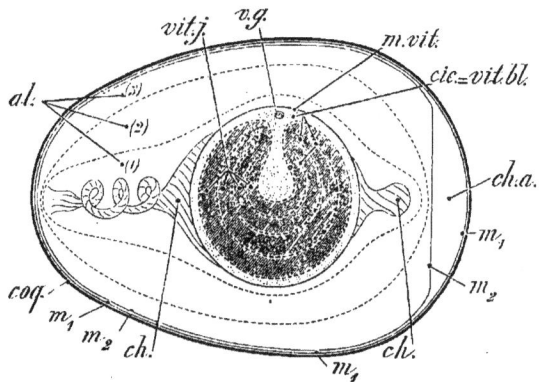

FIG. 30. — Œuf des Oiseaux. *coq*, coquille ; m_1, m_2, membrane coquillière à deux feuillets : *ch.a*, chambre à air ; *al*, albumen ; *ch*, chalazes ; *vit.j*, vitellus jaune ; *vit. bl*, vitellus blanc formant la cicatricule, *cic* et la *latebra* ; *v.g*, noyau vitellin.

un épaississement lenticulaire, appelé *cicatricule*, *cic* (disque proligère), qui se prolonge en forme de battant de cloche (*latebra*) au centre du vitellus jaune. La cicatricule entoure la *vésicule germinative de Purkinje*, *v.g.*, déjà modifiée par la pénétration d'un spermatozoïde (comme nous l'avons vu plus haut).

2° Le *vitellus jaune*, *vit.j.*, est constitué par une masse de cellules avec ou sans noyau, pourvues de matières grasses, de granulations caséeuses, de pigments colorés, etc. Il provient de la nutrition de l'ovule.

3° La *membrane vitelline*, *m.vit.*

Ces trois parties correspondent aux vitellus formateur et nutritif et à la membrane de l'ovule (fig. 25), sauf la modification qu'a éprouvée la vésicule germinative par la fécondation.

4° Trois couches d'*albumen* ou *blanc*, *al* (1), (2), (3) comprennent une substance protéique plus dense au centre qu'à la périphérie.

5° Une *membrane coquillière* à 2 feuillets, m_1, m_2, s'applique étroitement par son feuillet externe, m_1, contre la coquille, *coq* ; le feuillet interne, m_2, supporte deux ligaments glaireux (*chalazes, ch*) qui maintiennent la masse centrale de l'œuf (jaune) au milieu de l'albumen. Vers le gros bout de l'œuf, les deux feuillets de la membrane coquillière circonscrivent la *chambre à air*, *ch.a*, pleine d'un gaz comprenant pour 100 : 23,5 d'oxygène, des traces d'acide carbonique et 76 environ d'azote.

6° La *coquille, coq.*, est une substance organique sulfurée (kératine), imprégnée de sels calcaires et parfois de pigments (coquille colorée ou tachetée).

Composition de la coquille d'œuf de Poule : Matière animale, 4,15; carbonate de calcium, 93,7; carbonate de magnésium, 1,39; phosphates de calcium et de magnésium, 0,76; eau, 1.

A partir du moment où l'œuf, récemment fécondé, s'engage dans l'oviducte, il s'entoure de l'albumen sécrété par la tunique de ce canal, puis la double membrane et la coquille y sont déposées sous forme d'un liquide lactescent, sécrété par la partie villeuse de l'oviducte. L'œuf ainsi complété est expulsé au dehors.

Composition centésimale du vitellus (jaune) de l'œuf de Poule :

	Avant l'incubation.	17 jours après l'incubation.
Eau....	47,2	44,8
Vitelline et autres matières protéiques	15,6	13,9
Margarine et oléine	22,8	26,9
Cholestérine	1,75	1,46
Lécithine	10,72	10,68
Sels divers (KCl, NaCl, SO^4K^2 AzH^4Cl, phosphates de Ca et Mg, etc...)	0,97	1,34

Composition centésimale de l'albumen de Poule :

Eau	86,6
Matières albuminoïdes	12,6
Glucose	0,5
Graisses	traces.
Sels minéraux	0,6

Parthénogénèse.

Les ovules produits par un certain nombre d'Arthropodes et de Rotifères sont aptes à donner des êtres nouveaux *sans fécondation préalable :* en cela consiste la *parthénogénèse.* Ce phénomène est *obligatoire* dans quelques espèces et se répète dans une suite de générations (Pucerons, Cochenilles); quelquefois la parthénogénèse est *facultative* (Guêpes, Abeilles ouvrières).

Dans une ruche d'*Abeilles*, la reine pond des ovules non fécondés et des œufs (ovules fécondés) : les ovules donnent origine aux mâles; les œufs produisent des ouvrières ou des femelles, suivant la nature de l'aliment fourni aux larves et la grandeur des cellules où elles se développent.

Tout ovule non fécondé donne parthénogénétiquement des mâles chez les Abeilles et les Guêpes, et des femelles chez les Pucerons.

Peut-être, admet Balfour, les ovules qui se comportent ainsi n'ont-ils pas rejeté de globules polaires et sont-ils demeurés complets? En tout cas, les êtres qui naissent d'ovules non fécondés par un spermatozoïde sont incapables de produire des ovules au bout de quelques générations. La reproduction sexuelle normale s'impose donc pour rendre à l'espèce, menacée de disparition, une vigueur nouvelle.

Blochman a remarqué que, dans certains cas, un seul globule polaire est émis par l'ovule; le second, après s'être formé et *non séparé*, confond sa substance avec celle de l'ovule générateur. L'ovule est devenu un *œuf*, car il entre aussitôt en segmentation.

Hétérogénie. — Certains animaux peuvent produire des êtres notablement différents d'eux-mêmes, pour cause de parthénogénèse.

Le *Phylloxera*, par exemple, issu d'un *œuf d'hiver* au printemps, est une femelle aptère qui pond une multitude d'ovules (improprement appelés œufs); de ceux-ci proviennent *parthénogénétiquement* des *femelles aptères*, qui produisent d'autres femelles aptères, et ainsi de suite pendant tout l'été. Ces générations successives sont toutes parthénogénésiques, aptères et vivent sur les racines. Quelques-uns de ces animaux se transforment, par des mues plus nombreuses, en *femelles ailées* vivant sur les feuilles où elles pondent, à l'automne, des ovules de deux grosseurs : les petits donnent des individus *mâles;* les gros produisent des individus *femelles*. Mâles et femelles sont aptères et sans tube digestif; ils s'accouplent tout aussitôt et la femelle pond, sous l'écorce, un *seul* gros *œuf d'hiver* qui formera, l'année suivante, la souche de générations identiques.

Pædogénèse. — C'est le phénomène par lequel les larves de certains animaux sont déjà capables d'engendrer parthénogénétiquement d'autres larves (*Miastor*). La pædogénèse est l'exagération de la progénèse ou l'accélération embryogénique que nous envisagerons plus loin, compliquée de parthénogénèse.

VI. — SEGMENTATION DE L'ŒUF.
FORMATION DES FEUILLETS BLASTODERMIQUES.

On appelle *segmentation* la division qui s'opère dans l'œuf aussitôt après la fécondation et transforme cet être unicellulaire en un organisme pluricellulaire.

Or l'œuf est formé de deux parties se pénétrant réciproquement :

1° Une partie vivante (*protoplasme formateur, vitellus formateur ou plastique*);

2° Une partie inerte, nutritive (*vitellus nutritif* ou *deutoplasme*), appelée à nourrir les éléments que le protoplasma devra constituer[1].

Si le vitellus nutritif est minime, il ne trouble en rien l'évo-lution de l'œuf qui su-bit une *segmentation totale et régulière,* parce que les cellules qui en dérivent sont équivalentes entre elles.

Dans le cas où la partie nutritive est abondante, il y a sé-paration, pendant la segmentation, du pro-toplasme formateur qui constituera l'être en absorbant le vitel-lus inerte. La *segmen-tation est inégale dans ce cas; elle est d'autant plus rapide en un point que le vitellus forma-teur y est plus con-densé*[2].

1° Œuf alécithe.

— *Gastrula par embo-lie.* — Les œufs aléci-thes [*Toxopneustes* (Oursin), *Amphioxus*] fournissent le type le plus simple de segmentation, suivant le processus général de *karyokinèse*[3].

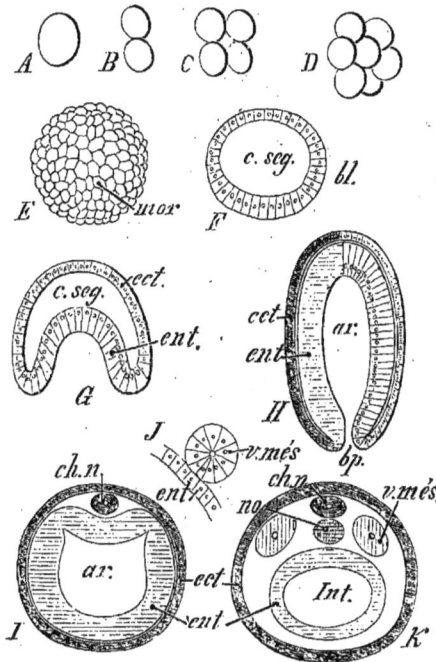

Fig. 31. — Segmentation de l'œuf alécithe. — A, B,... E, *morula* aux stades 2, 4, 8,... 2ⁿ. — F, *blastula ; c.seg,* ca-vité de segmentation. — G, H, *gastrula par embolie; ect,* ectoderme ; *ent,* entoderme. — I, K, stades ultérieurs. — J, origine entodermique du mésoderme représentée sché-matiquement.

1. Le vitellus nutritif, adjoint à la partie fondamentale de l'ovule primitif, est dû à la fusion, au protoplasme ovulaire, du contenu d'un certain nombre de cellules ayant pour origine l'ovaire ou des organes glandulaires accessoires.
Chez les Insectes, les Crustacés, l'ovule primitif a ainsi absorbé (2ⁿ—1) cellules. L'ovule des Turbellariés, des Cestodes et des Trématodes est pénétré d'une abondante matière nutritive fournie par une glande vitellogène (voir tome II, fascicule 2).
L'ovule des Mammifères est entouré d'une couche cellulaire spéciale, le *follicule,* à laquelle il emprunte une partie des matériaux indispensables à son évolution. L'ovule des Oiseaux est comparable à celui des Mammifères ; de plus, une fois cet ovule fécondé, l'œuf qui en résulte emprunte une substance nutritive supplémentaire, l'*albumen,* à des organes extra-ovariens.
2. La présence d'un vitellus nutritif abondant est donc une circonstance défavorable pour l'étude embryogénique d'un être; elle modifie la marche normale de son évolution.
3. Voir *Multiplication cellulaire,* t. Iᵉʳ, p. 14.

L'œuf (fig. 31, A) se divise d'abord en 2 cellules égales suivant un plan (B), puis en 4 (C) par un deuxième plan perpendiculaire au premier, puis en 8 (D) par un troisième plan perpendiculaire aux deux autres. — 16, 32, 64, etc... cellules résultent de cette segmentation et constituent une masse sphérique ou ovoïde, parfois plane, qu'on peut appeler à tout instant *morula* (E), parce qu'elle est généralement comparable à une mûre.

On a la *morula* aux stades successifs, 2, 4, 8, 16, 32, etc. Entre les cellules ainsi groupées, dès le stade 4, il existe déjà une *cavité de segmentation*, c.s (fig. 32, A).

Quand la *morula* est parvenue au stade 2^n, les cellules se disposent en un plan unique (fig. 32, B); elles circonscrivent alors une cavité de segmentation d'autant plus vaste que n est plus grand. La nouvelle forme obtenue est une *blastula* (B).

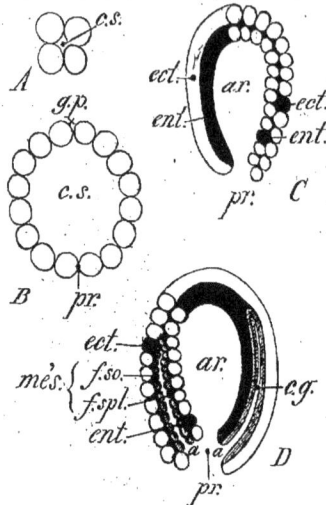

Fig. 32. — Segmentation de l'œuf alécithe — A, *morula*. — B, *blastula*; *g.p*, point où les globules polaires ont pris naissance; *pr*, prostome; *c.s*, cavité de segmentation. — C. *gastrula par embolie*; *ect*, ectoderme; *ent*, entoderme; *ar*, archentéron. — D, formation des diverticules mésodermiques, *més*; *f.so*, somatopleure; *f.spl*, splanchnopleure; *c.g*, cavité générale.

Quand la *blastula* devient libre dans l'eau, comme chez les Némertes, elle acquiert des cils vibratiles qui lui permettent de se mouvoir dans le liquide (*blastula ciliée*).

Puis se produit une invagination en un point *pr* de la *blastula* diamétralement opposé à celui où les globules polaires, *g.p*, ont pris naissance. Une moitié de la *blastula* s'enfonce dans l'autre moitié, s'*invagine*, oblitère peu à peu la cavité de segmentation et forme un hémisphère à deux feuillets (fig. 32, C), qui s'allonge ordinairement, à mesure que se rétrécit son orifice en un pore étroit, *pr*. L'être nouveau est une *gastrula par embolie* (*gastrula invaginata* ou *archigastrula*). L'orifice de la gastrula s'appelle *prostome*, *pr*; le feuillet externe est l'*ectoderme*, *ect*, et le feuillet interne l'*entoderme*, *ent*.

Le prostome occupe l'extrémité postérieure de l'embryon et

fait communiquer avec l'extérieur la cavité de la gastrula (*archen-téron, ar,* ou *intestin primitif*).

Apparaît ensuite le *mésoderme*. A la limite *a, a* (D) des deux feuillets primitifs de la *gastrula*, se forment des diverticules par multiplication de cellules d'origine entodermique qui, logées entre l'ectoderme, *ect,* et l'entoderme, *ent,* constituent le feuillet moyen de la gastrula, ou *mésoderme, més.* Les éléments du mésoderme se disposent en deux lames : l'une, accolée à l'ecto-derme, est la *somatopleure, f.so;* l'autre, tapissant l'ento-derme, est la *splanchnopleure, f.spl.* La somatopleure et la splanchnopleure limitent la *cavité générale c.g* (*cœlome* ou *cavité pleuro-péritonéale*).

Le nom d'*entérocœle* est attribué à la cavité générale formée de cette manière chez les Oursins et l'*Amphioxus.*

2° **OEuf télolécithe.** — Le mode de segmentation de l'œuf diffère du précédent, lorsque les vitellus formateur et nutritif y sont inégalement répartis. Exa-minons quelques-uns des cas qui peuvent se présenter :

(a). **Segmentation totale.** — (α) *Gastrula par épibolie.* — Chez la Littorine (Mollusque gasté-ropode), la *Nereis* (Annélide), la segmentation de l'œuf produit deux sortes de cellules : les unes plus petites, formées presque exclusivement de protoplasme formateur, se multiplient rapi-dement; les autres, plus grosses, riches en deutoplasme, se mul-tiplient lentement. Les deux cellules primitives (fig. 33; A) en ont donné 4, puis 8 (B); les cellules plus petites, se dédou-

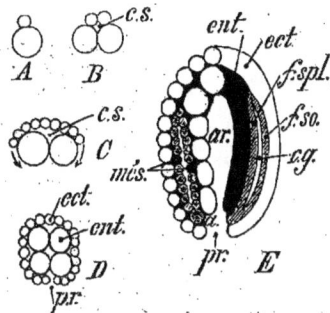

Fig. 33. — Segmentation de l'œuf télo-lécithe. — A, B, *morula* à cellules inégales; — C, les petites cellules ectodermiques enveloppent peu à peu les grosses cellules entodermiques qui s'invaginent en quelque sorte dans la cavité formée par les pre-mières. — D, *gastrula par épibolie.* — E, stade plus avancé où les cellules méso-dermiques *a* ont formé un feuillet, *més,* qui a déjà subi une délamination (mêmes lettres que pour la figure 32).

blant plus vite (C), forment un feuillet ectodermique, *ect* (D), enveloppant l'entoderme, *ent;* ce dernier est représenté par les grosses cellules.

C'est là encore une *gastrula,* mais une *gastrula par épibolie* (*amphigastrula*) dont le prostome est en *pr* et la cavité archenté-rique excessivement réduite.

La formation du mésoderme, dans ce cas, a lieu de la manière suivante : Toujours à la limite des deux feuillets primitifs apparaissent, en *a* (E), des cellules granuleuses de dimension moyenne, qui se multiplient rapidement entre l'ectoderme et l'entoderme. Une *délamination* se produit dans cette masse cellulaire, séparant la somatopleure, *f.so*, de la splanchnopleure, *f.spl.* La cavité générale, *c.g*, ainsi formée, est un *schizocœle* différant de l'entérocœle seulement par une accélération dans son apparition.

(β) *Gastrula par délamination.* — La séparation des vitellus formateur et nutritif peut avoir lieu tardivement, alors que la *blastula* est déjà constituée. Chez les *Méduses Géryonides* où le fait se produit, le vitellus formateur se rend à la périphérie des cellules de la blastula (fig. 34, A) et le deutoplasme, du côté de la cavité de segmentation, *c.s.* Alors la segmentation se continue par l'apparition d'une cloison transversale, *cl*, qui divise chaque cellule *c* en une cellule ectodermique, *ect*, et une cellule entodermique, *ent;* les premières se multiplient plus rapidement que les autres : tel est le mode de formation de la *gastrula par délamination (gastrula delaminata)*.

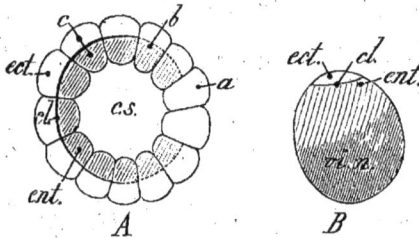

Fig. 34. — Segmentation de l'œuf télolécithe. En A, *blastula* dont les cellules subissent un cloisonnement *cl* par suite d'une répartition du vitellus en vitellus formateur du côté externe et en vitellus nutritif du côté interne. Formation d'une *gastrula par délamination.* — En B, le même phénomène se produit dans la cellule-œuf dès le début de la segmentation; formation d'une *discogastrula.*

(γ) *Porogastrula.* — L'œuf des *Hydroïdes* donne par segmentation une forme embryonnaire spéciale, la *parenchymula.*

Au début de la segmentation, s'est produite une *blastula* allongée, pourvue de *pores* intercellulaires qui facilitent les échanges entre la cavité de segmentation et l'eau ambiante. Puis, à l'un des pôles (prostome) se différencient quelques cellules, *véritables cellules entodermiques* (comme nous allons le voir), formant une surface plane et non invaginée. A ce stade, la *blastula* est devenue une *gastrula sans archentéron*, appelée aussi *porogastrula* à cause de ses pores latéraux. La multiplication de ces cellules spéciales donne lieu à des éléments nouveaux qui font saillie et tombent dans la cavité de segmentation; cette dernière est tôt ou tard comblée par un véritable parenchyme : d'où le nom de *parenchymula* attribué à la forme embryonnaire considérée.

Les cellules du parenchyme ne constituent pas un mésoderme à proprement parler; leur ensemble, peu consistant, a reçu le nom de *mésoglée*.

(b). **Segmentation partielle discoïdale.** — *Discogastrula.* — Dans l'œuf des Oiseaux (fig. 30 et fig. 34, B), le vitellus formateur (vitellus blanc) est accumulé au niveau de la cicatricule; le vitellus nutritif compose le reste du jaune de l'œuf, à l'exclusion presque totale du premier. La segmentation n'intéresse dès lors que le *disque germinatif*, *dis.ger* (fig. 35), sur lequel est réparti le vitellus formateur; il se forme alors une *disco-morula*.

Dès que cet œuf entre en segmentation, la cicatricule ou *disque germinatif*, *dis.ger*, laisse apparaître un premier sillon, 1, 1 (A) qui l'intéresse seule, puis un second perpendiculaire au premier, 2, 2 (B), etc... Le protoplasme formateur est composé, au bout de quelques heures, d'une sorte de calotte superficielle (*vésicule blastodermique*), dont les cellules sont d'autant plus petites qu'elles avoisinent le centre du disque germinatif. Les cellules plus grandes,

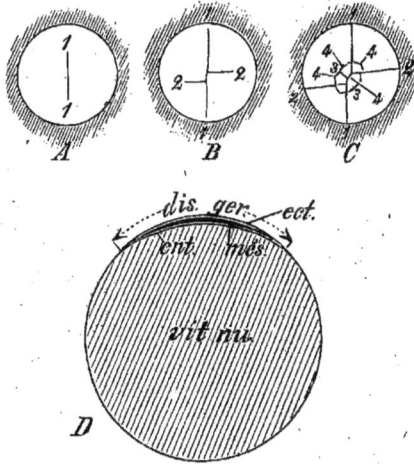

FIG. 35. — Segmentation partielle discoïdale de l'œuf de l'Oiseau. — A, un 1er sillon (1,1) apparaît sur le disque germinatif ou cicatricule. — B, apparition d'un 2e sillon perpendiculaire au 1er. — C, ordre d'apparition des sillons successifs. — D, coupe médiane de l'œuf à une période avancée de la segmentation, montrant l'étendue du disque germinatif et les 3 feuillets blastodermiques.

qui se forment progressivement à la périphérie de la calotte, tendent à envelopper le vitellus nutritif, *vit.nu* (D), destiné à nourrir le jeune Oiseau pendant tout son développement. La couche externe de la *vésicule blastodermique* ainsi constituée forme l'ectoderme, *ect;* la couche profonde en est l'entoderme, *ent,* un peu plus tard étranglé (*ombilic*).

La *discomorula* s'est changée en *discogastrula*.

La partie comprise en deçà de l'ombilic dans le corps de l'embryon deviendra sa *cavité intestinale;* la partie qui lui sera extérieure, remplie de vitellus nutritif, s'appellera *vésicule ombilicale.*

Le mésoderme, *més*, se développe entre les feuillets externe et interne du blastoderme.

3° **Œuf centrolécithe.** — *Périblastula*. — On trouve chez les Arthropodes cette sorte d'œuf dont le vitellus formateur occupe la périphérie. C'est donc à la périphérie de l'œuf que se produit la segmentation *régulière* (*Palæmon, Penæus*) ou *inégale* (Myriapodes, *Chondracanthus*); les sillons qui apparaissent à la surface ne se continuent pas jusqu'au centre de l'œuf occupé par le vitellus nutritif (fig. 36, A et B).

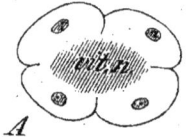

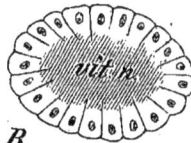

Il s'est formé une *périblastula*. Par suite de la multiplication cellulaire, se produit une invagination entodermique de peu d'étendue, comprise entre l'ectoderme et le vitellus. Le mésoderme est originaire des cellules invaginées.

Fɪɢ. 36. — Segmentation de l'œuf centrolécithe. Formation d'une *périblastula*; les cloisons n'atteignent pas au centre de l'œuf occupé par le vitellus nutritif exclusivement.
B, stade plus avancé que A.

En résumé, *les phases successives de la segmentation de l'œuf tendent à constituer des éléments anatomiques disposés en feuillets blastodermiques superposés, au nombre de 3,* chez la plupart des animaux : ceux que l'on désigne sous le nom de *Métazoaires*.

E. Van Beneden appelait *Mésozoaires* des parasites très inférieurs, les Dicyémides et les Orthonectides, chez lesquels on n'avait pas trouvé de mésoderme tout d'abord ; mais entre leurs feuillets externe et interne se trouve une *mésoglée*. Aujourd'hui, il n'existe aucune raison de conserver ce groupe des *Mésozoaires*.

Les *Protozoaires*, unicellulaires, ne sauraient avoir de feuillets blastodermiques.

Rôle des trois feuillets. — L'*ectoderme* comprend l'ensemble des cellules qui revêtent et *protègent* le corps, qui président en outre aux relations avec le milieu extérieur : l'*épiderme* en dérive ainsi que le *système nerveux* et les *organes des sens*, tout au moins pour une partie des tissus qui les composent.

L'*entoderme* constitue l'épithélium du *tube digestif* et des *glandes* qui y sont annexées.

Le *mésoderme* forme tous les tissus intermédiaires à la peau et à l'intestin (*tissus conjonctifs, tissu musculaire, sang*) qui président aux *mouvements*, aux *relations* et à la *nutrition intimes* des différentes parties du corps.

Aux trois feuillets correspondent donc trois catégories de fonctions communes à presque tous les animaux pluricellulaires ; la *diversité de ces fonctions*, qui s'accuse graduellement chez l'organisme nouveau, correspond à *la différenciation graduelle des éléments* qui le composent (voir tome 1er, p. 16).

VII. — DÉVELOPPEMENT DE L'EMBRYON.

Le *développement* comprend l'étude de la *formation des tissus* et de leur *groupement en organes*. L'œuf pourvu d'une faible quantité de vitellus nutritif (tel l'œuf des Mammifères) ne peut poursuivre son développement s'il ne reçoit, de l'extérieur, un supplément de nourriture. Ce supplément lui est fourni, chez les Mammifères en particulier, par la mère dans l'utérus de laquelle s'achève le développement qui est *de longue durée* (Animaux *vivipares*).

Quand l'œuf est gros par suite d'une accumulation abondante de vitellus nutritif, le développement de l'embryon a lieu, en général, en dehors du sein de la mère. Pondu dans l'eau à une époque où la température est assez élevée, il y subit son évolution (la plupart des animaux aquatiques) ; s'il est pondu dans l'air dont les variations de température sont trop brusques, la mère *couve l'œuf* pour s'opposer à ces variations (la plupart des Oiseaux), ou bien elle le confie au sable chaud du désert (Autruche), ou bien elle l'enfouit dans un amas de feuilles humides entrant rapidement en fermentation avec émission de chaleur (Talégalle de la Nouvelle-Hollande).

Les phases du développement étant très variables avec les espèces animales, nous étudierons de préférence, avec quelque détail, les phases successives du développement de l'**embryon humain**, que nous comparerons aux phases du développement des embryons des Vertébrés supérieurs.

Nous envisagerons successivement :
1° Les relations de l'embryon avec sa mère dans la cavité utérine ;
2° Les modifications éprouvées par l'embryon lui-même.

RELATIONS DE L'EMBRYON HUMAIN AVEC LA MÈRE.
SES ENVELOPPES SUCCESSIVES.

Premier Chorion. — L'œuf est ordinairement fécondé dans l'une des trompes de Fallope ; durant sa migration jusqu'au point de l'utérus où il va se fixer (*Œ*, fig. 29), il commence à se segmenter. Sa membrane vitelline, *Mem.vit* (fig. 37, A), se hérisse de nombreuses petites papilles ou *villosités non vasculaires*, *p* ; elle forme le *premier chorion* qui puise, *par endosmose et imbibition*, le liquide protéique sécrété par le canal de la trompe et la paroi utérine. Le vitellus en segmentation reçoit ainsi un premier supplément de matière nutritive qui en augmente notablement le volume.

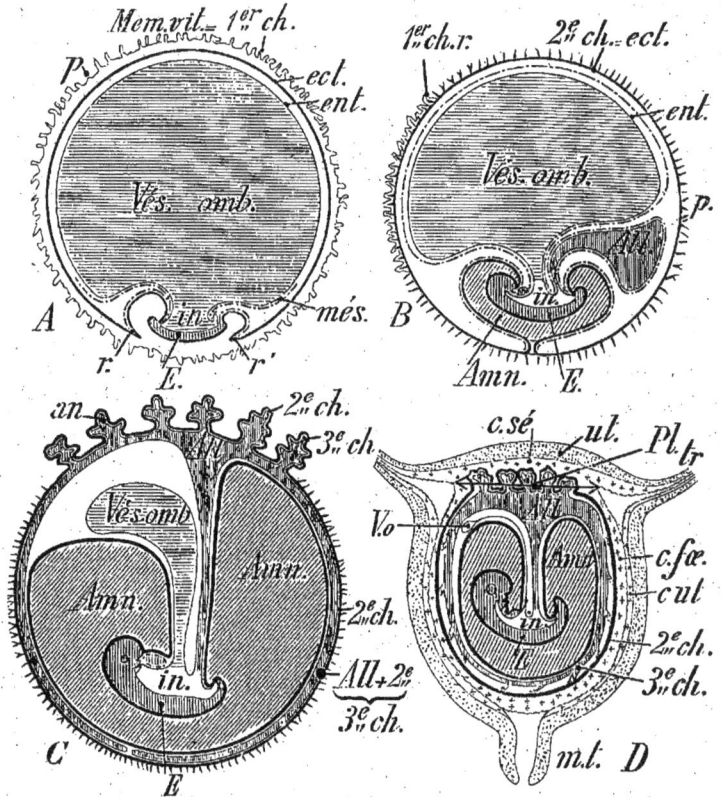

FIG. 37. — Développement de l'embryon humain. Ses enveloppes successives. — A; E, embryon; *in*, intestin; *Vés.omb*, vésicule ombilicale. *Mem.vit*, membrane vitelline formant le 1er chorion avec ses villosités non vasculaires *p.r*, *r'*, rebords du sillon ectodermique qui enveloppe peu à peu l'embryon. — B; l'embryon est entouré par l'amnios, *Amn*; la vésicule ombilicale est plus réduite; apparition de l'allantoïde, *All*; 1er *ch.r*, 1er chorion petit à petit résorbé par le 2e chorion, 2e *ch*, d'origine ectodermique. — C, grand développement de l'amnios qu'entoure totalement l'allantoïde, *All*; *an*, anses terminales et vasculaires de l'allantoïde résorbant le 2e chorion. — D, Embryon E, en place dans l'utérus maternel *ut*, où il se développe; *Pl*, placenta; *c.sé*, caduque sérotine; *c.fœ*, *c.ut*, caduques fœtale et utérine confondues; *V.o*, reste de la vésicule ombilicale; 2e *ch*, 3e *ch*, 2e et 3e chorions; *m.t*, museau de tanche; *tr*, canal de la trompe de Fallope.

Fixé par la caduque utérine, l'œuf devient la vésicule blastodermique, composée de trois feuillets au pôle formatif seulement. Dans cette région se dessine le corps de l'*embryon*, E; un sillon, qui en limite l'étendue, apparaît à la surface de l'ectoderme, *ect;* l'étranglement produit divise le contenu de l'entoderme en deux portions : la future *cavité intestinale in*, partie intégrante de l'embryon, et la *vésicule ombilicale, Vés.omb*, qui lui est extérieure.

La vésicule ombilicale renferme une réserve nutritive momentanée ; l'embryon y puise, pendant 4 semaines environ, à l'aide d'un premier système de vaisseaux sanguins (vaisseaux *omphalo-mésentériques*) où s'opère la *première circulation* ou *circulation ovulaire*. La vésicule s'atrophie à mesure (*Vés.omb*, B, C; *V.o*, D).

Chez les Oiseaux et autres ovipares, où le vitellus nutritif est très abondant, le contenu de la vésicule n'est guère épuisé qu'à la fin du développement de l'embryon.

Amnios et **Deuxième chorion**. — Le sillon ectodermique mentionné précédemment s'accuse davantage ; les deux rebords *r, r'* (fig. 37, A) se rejoignent peu à peu (B), puis se confondent (C). L'embryon *E* est complètement entouré par une poche appelée *amnios, Amn*, d'origine ectodermique, doublée extérieurement d'une lame mésodermique (somatopleure).

L'*amnios* est rempli d'un liquide albumineux dans lequel est suspendu l'embryon en un point ventral (*ombilic*) par un *cordon ombilical* d'abord court, puis long et étroit ; ce cordon est traversé par les vaisseaux omphalo-mésentériques.

En même temps, la partie de l'ectoderme, *ect* (B), rendue indépendante de l'amnios, s'applique étroitement contre le *premier chorion* qu'elle résorbe (1er *ch.r*), se couvre également d'abondantes *villosités non vasculaires*, et constitue le *deuxième chorion* (2e *ch*). Cette membrane puise à son tour de la matière nutritive par endosmose dans les caduques fœtale et sérotine, mais surtout dans cette dernière où les villosités du 2e chorion sont très accentuées.

Allantoïde ou **3e chorion (Chorion vasculaire)**. — L'allantoïde *All* (fig. 37, B, C, D) est un *bourgeon creux* formé de très bonne heure par l'entoderme, à la partie postérieure et ventrale de la future cavité intestinale ; ce bourgeon croît d'abord entre la vésicule ombilicale et l'amnios (B) qu'il enveloppe ensuite (C), pour former une membrane étroitement appliquée contre la face interne du 2e chorion. L'allantoïde pénètre dans les villosités de ce dernier qu'elle résorbe ; elle y forme un fin *réseau vasculaire* dont les anses terminales, *v.v'fœ* (fig.38), sont enveloppées par le réseau vasculaire de la mère, *v.mat*. Parmi ces anses vasculaires, les seules qui persistent sont embrassées par la caduque sérotine, *c. sé* (fig. 37, D) et forment le *placenta, Pl*.

On peut ainsi définir le placenta : *un organe intermédiaire entre la mère et l'embryon.*

Désormais l'embryon se nourrit des principes nutritifs apportés par les vaisseaux maternels sur toute l'étendue du placenta ; ces principes sont recueillis, par endosmose, à travers les épithéliums *placentaire, ép.pla* et *chorial, ép.ch* (fig. 38), par les vaisseaux du fœtus, *v.v'fœ.*

Le canal allantoïdien se différencie postérieurement et devient le sinus uro-génital : il forme l'*urèthre, ur* (fig. 19, B) et s'épanouit en un réservoir appelé *vessie, v*, qui se continue par l'*ouraque, ou.*

Cette seconde circulation est dite *circulation placentaire.*

La cavité de l'utérus (fig. 37, D) est totalement occupée par l'embryon *E* et ses enveloppes ; la caduque utérine, *c.ut*, pressée contre la caduque fœtale, *c.fœ*, se confond avec elle.

On rencontre successivement, de l'extérieur à l'intérieur, pour parvenir à l'embryon : 1° la *caduque* (*c.ut, c.fœ*) ; 2° le *chorion* (2° *ch.* et 3° *ch.*) ; 3° l'*amnios* (*Amn*) rempli des eaux au milieu desquelles flotte l'embryon.

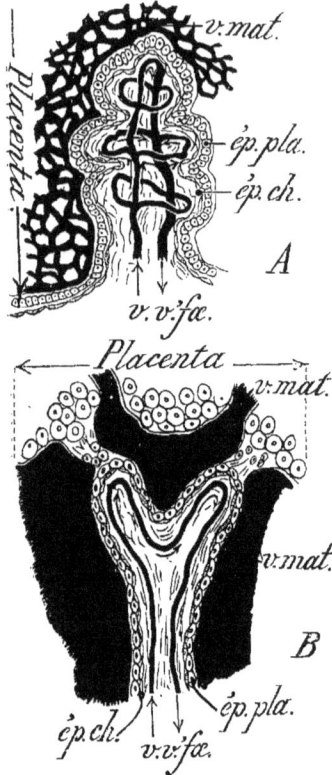

Fig. 38. — Anses terminales et vasculaires de l'allantoïde pénétrant dans le placenta maternel. — A, Porc. — B, Femme. *v.mat*, vaisseaux sanguins maternels ; *v.v'fœ*, vaisseaux sanguins du fœtus ; *ép.pla*, épithélium placentaire ; *ép.ch*, épithélium chorial.

Mammifères placentaires. Mammifères implacentaires. — Diverses sortes de placentas. — On ne rencontre de placenta que chez les Mammifères, et encore les Marsupiaux et les Monotrèmes en sont-ils dépourvus (*Implacentaires*).

Les Oiseaux ont un organe villeux, *placentoïde*, qui plonge dans l'albumine.

Les *Mammifères placentaires* se divisent en :

1° *Mammifères adédidués* ou *sans caduque*, ainsi appelés parce que les villosités de leur placenta sont faiblement adhérentes à la muqueuse utérine et s'en détachent sans altération de cette dernière au moment de la délivrance : Porcins, Jumentés, Ruminants.

2° *Mammifères décidués* ou *avec caduque*, ainsi désignés parce que l'union des villosités placentaires avec la paroi de l'utérus est tellement intime que le placenta ne peut être expulsé sans altérer la muqueuse utérine dont une partie (*caduque*) est entraînée avec le *délivre*.

La *disposition du placenta* est variable avec les espèces animales considérées.

Mammifères {
  adécidués. {
    Placenta diffus : villosités courtes, simples et nombreuses, régulièrement disposées sur tout le chorion (Périssodactyles, Porcins, Hippopotame, Lémuriens, Cétacés).
    Plac. cotylédonaire : touffes de villosités (*cotylédons*) en certains points seulement du chorion (Ruminants).
  }
  décidués.. {
    Placenta zonaire : villosités sur une large zone circulaire autour de l'équateur du chorion (Carnivores, Proboscidiens).
    Placenta discoïde : villosités sur un disque plus ou moins étendu (Homme, Singes, Cheiroptères, Insectivores, Rongeurs).
  }
}

Vertébrés amniens ou allantoïdiens. Vertébrés anamniens ou anallantoïdiens. — L'amnios et l'allantoïde sont des membranes embryonnaires spéciales aux Mammifères, aux Oiseaux et aux Reptiles qu'on désigne, pour cette raison, sous le nom d'*amniens* ou *allantoïdiens*.

Les Amphibiens et les Poissons sont appelés, au contraire, *anamniens* ou *anallantoïdiens*, parce que dans l'œuf n'apparaît aucun repli de l'ectoderme propre à

Fɪɢ. 39. — Schémas montrant la différence dans le développement de l'œuf d'un Amnien A et d'un Anamnien B. *Amn*, amnios ; *c.g*, cavité générale; *V.o*, vésicule ombilicale ; *in*, intestin ; *o*, aorte ; *n*, notochorde ; *ch*, chaîne nerveuse.

former un amnios, non plus qu'un bourgeon allantoïdien. L'examen de la figure 39 suffit à montrer cette différence essentielle dans le développement d'un œuf d'Anamnien B et d'un œuf d'Amnien A.

Remarquons aussi que les *Amniens* sont les Vertébrés *pulmonés*, c'est-à-dire pourvus d'une respiration toujours pulmonaire ; tandis que les *Anamniens* sont les Vertébrés *branchiés*, c'est-à-dire pourvus de *branchies*, au moins transitoirement.

DÉVELOPPEMENT DES ORGANES DE L'EMBRYON HUMAIN
COMPARAISON AVEC LE DÉVELOPPEMENT CHEZ LES VERTÉBRÉS SUPÉRIEURS.

1° Accroissement général de l'embryon.

Age.			Caractères généraux.
20 jours.	Longueur de	5 millim.	
1 mois.	—	10 —	Tête ébauchée avec yeux, narines et bouche indiqués.
1 mois 1/2.	—	20 —	Tête distincte du thorax ; membres ; doigts visibles.
2 mois.	—	50 —	Organes génitaux. Début de l'ossification (vertèbres cervicales, côtes, membres, frontal et occipital).
3 mois.	—	80 à 100 —	Sexes distincts. Muscles quelque peu différenciés. Placenta constitué.
4 à 6 mois.	—	140 à 300 —	Ossification des os du tarse.
8 mois.	—	400 —	
9 mois.	—	500 —	Développement embryonnaire achevé.

2° Développement des organes internes. — Par suite de l'inégale segmentation qui se produit dans l'œuf, la vésicule blastodermique présente, nous l'avons déjà vu, un épaississement qui est l'origine de l'embryon ; on appelle *aire embryonnaire, a.e* (fig. 40, A), la région où se développent les feuillets blastodermiques. Une zone claire, la *zone pellucide*, circulaire d'abord, puis ovale, circonscrit cet espace ; la zone pellucide est elle-même entourée d'une *aire opaque, a.op*, future *aire vasculaire*, dans laquelle apparaîtront, au bout de quelques jours, les premiers vaisseaux destinés à absorber le vitellus nutritif.

La tache embryonnaire présente en son milieu une traînée très foncée, la *ligne primitive, l.p*, due à une active prolifération des cellules qui concourent à la formation du feuillet mésodermique (côté externe).

Les aires pellucide et embryonnaire s'allongent de plus en plus ; un sillon apparaît au milieu et en avant de la ligne primitive : c'est la *gouttière médullaire, g.m*, dont les bords ou *replis médullaires* s'incurvent en avant et se rejoignent au niveau du *repli céphalique, r.cé*.

Avant la soudure des replis médullaires en un *tube nerveux* (origine du système nerveux central), le mésoderme présente une *zone vertébrale* médiane, *z.ver* (B), sous-jacente à la gouttière médullaire, avec les premiers somites, *s.més*, dont le plus antérieur indique le point d'union de la tête avec le tronc. L'entoderme *ent* (C), épaissi sur la ligne médiane, forme à ce moment la *noto-*

chorde, *not*; le feuillet interne du mésoderme (splanchnopleure, *f. spl*, X'Y') se recourbe sur lui-même de part et d'autre de la

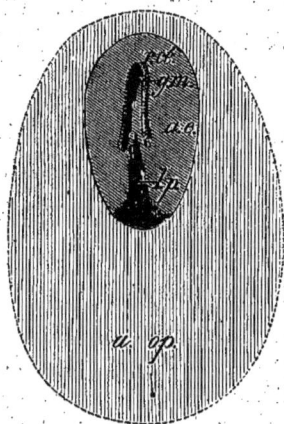

A

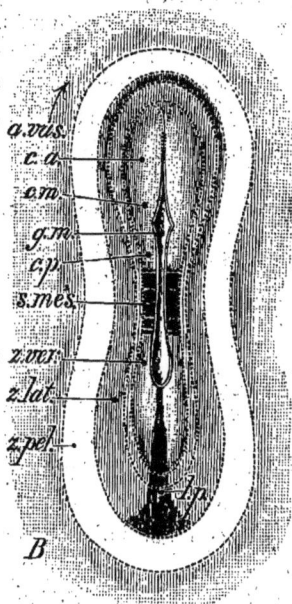

B

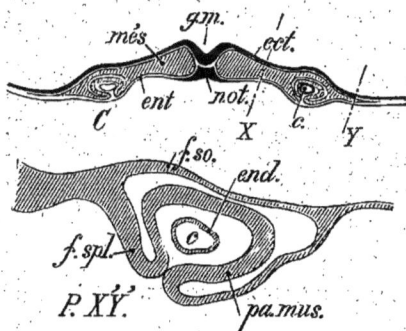

C X Y

P. X'Y'.

Fig. 40. — Développement des organes de l'embryon. — A, origine de l'embryon; *a.e*, aire embryonnaire; *l.p*, ligne primitive; *g.m*, gouttière médullaire; *r.cé*, repli céphalique. — B, Embryon vu par la face dorsale; *a.vas*, aire vasculaire; *z.pel*, zone pellucide; *z.lat*, zone latérale; *z.ver*, zone vertébrale; *c.a*, *c.m*, *c.p*, régions des futurs cerveaux antérieur, moyen et postérieur; *g.m*, gouttière médullaire qui se ferme peu à peu; *s.més*, somites mésoblastiques. — C, coupe transversale de la partie antérieure de l'embryon à un stade un peu plus avancé que B; *g.m*, gouttière médullaire; *not*, notochorde; *ect*, *ent*, *més*, les 3 feuillets; *c*, les deux moitiés du cœur. — P. X'Y'; portion grossie de la région XY, pour montrer l'origine du cœur, *c*; *end*, endocarde; *pa.mus*, paroi musculaire du cœur (myocarde) ayant pour origine la splanchnopleure.

ligne médiane dans la région céphalique, et forme deux tubes impairs, *c*; ces deux tubes se rapprochent peu à peu l'un de l'autre et se confondent sur la ligne médiane en un *cœur*, *c* (fig. 43,3), compris entre la notochorde et l'intestin, désormais différenciés.

L'*intestin*, d'abord confondu avec la vésicule ombilicale, en est devenu-distinct par suite du développement de l'amnios qui a produit l'étranglement ombilical signalé à la page 47 (fig. 37, A, B, C).

Plus tard apparaissent les parties diverses du *squelette* et des *muscles* aux dépens du mésoderme.

Examinons avec quelque détail le mode de développement de ces organes divers, en les classant d'après l'ordre d'apparition des feuillets dont ils dérivent : 1° l'ectoderme ; 2° l'entoderme ; 3° le mésoderme.

(a). FORMATIONS D'ORIGINE ECTODERMIQUE.

Les dérivés principaux de l'ectoderme sont : l'*épiderme* et les glandes qui en dépendent ; le *système nerveux* et les *organes des sens*.

Épiderme. — Il a été formé par la multiplication des couches cellulaires de l'ectoderme, prolifération qui se poursuit dans la couche de Malpighi chez l'être adulte (voir tome Ier, page 224). Les glandes sudoripares, sébacées et autres formations tégumentaires (tome Ier, page 181), auxquelles a pris part la couche de Malpighi, sont aussi d'origine ectodermique.

Système nerveux et organes des sens. — Le développement du système nerveux a été exposé dans le 1er tome de cet ouvrage (pages 277 à 280) ; nous renvoyons également le lecteur aux pages 236-238 et 249-251 pour l'étude embryogénique des organes de l'ouïe et de la vue qui se dessinent déjà au bout de quelques jours. Les organes de l'odorat et du goût apparaissent plus tard, lorsque se produisent les invaginations ectodermiques d'où la bouche et les fosses nasales tirent leur origine.

(b). FORMATIONS D'ORIGINE ENTODERMIQUE.

Ce sont le *tube digestif* et les *poumons*.

Tube digestif. — D'abord fermé à ses deux extrémités (fig. 41, A) et en large communication par sa région moyenne avec la vésicule ombilicale, *v.o*, ce tube *in* s'allonge en même temps que l'embryon et se divise en trois parties : le cul-de-sac antérieur ou *proentéron* (futur œsophage, *œ*) ; la partie moyenne ou *mésentéron* (estomac, *e* et intestin, *in*) ; le cul-de-sac postérieur ou *mésentéron* (rectum, *r*). Cette dernière partie a produit le bourgeon urogénital, *b.ug*, dont l'histoire a été faite précédemment (p. 24).

La région moyenne du tube digestif, d'abord rectiligne, se recourbe en circonvolutions nombreuses; sa partie antérieure acquiert un fort calibre et devient l'estomac, e. Peu au delà de l'estomac apparaissent deux diverticules, 1, 1 (C), cordons d'abord pleins, puis creux (*canaux biliaires*), dont l'actif bourgeonnement constitue, de concert avec un réseau vasculaire sanguin qui s'y imbrique, une masse unique appelée *foie*, f (D)[1]. En arrière des diverticules précédents s'en développe un troisième, 2 (C), qui formera le *pancréas*, p (D).

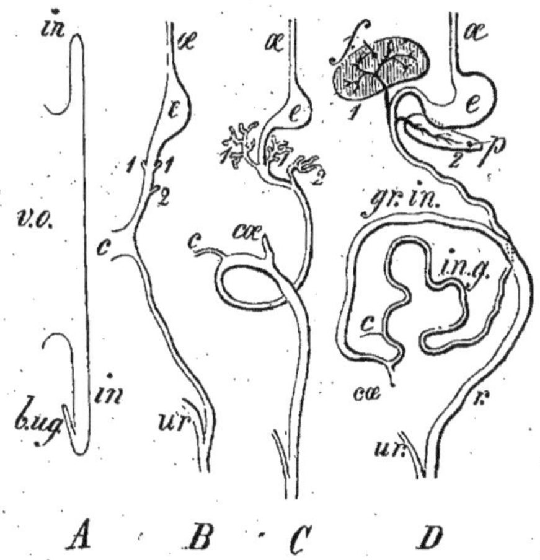

La partie terminale du futur intestin grêle présente le canal omphalo-mésentérique obstrué, c; le *cæcum*, cæ, résulte d'un léger renflement de la région qui correspond au début du gros intestin.

La cavité buccale et l'orifice anal sont dus à

Fig. 41. — Développement du tube digestif. — A, *in*, intestin primitif en large communication avec la vésicule ombilicale, *v.o.* — B, C, D, phases successives du développement. *œ*, œsophage ; *e*, estomac ; *in.g*, intestin grêle ; *gr.in*, gros intestin ; *cæ*, cæcum ; *r*, rectum. 1,1, diverticules formant les canaux biliaires du foie, *f*; 2, futur pancréas, *p*. *c*, canal omphalo-mésentérique obstrué.

deux invaginations de l'ectoderme dont la paroi profonde s'est résorbée au contact des extrémités de l'intestin.

Il va sans dire que le feuillet splanchnique du mésoderme forme les couches musculaire et séreuse qui enveloppent le tube intestinal.

Des fentes viscérales. Formation des cavités buccale et nasale : isolement du conduit auditif. — Lorsque la flexion crânienne de l'embryon est telle que le cerveau moyen, c_3 (fig. 42, A), est situé à l'extrémité antérieure du corps, on voit apparaître successivement, de chaque côté de la tête, *quatre fentes viscérales* homologues des fentes branchiales que portent les Poissons dans la région du pharynx. Ces fentes sont dues à la production d'autant de diverticules entodermiques du *proentéron*, qui se prolongent jusqu'au niveau de l'ectoderme

1. Le foie est excessivement développé pendant les premiers moments de la vie fœtale : il atteint la moitié du poids du corps à l'âge de 3 semaines; il n'en est plus que le vingtième à 9 mois.

lui-même invaginé ; aux points de rencontre des diverticules et des invaginations correspondantes, les tissus sont résorbés et les fentes apparaissent.

Les 4 fentes sont bordées de lèvres épaisses formant 5 *arcs viscéraux* dont les deux premiers sont l'*arc mandibulaire, a.m*, et l'*arc hyoïdien*, 1a. Les deux arcs mandibulaires *a.m* (B) croissent, se soudent en avant pour former la mâchoire inférieure *m. i* ; ils développent en haut des *prolongements maxillaires* qui, soudés

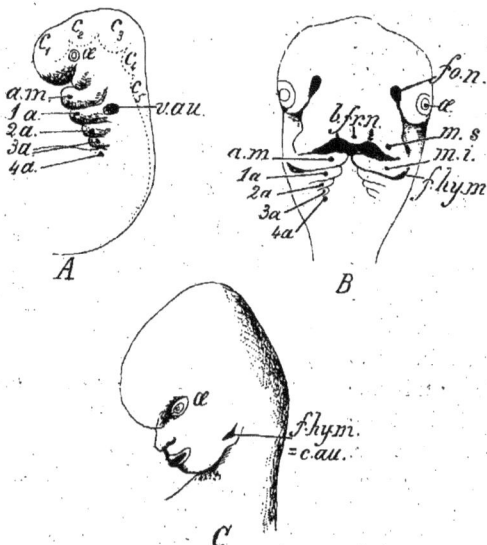

FIG. 42. — Formation des cavités de la bouche et du nez ; isolement du conduit auditif externe. — A, fentes viscérales séparant les 5 arcs viscéraux (*a.m*, arc mandibulaire, 1*a*,... 4*a*) ; *v.au*, vésicule auditive ; c_1, c_2, c_3, c_4, c_5, cerveaux antérieur, intermédiaire, moyen, cervelet, arrière-cerveau ; *œ*, œil. — B, soudure des arcs mandibulaires formant la mâchoire inférieure, *m.i* ; *b.fr.n*, bourgeon fronto-nasal ; *m.s*, mâchoire supérieure au-dessous de laquelle est l'ouverture buccale ; *fo.n*, fosse nasale ; *œ*, œil ; *f.hy.m*, fente hyo-mandibulaire. — C, les mêmes organes plus développés ; *c.au*, conduit auditif externe (fente hyomandibulaire communiquant par l'oreille moyenne et la trompe d'Eustache, avec la cavité pharyngienne).

avec un *bourgeon fronto-nasal, b.fr.n*, médian et très proéminent, constitue la mâchoire supérieure, le nez saillant et le front. L'ouverture de la bouche est ainsi limitée par les deux mâchoires ; les *fosses nasales, fo.n*, d'abord assez haut placées, se rapprochent ; la voûte palatine, due à une expansion transversale du bourgeon médian, divise la cavité naso-buccale (*stomodæum*) en deux parties, le *nez* et la *bouche*, qui communiquent au niveau du pharynx.

La *fente hyo-mandibulaire, f.hy.m*, qui sépare l'arc mandibulaire de l'arc hyoïdien, se ferme en avant ; mais sa partie interne, ouverte en arrière de la cavité bucco-nasale, forme la trompe d'Eustache, la cavité tympanique et le conduit auditif externe, *c.au* (fig. 42, C).

Les autres fentes viscérales s'oblitèrent.

Poumons. — Ces organes consistent, au début, en un diverticule ventral de la paroi de l'œsophage primitif ; la partie terminale de ce tube se divise en deux lobes, origines d'une multitude de ramifications terminées en cul-de-sac (*cellules aériennes* primaires, secondaires, tertiaires, etc...). Les alvéoles pulmonaires représentent les derniers termes de ces bourgeons creux limités par la paroi des poumons.

Les tissus conjonctif et vasculaire qui embrassent étroitement cet arbre aérien sont d'origine mésodermique (feuillet splanchnique).

Les *sacs aériens* des Oiseaux ne sont autre chose que les extrémités dilatées des principales bronches.

La *vessie aérienne* des Poissons provient également d'un diverticule de la face dorsale de l'œsophage.

(c). FORMATIONS D'ORIGINE MÉSODERMIQUE.

Elles comprennent l'*appareil vasculaire*, les *formations squelettiques*, les *muscles*, enfin les appareils *excréteur* et *génital*.

Appareil vasculaire. — Il se constitue sur place aux dépens du tissu conjonctif général : les gros vaisseaux tout au moins paraissent provenir de cordons cellulaires pleins dont les cellules centrales se transforment en corpuscules sanguins, tandis que les cellules périphériques constituent les parois vasculaires.

Deux circulations successives sont à considérer chez l'embryon : la *circulation omphalo-mésentérique* et la *circulation placentaire*.

(a). Circulation omphalo-mésentérique. — Le cœur naît chez l'embryon au niveau des cerveaux moyen et postérieur, c.m et c.p (fig. 40, B), sous la forme de *deux tubes indépendants*, c (C et X′Y′), dus à un repli du feuillet splanchnique du mésoblaste. Ces deux tubes, situés en c (fig. 43, 1), à droite et à gauche de la paroi ventrale du pharynx, *Ph*, se rapprochent peu à peu (2) et se confondent en un tube unique (3) placé entre le pharynx, *Ph*, et la masse vitelline qu'enveloppe l'entoderme, *ent*.

Le cœur tubulaire, c (fig. 43, 9), se continue en avant par deux *artères vertébrales antérieures*, *a.v.a* et, en arrière, par les *veines omphalo-mésentériques*, *v.omp*. Il subit de rapides et profondes modifications ; comme il s'accroît plus rapidement que la chambre dans laquelle il se trouve, le cœur (4) se contourne en un S (5) dont la partie postérieure (*auriculaire*) est dorsale et la partie antérieure (*ventriculaire*) est ventrale. Un étranglement rend plus distinctes ces deux moitiés (6) qui deviennent : une *oreillette*, o, à paroi mince (7) et un *ventricule*, v, à paroi musculaire épaisse ; ce dernier se continue en avant par un segment unique appelé *bulbe aortique, b.*

Le cœur détermine, par ses contractions rythmiques, le mouvement du sang dans l'appareil suivant :

Deux *artères vertébrales antérieures, a.v.a* (fig. 43, 9), se recourbent en avant du cœur et forment deux *arcs aortiques* qui se

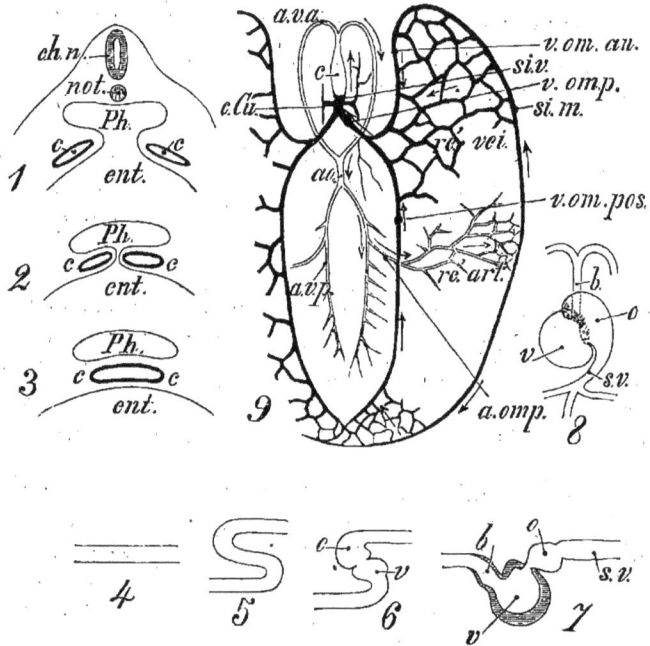

FIG. 43. — Circulation omphalo-mésentérique schématisée de l'embryon humain. — 1 à 8, modifications successives aboutissant à la formation du cœur. — 1,2,3, *c,c*, tubes latéraux qui se soudent en un cœur médian situé entre le pharynx, *Ph* et la masse vitelline contenue dans l'entoderme, *ent.* — 6,7,8, distinction d'une oreillette, *o*, à laquelle aboutit un sinus veineux, *s.v*, et d'un ventricule, *v*, duquel part le bulbe, *b.* — 9, *c*, cœur ; *a.v.a*, artères vertébrales antérieures ; *ao*, aorte ; *a.v.p*, artères vertébrales postérieures ; *a.omp*, artères omphalo-mésentériques ; *ré.art*, réseau artériel réparti sur la vésicule ombilicale ; *si.m*, sinus marginal ; *v.om.an, v.om.pos*, veines omphalo-mésentériques antérieure et postérieure confondues en une veine commune, *v.omp* ; *si.v*, sinus veineux ; *c.Cu*, canaux de Cuvier.

rejoignent en une *aorte* médiane, *ao*, dans la région moyenne du corps où sont distincts déjà les somites mésodermiques ; l'aorte se dédouble en *deux artères vertébrales postérieures, a.v.p* (futures artères *iliaques*), nourricières de toute la région postérieure de l'embryon. S'en détachent deux artères principales, *artères omphalo-mésentériques, a.omp*, dont le réseau, *ré.art*, réparti sur la vési-

cule ombilicale, permet au sang d'y puiser, *par endosmose*, la
matière nutritive nécessaire au développement de l'embryon.
Ainsi enrichi, le sang aboutit à un *sinus marginal*, *si.m*, continué,
de chaque côté du corps, par les *veines omphalo-mésentériques
antérieure*, *v.om.an* et *postérieure*, *v.om.pos.*, qui se confondent en
une veine unique, *v.omp*. Les deux veines omphalo-mésentériques
v.omp se rendent dans la portion auriculaire du cœur.

(b). **Circulation placentaire.** — Le vitellus de la vésicule ombilicale est rapidement résorbé, alors que les exigences de l'embryon
vont sans cesse croissant ; l'allantoïde se développe et, avec cette
formation nouvelle, apparaît un réseau sanguin approprié qui
assure la nutrition du fœtus, grâce à des échanges osmotiques
entre le sang maternel et le sang fœtal dans les villosités du placenta.

L'appareil circulatoire du fœtus humain, dans cette seconde
période, passe successivement de la phase Poisson au stade
Amphibien, et prend enfin la forme qui caractérise le Mammifère.

Les premières phases s'observent absolument identiques chez les Oiseaux et
les Reptiles ; puis des divergences se manifestent dans la constitution définitive de
leur appareil vasculaire.

Cœur. — A part une ou plusieurs paires de valvules contenues
dans le bulbe aortique chez les Poissons (1 paire : Téléostéens ;
plusieurs paires : Élasmobranches, Ganoïdes, Dipnoï), le cœur
de ces animaux est à peu près semblable à celui de l'embryon aux
premiers jours de son existence (fig. 43, 7 et 8).

Cet organe est recourbé sur lui-même, le ventricule en dessous
et à droite, l'oreillette en dessus et à gauche ; puis une cloison, *cl*
(fig. 44, A), en forme de crête, s'élevant de la région inférieure du
ventricule *v*, le partage d'abord incomplètement (stade Dipnoï),
puis totalement, en deux chambres [ventricule gauche, *v.g* (B) et
ventricule droit, *v.d*] en continuité toutes deux avec le bulbe
aortique, *b*.

Comme nous le verrons plus loin, le bulbe se ramifie en cinq
paires d'arcs aortiques (D) ; or, entre la 4ᵉ et la 5ᵉ paire d'arcs
aortiques apparaît une cloison, *cl*, qui se développe de haut
en bas, jusqu'à la cloison interventriculaire, en isolant du
bulbe un canal, *v.d*, tel que le cinquième arc droit (future *artère
pulmonaire*, *a.p*) correspond au ventricule droit, tandis que le canal
v.g (future *artère aorte*, *ao*) s'ouvre dans le ventricule gauche.

En même temps, une autre cloison (*incomplète*, celle-ci) apparaît dans l'oreillette primitive partagée à son tour en une *oreillette droite*, o.d, et une *oreillette gauche*, o.g (fig. 44, B et C). Ces deux cavités communiquent entre elles par le *trou de Botal*, orifice existant dans la cloison interauriculaire pendant toute la durée de la vie fœtale. L'oreillette droite est en rapport avec le sinus veineux, s.v, puis avec les veines caves; dans l'oreillette gauche s'ouvriront plus tard les veines pulmonaires, dont nous mentionnerons l'apparition avec le développement des poumons.

Des valvules se sont formées entre les oreillettes et les ventricules. Si l'on se reporte à l'étude comparée de l'appareil circula-

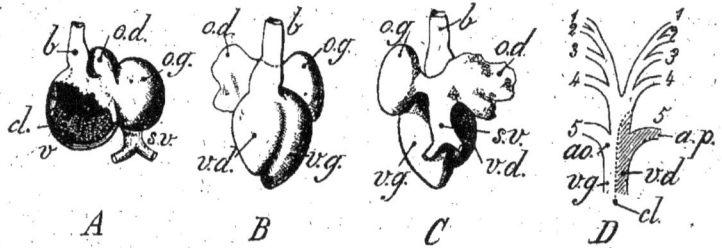

FIG. 44. — Évolution du cœur. — A, apparition d'une cloison, *cl*, dans le ventricule *v*; *b*, bulbe aortique ; *o.d*, *o.g*, oreillettes droite et gauche; *s.v*, sinus veineux. — B, les ventricules droit et gauche, *v.d* et *v.g*, sont tous deux en continuité avec le bulbe, *b*. — C, le sinus veineux, *s.v*, est en rapport avec l'oreillette droite, *o.d*. — D, une cloison *cl* divise le bulbe aortique en deux parties : l'une, *v.d*, correspondant au ventricule droit et à l'artère pulmonaire, *a.p*; l'autre, *v.g*, communiquant avec le ventricule gauche et se continuant avec l'artère aorte, *ao*. — 1, 2, 3, 4, 5, les 5 paires d'arcs artériels.

toire des Vertébrés (tome Ier, p. 143-148), on retrouvera, à l'état adulte, dans la série constituée par ces animaux, les différentes phases traversées successivement par le cœur de l'embryon humain ou d'un Mammifère supérieur.

Système artériel. — Le bulbe aortique, après avoir émis une première paire d'arcs (artères vertébrales antérieures, *a.v.a*, fig. 43, 9), en forme *successivement*, d'avant en arrière, 4 autres paires. Les 5 paires d'arcs artériels (fig. 45, A) ainsi formées [*arcs mandibulaires* (1), *arcs hyoïdiens* (2), *arcs branchiaux* (3, 4, 5)] entourent l'œsophage d'autant de colliers, et se réunissent en une *aorte dorsale*, ao.d. Elles ne remplissent jamais la fonction d'artères branchiales chez l'embryon humain qui est dépourvu de branchies.

Il en est de même chez les Mammifères, les Oiseaux et les Reptiles.

Les premiers de ces arcs ont déjà disparu, alors que les derniers ne sont pas complètement développés; mais leur atrophie est incomplète et le système vasculaire définitif en conserve la trace. La figure 45 (B) montre l'origine des *artères carotides* droite, *c.d*, et gauche, *c.g*, et leur division en deux branches (carotides interne, *c.i*, et externe, *c.e*), aux dépens des 3 premières paires d'arcs.

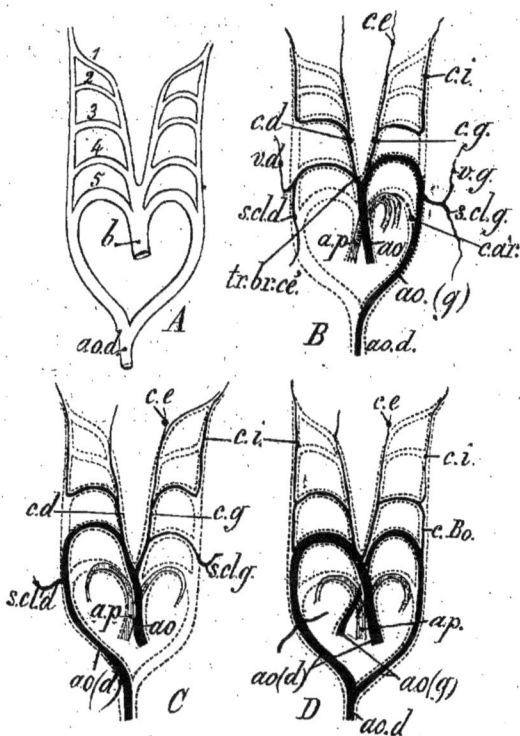

Fig. 45. — Transformations du système artériel A : chez les Mammifères B, chez les Oiseaux C, chez les Reptiles D.— A, Système primitif ; *b*, bulbe émettant 5 paires d'arcs artériels qui se réunissent en une aorte dorsale ; *ao.d*. — B, Mammifères. *ao (g)*, crosse aortique gauche (4ᵉ arc gauche) se continuant par l'aorte dorsale, *ao.d* ; *tr.br.cé*, tronc brachio-céphalique d'où partent la carotide droite, *c.d*, et la sous-clavière droite, *s.cl.d* ; *c.g*, carotide gauche : *c.i* et *c.e*, carotides interne et externe ; *s.cl.g*, sous-clavière gauche ; *v.d.* et *v.g*, artères vertébrales droite et gauche ; *a.p*, artère pulmonaire ; *c.ar*, canal artériel. — C, Oiseaux. *ao(d)*, crosse aortique droite (4ᵉ arc droit).— D, Reptiles. *ao.(d)*, crosse aortique droite très importante ; *ao.(g)*, crosse aortique gauche plus étroite ; *ao.d*, aorte dorsale ; *c.Bo*, conduits de Botal faisant communiquer les crosses aortiques (4ᵉ paire d'arcs) avec les carotides internes (3ᵉ paire).

De la 4ᵉ paire, persiste seul en entier l'arc aortique gauche qui forme l'artère aorte, *ao (g)* ; cette artère aorte parvient, d'un côté, au ventricule gauche du cœur par l'une des branches, *ao*, du bulbe aortique divisé en deux, et à l'aorte dorsale, *ao.d*, d'autre part. Du quatrième arc gauche se détachent successivement :

la carotide gauche, $c.g$, puis l'artère sous-clavière gauche, $s.cl.g$.

Le quatrième arc droit se prolonge en un tronc brachio-céphalique, $tr.br.cé$, formé de la carotide droite, $c.d$, et de la sous-clavière droite, $s.cl.d$.

Le 5e arc aortique gauche seulement constitue l'*artère pulmonaire*, divisée en deux rameaux (un pour chaque poumon); cette artère s'ouvre dans le ventricule droit du cœur par la seconde branche, $a.p$, du bulbe aortique.

Un *canal artériel*, $c.ar$, fait communiquer *temporairement* l'artère pulmonaire, $a.p$, et l'aorte, $ao\,(g)$; il devient ensuite un cordon plein qui subsiste chez l'adulte.

Chez tous les Mammifères s'observent les mêmes transformations pour le système artériel. Quelques différences se manifestent chez les Oiseaux : c'est le 4e *arc droit* qui forme l'artère aorte; les branches de l'artère pulmonaire sont constituées aux dépens des deux arcs de la 5e paire (fig. 45, C).

Le bulbe aortique des Reptiles (D) se divise en trois branches qui se continuent : l'une, $ao\,(d)$, par la crosse aortique droite (4e arc droit); l'autre, $ao\,(g)$, beaucoup moins importante, par la crosse aortique gauche (4e arc gauche); la 3e, $a.\,p$, par l'artère pulmonaire.

Des *conduits de Botal*, $c.Bo$, mettent en relation les carotides internes, $c.i$, avec les crosses aortiques correspondantes.

La 3e paire persiste chez tous les Vertébrés supérieurs; la 4e paire donne origine à l'aorte et la 5e paire forme l'artère pulmonaire.

Les Amphibiens possèdent, à l'origine, 5 paires d'arcs dont la 1re paire forme la carotide et les 4 dernières des arcs branchiaux. Les transformations en ont été d'ailleurs esquissées déjà (tome Ier, page 147, fig. 143).

Les Poissons possèdent 6 paires d'arcs aortiques au début; les 5 dernières persistent avec quelques modifications chez les Élasmobranches; les Téléostéens ne présentent que les 4 dernières paires; chez les Dipnoï, la vessie aérienne (véritable poumon) reçoit du sang du 4e arc branchial.

L'artère pulmonaire de tous les Vertébrés à respiration aérienne dérive du dernier arc aortique.

L'aorte dorsale s'allonge et donne naissance à des artères diverses, en rapport avec les organes nouveaux à mesure qu'ils apparaissent. Les artères vertébrales postérieures, $a.v.p$ (fig. 43, 9), qu'elle a primitivement formées, deviennent les *artères iliaques*, d'où se détachent les *artères allantoïdiennes* (appelées à tort ombilicales); ces dernières se rendent au placenta dans les villosités duquel elles se ramifient, $v.v'fœ$ (fig. 38).

Système veineux. — Le système veineux primitif de l'embryon comprenait une oreillette, or (fig. 46, A), d'où partaient : 1° les *sinus de Cuvier*, $s.C$, formés de la réunion des *veines cardinales antérieure*, $c.a$, et *postérieure*, $c.p$ (amenant le sang du corps de l'embryon); 2° un tronc médian résultant de l'union des deux

veines omphalo-mésentériques, *v.omp* (1,1), (ramenant le sang nutritif de la vésicule ombilicale).

Bientôt la veine omphalo-mésentérique droite s'atrophie, en

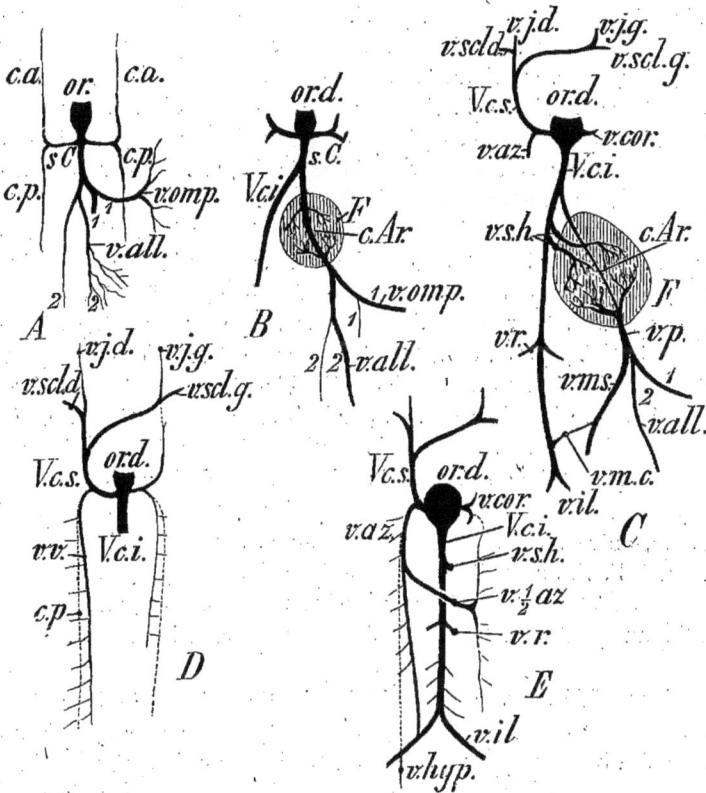

Fig. 46. — Développement du système veineux. — A, Circulation omphalo-mésentérique et début de la circulation placentaire. *or*, oreillette ; 1, 1 *v.omp*, veines omphalo-mésentériques (voir fig. 43); 2, 2, *v.all*, veines allantoïdiennes ; *s.C*, sinus de Cuvier formé de
la réunion des veines cardinales antérieure, *c.a*, et postérieure, *c.p*. — B, atrophie des
veines omphalo-mésentérique droite (1) et allantoïdienne droite (2); les deux veines persistantes se confondent dans le canal d'Aranzi, *c.Ar*, qui traverse le foie *F* ; *V.c.i*, veine cave
inférieure. — C ; *v.p* veine porte formée de la réunion de la veine mésentérique supérieure,
v.m.s, et des veines omphalo-mésentérique (1) et allantoïdienne (2); *c.Ar*, canal d'Aranzi ;
v.s.h, veines sus-hépatiques. *V.c.i*, veine cave inférieure ; *v.r*, veines rénales ; *V.c.s*, veine
cave supérieure ; *v.j.g*, *v.j.d*, veines jugulaires gauche et droite ; *v.scl.d*, *v.scl.g*, veines
sous-clavières droite et gauche; *v.az*, veine azygos; *v.cor*, veine coronaire. — D, développement de la veine cave supérieure *V.c.s*; *c.p*, veine cardinale postérieure ; *v.v*, veine vertébrale. — E, développement de la veine azygos, *v.az*, et ses rapports avec la veine cave
supérieure, *V.c.s*, et la veine cave inférieure, *V.c.i*; *v.1/2 az*, veine demi-azygos; *v.il*, veines
iliaques; *v.hyp*, veines hypogastriques.

même temps qu'apparaissent les *veines allantoïdiennes*, *v.all* (2, 2),
dont les ramifications ultimes sont réparties dans les villosités du

placenta. Tandis que la veine allantoïdienne droite s'oblitère à son tour, le tronc commun aux veines persistantes, 1 et 2 (B), est englobé, sous le nom de *canal d'Aranzi*, *c. Ar*, par les diverticules de l'intestin qui forment le foie *F*. Ce tronc commun envoie au foie de nombreux rameaux qui s'anastomosent et se rendent dans le canal d'Aranzi. Le tronc veineux, prolongé au-dessus du foie jusqu'au cœur, a émis un vaisseau de plus en plus important, la veine *cave inférieure*, *V.c.i*, qui rapporte désormais le sang de la région postérieure du corps et en particulier du corps de Wolff, puis des organes urinaires (*veines rénales*, *v.r.*) et des organes génitaux, à mesure qu'ils se différencient.

L'intestin acquiert également un système veineux important dont le tronc est la *veine mésentérique*, *v.m.s* (C), qui aboutit au point de jonction des veines omphalo-mésentérique, 1, et allantoïdienne, *v.all*. La réunion de ces trois vaisseaux constitue désormais la *veine porte*, *v.p*, ramifiée dans le foie *F* en un réseau afférent; le réseau afférent débouche bientôt et directement dans la veine cave inférieure, *V.c.i*, par les *veines sus-hépatiques*, *v.s.h*; le canal d'Aranzi, *c.Ar*, perd de son importance; il se réduit à un cordon plein (ligâment rond du foie), à la fin de la vie fœtale.

Une anastomose s'établit, par la *veine mésentérico-coccygienne*, *v.m.c*, entre la veine mésentérique, *v.m.s*, et la veine cave inférieure, *V.c.i*, au point de jonction des veines iliaques, *v.il*.

Telle est la série des transformations éprouvées par le système veineux ayant pour tronc principal la veine cave inférieure.

L'ensemble des veines cardinales s'est transformé également en un système ayant pour tronc commun la *veine cave supérieure*. En effet, à mesure que se développent la tête et le cou, les veines cardinales antérieures, *c.a*, deviennent les *veines jugulaires*, *v.j* (fig. 46, D); une anastomose s'étant établie entre la base de la veine cardinale droite et son homologue gauche, on appelle *veine cave supérieure*, *V.c.s*, le sinus de Cuvier droit et la base de la veine cardinale antérieure droite.

Cette veine cave se ramifie en deux branches dont chacune, ramifiée à son tour, comprend une *veine jugulaire*, *v.j*, et une *veine sous-clavière*, *v.scl*; elle collectionne le sang de toute la partie antérieure du corps. Le rudiment qui persiste du sinus de Cuvier gauche reçoit la *veine coronaire*, *v.cor* (E), qui se rend dans la paroi même du cœur.

Aux veines cardinales postérieures, *c.p.* (A), se substituent assez rapidement les *veines vertébrales postérieures*, *v.v.* Celle de droite devient la *veine azygos*, *v.az*, qui s'anastomose transversalement, par la *demi-azygos*, *v.1/2az*, avec les parties persistantes de la vertébrale postérieure gauche. La veine azygos débouche dans la veine cave supérieure, près de son orifice dans l'oreillette droite ; elle ramène le sang des parois du tronc.

En résumé, le système veineux de l'adulte comprend :

1° *La veine cave inférieure et ses dépendances* (dont le système porte) ayant pour origine le tronc commun des veines omphalo-mésentériques et allantoïdiennes ;

2° *La veine cave supérieure et ses ramifications*, provenant des veines cardinales antérieures ;

3° *La veine azygos et ses branches*, résultant de la transformation des veines cardinales postérieures.

Le développement du système veineux chez les Oiseaux et les Reptiles diffère peu de celui qui vient d'être décrit, développement qui s'applique presque intégralement à tous les Mammifères. Chez les Reptiles toutefois, le sang qui revient des membres postérieurs et de la queue traverse les reins. (Voir tome 1er, fig. 142.)

Le système veineux des Poissons (dont celui des Amphibiens diffère surtout par la présence d'une veine cave inférieure) se rapproche beaucoup du type primitif représenté par la figure 46, A, abstraction faite des veines allantoïdiennes ; les veines cardinales forment les principaux canaux veineux du tronc. Les cardinales postérieures qui se trouvent au-dessus du mésonéphros en reçoivent le sang et celui des parois du corps. Un tronc impair (*veine sous-intestinale*), qui se prolonge dans la queue, reçoit la veine omphalo-mésentérique en avant de laquelle se développe le foie ; la veine sous-intestinale se résout alors dans le foie en un réseau capillaire (système porte-hépatique).

Trajet du sang dans la circulation placentaire.

Le sang, partant du ventricule gauche, *V.G* (fig. 47), par l'artère aorte, *ao*, est distribué aux organes supérieurs *C* et inférieurs *C'* du corps ; une partie se rend aux villosités du placenta, *Vi.pl*, où elle puise des matières nutritives et l'oxygène dissous nécessaires à l'embryon. Le sang, revenant du placenta et des organes *C'*, est recueilli par la veine cave inférieure, *V.c.i*, parvient à l'oreillette droite, *O.D*, *en face du trou de Botal* (situé dans la paroi inter-auriculaire), traverse cet orifice, puis l'oreillette gauche, *O.G*, et le ventricule gauche, *V.G*, pour rentrer dans l'aorte.

D'autre part, le sang qui revient des organes *C*, par la veine cave supérieure, *V.c.s*, traverse l'oreillette droite, *O.D*, et pénètre dans le ventricule droit, *V.D*, par l'orifice auriculo-ventriculaire situé en face ; il s'engage dans le canal artériel, *c.ar* et rentre dans l'aorte.

Les poumons P s'organisent et la circulation pulmonaire s'établit seulement à la fin de la vie fœtale ; l'atrophie de la valvule d'Eustachi, la fermeture du trou de Botal et l'oblitération du canal artériel amènent ce résultat.

A la circulation placentaire succède la *circulation de l'adulte*, qu'on peut appeler, à juste titre, la *troisième circulation*.

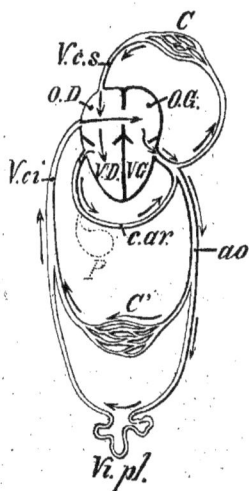

FIG. 47. — Trajet schématisé du sang dans la circulation placentaire. *V.D*, *V.G*, ventricules droit et gauche ; *O.D*, *O.G*, oreillettes droite et gauche ; *ao*, artère aorte ; *C*, *C'*, organes supérieurs et inférieurs ; *Vi.pl*, villosités du placenta ; *V.c.i*, veine cave inférieure ; *V.c.s*, veine cave supérieure ; *c.ar*, canal artériel ; *P*, poumons. Entre les oreillettes droite et gauche se trouve le trou de Botal.

Tissu conjonctif. — Nous avons dit quelques mots du développement de ce tissu, sous ses diverses formes, dans le 1er tome de cet ouvrage (pages 23, 186-188, 194-206) ; nous y renvoyons le lecteur.

Système musculaire. — Le système musculaire du tronc tire son origine de *plaques musculaires* qui proviennent elles-mêmes des somites mésodermiques (fig. 40, B). Chaque somite comprend une *lame somatique* externe et une *lame splanchnique* interne, développées dans la somatopleure, *f.so*, et dans la splanchnopleure, *f.spl* (fig. 18).

Les deux lames se transforment en muscles, la lame splanchnique beaucoup plus rapidement que l'autre.

Quant aux muscles de la tête, leur histoire, même abrégée, ne saurait être faite ici.

Appareil génito-urinaire. — Le développement de cet appareil a été exposé précédemment (pages 24 à 28). Rappelons, toutefois, que l'élément constitutif du mésonéphros (appareil temporaire chez les Amniens, persistant chez les Anamniens) présente la plus grande analogie avec l'organe segmentaire des Vers. (Voir aussi tome Ier, p. 169-170.)

VIII. — DES FORMES EMBRYONNAIRES EN GÉNÉRAL

MÉTAMORPHOSES

On a admis jusqu'à ces dernières années que les Animaux présentent à considérer deux formes de développement bien distinctes :

1° Le *développement direct* (*type fœtal*), quand l'animal, au sortir de l'œuf, ressemble complètement à l'individu sexué qui lui a donné naissance, et n'a plus qu'à croître pour devenir lui-même adulte. (On désignait alors sous le nom d'*embryon* ou de *fœtus* le jeune être avant sa mise en liberté.)

2° La *métamorphose* (*type larvaire*), lorsque le nouveau-né, appelé *larve*, n'a accompli dans l'œuf qu'une partie de son évolution et doit subir, outre les phénomènes d'accroissement normal, un *développement post-embryonnaire* qui consiste en transformations plus ou moins complexes. (On attribuait alors au mot *larve* la signification suivante :

Les larves sont toutes les formes **libres**, *issues d'un œuf, qui précèdent l'apparition de la forme adulte dans un type donné.*)

Dans le cas du *développement direct*, remarquait-on à juste titre, l'œuf *libre*, volumineux, renferme un vitellus nutritif assez abondant pour suffire au développement total de l'embryon (Oiseaux); ou bien l'œuf trop petit demeure *inclus* dans l'utérus de la mère ou dans toute autre cavité[1], et l'embryon qui en est issu puise dans l'organisme maternel les éléments qui lui font défaut (Mammifères). Le nombre des descendants d'un même individu est alors très limité.

Un animal qui subit des *métamorphoses* provient d'un œuf *libre peu volumineux;* la larve due à l'éclosion de cet œuf pourvoit elle-même à ses besoins et présente des organes de locomotion appropriés. En raison de la petitesse des œufs et de leur prompte évacuation du corps de la mère, celle-ci a une progéniture très nombreuse.

On citait alors comme exemples les cas de métamorphose des Amphibiens et des Insectes.

Métamorphoses de la Grenouille. — L'œuf de la Grenouille (fig. 48, A) produit un Têtard (B), larve pourvue d'une longue queue aplatie latéralement et

---

1. Chez le Pipa (Amphibien de la Guyane), l'œuf est placé par le mâle sur le dos de la femelle, provoque une irritation de l'épiderme et la formation d'une cavité dans laquelle s'accomplit entièrement le développement. Il sort de la cavité, non pas comme Têtard, mais à l'état parfait.

de *ventouses* fixatrices *v;* de chaque côté de la tête apparaissent les fentes et les arcs branchiaux sur lesquels se développent les *branchies externes, br.e* (C), en même temps que la circulation s'établit, circulation analogue à celle des Poissons. L'animal grandit; les branchies externes se flétrissent et sont remplacées par des

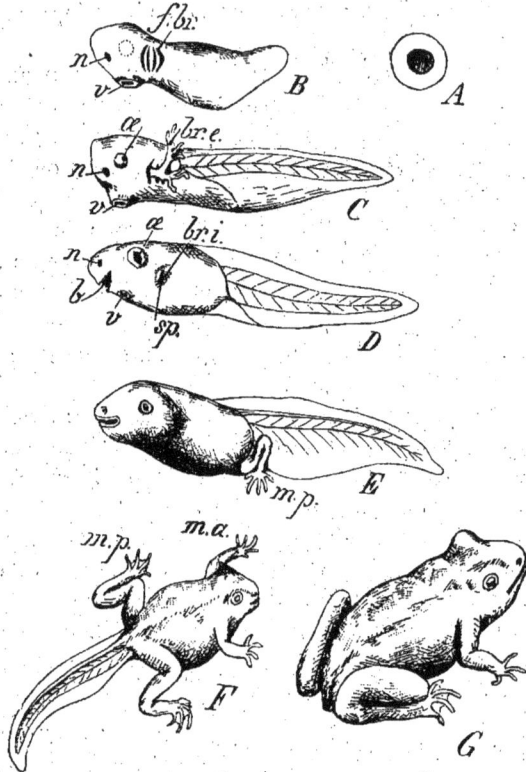

FIG. 48. — Métamorphoses de la Grenouille. — A, œuf. — B,C,D,E,F, Têtard aux stades successifs de son évolution. — G, Grenouille. *v*, ventouse; *œ*, œil; *f.br*, fentes branchiales; *br.e*, branchies externes; *br.i*, branchies internes logées dans une cavité latérale ouverte au dehors par le spiracle, *sp; b*, bouche; *m.p, m.a*, membres postérieurs et membres antérieurs.

branchies internes, *br.i* (D), logées dans une cavité en rapport avec la bouche *b* récemment formée, en avant des ventouses. L'eau ambiante pénètre dans la bouche, traverse les fentes viscérales, baigne les branchies et sort par une petite ouverture latérale appelée *spiracle, sp*. Bientôt se développent les membres postérieurs, *m.p* (E), puis les membres antérieurs, *m.a* (F), tandis que la queue est résorbée (G). Pendant ce temps, l'animal a acquis deux poumons, les branchies internes se sont flétries, l'oreillette unique du cœur s'est dédoublée et la circulation, primitivement simple, est devenue double et incomplète.

Le *Têtard*, **larve** *aquatique, est devenu Grenouille, animal adulte affecté à la* **vie aérienne.**

Métamorphoses des Insectes. — Les Insectes subissent des métamorphoses complètes ou incomplètes (*Métaboliens*); les rares espèces aptères qui n'en subissent pas sont dites *Amétaboliens*.

Soit le Hanneton. Cet insecte apparaît abondamment au printemps et ravage avec une extrême rapidité les arbres dont il dévore les bourgeons et les jeunes feuilles; les individus des deux sexes s'accouplent à la fin de mai, demeurent unis pendant plusieurs jours, puis la femelle pond 30 à 40 œufs dans les terres légères, souvent ameublies. Mâles et femelles meurent.

Les œufs se segmentent; il en sort, au mois de juillet, les *larves* connues des agriculteurs sous le nom de *vers blancs;* celles-ci se nourrissent de racines qu'elles coupent, de débris ligneux qu'elles trouvent sous le sol. Les larves ne viennent jamais à la lumière; elles sont blanches, pourvues d'une cuticule peu épaisse, couvertes de poils assez raides et sensibles, et manquent d'yeux; leur tube digestif est très volumineux à cause de l'énorme quantité de nourriture qu'elles consomment; elles marchent difficilement, la courbure de leur corps les contraignant à se tenir sur le flanc. Dans le cours de leur existence qui dure environ 32 mois, les larves croissent constamment, mais avec lenteur. Au mois de mars ou avril de la *troisième année*, elles se renferment dans une coque ovalaire, épaisse, formée de débris agglutinés par leur salive; les larves sont devenues des *nymphes* qui demeurent immobiles pendant 5 à 6 semaines et se transforment en *insectes parfaits* ou *ailés*.

Les organes de l'insecte parfait ou *imago* n'ont pas tous pour origine les organes correspondants de la larve; pendant la phase d'immobilité de la nymphe, une partie des tissus larvaires subit l'*histolyse* suivie d'*histogénèse*. (Voir page 68.)

Les stades *larve, nymphe, insecte parfait* ou *imago* sont désignés sous les noms de *chenille, chrysalide, insecte parfait* ou *papillon* quand il s'agit des Lépidoptères; certaines espèces de Lépidoptères (Bombyx du Mûrier) sécrètent un *cocon* formé par l'enroulement d'un fil soyeux entourant la chrysalide.

On ne peut conserver aujourd'hui la distinction du développement suivant le type fœtal ou le type larvaire, distinction basée uniquement sur la limite de la *sortie de l'œuf*. Ainsi que le fait judicieusement remarquer M. Giard, *la limite de la sortie de l'œuf ne correspond pas à un point précis de l'évolution embryonnaire;* elle est purement physiologique et *dépend seulement de la plus ou moins abondante réserve nutritive que s'assimile l'ovule, l'œuf ou même l'embryon* dans le cours de son développement[1]. C'est pour cette raison que deux genres, très voisins sous la forme adulte (*Nermestes* et *Tetrastemma*), sortent de l'œuf : 1° le premier, à l'état de simple *blastula;* le second, tout organisé comme ses parents.

1. Nous avons déjà signalé (page 39) quelques exemples de cette nutrition :
De l'*ovule*, aux dépens de cellules voisines (Insectes, Crustacés, Mammifères, etc...);
De l'*œuf*, aux dépens de matériaux fournis par des organes extra-ovariens (Oiseaux) ou d'autres œufs arrêtés dans leur évolution (Buccin, *Murex Lamellaria*, etc...).
Quant à l'*embryon*, nous avons pu remarquer également, par l'étude du fœtus humain, qu'il se nourrit aux dépens de sa mère, à laquelle il emprunte, par la circulation placentaire, les substances nécessaires à son développement. Ne continuera-t-il pas de le faire, d'ailleurs, *une fois né*, en suçant le lait de sa mère (Mammifères)?
Le jeune Pigeon puise, dans la gorge de sa mère, des liquides nutritifs qu'elle prépare et régurgite dans ce but.

M. Éd. Perrier a voulu distinguer l'*embryon* de la *larve*, en admettant que l'*embryon ne possède pas toutes les unités morphologiques dont son corps doit être formé, tandis que la larve les renferme.* « Chez la larve, dit l'éminent zoologiste, s'accomplissent des changements plus ou moins rapides, soit dans les organes internes, soit dans la forme extérieure ; pendant toute la durée de ces changements, l'animal subit des *métamorphoses ;* après la série de ces transformations, il est à l'*état parfait.* »

Quelque opinion qu'on puisse se faire d'une semblable distinction, il faut avoir toujours présent à l'esprit ce fait que l'être vivant éprouve de continuelles transformations, et que l'évolution des organes est loin d'être terminée chez la plupart des êtres considérés comme parfaits, les Mammifères nouveau-nés, par exemple.

État embryonnaire, état larvaire sont deux expressions équivalentes pour M. Giard, qui considère, de plus, toute métamorphose comme liée à des phénomènes d'*histolyse* et d'*histogénèse.*

Ainsi, pendant la phase d'immobilité de la nymphe chez les Insectes, les tissus de la larve subissent l'*histolyse,* c'est-à-dire la *dégénérescence graisseuse* ou *nécrobiose phylogénique.* Cette dégénérescence a pour point de départ une sorte d'*asphyxie des tissus* insuffisamment nourris, asphyxie suivie de leur régression. La transformation de ces tissus en granulations graisseuses une fois opérée, la masse adipeuse *en réserve temporaire* subit la *phagocytose,* c'est-à-dire qu'elle est résorbée par les leucocytes du sang (*phagocytes*), qui assurent l'*histogénèse* ou édification des tissus de l'adulte (*imago*).

Laissons de côté, pour l'instant, ces considérations sur lesquelles nous reviendrons dans la suite (page 79).

Les recherches embryogéniques ont révélé, dans le développement de tous les Invertébrés pluricellulaires, des stades successifs variés comme nombre et comme forme.

On ne peut songer à entreprendre l'étude complète de ces transformations dans un cadre restreint comme celui que nous nous sommes proposé ; aussi nous bornerons-nous à faire connaître les formes larvaires fondamentales, en quelque sorte, dont proviennent les principaux groupes animaux.

Œuf, forme embryonnaire ou état larvaire, forme adulte : tels sont les états successifs d'un être vivant, le stade larvaire comprenant toute la période des transformations de cet être.

Formes larvaires simples issues de la segmentation de l'œuf. — L'étude des principaux modes de segmentation de l'œuf (page 38) nous a montré que toutes les formes embryonnaires sont issues d'une **morula** à 2^n cellules dans le cas d'une segmentation régulière, ou à $n \times 2$ cellules dans le cas de segmentation inégale.

Une **blastula** (fig. 49, B), à cavité de segmentation plus ou moins réduite, s'organise en général aux dépens de la morula.

La **gastrula** (fig. 50) dérive le plus souvent de la blastula, suivant des modes divers que nous avons précédemment exposés.

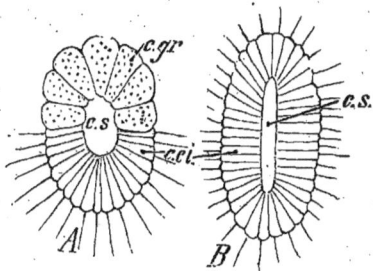

FIG. 49. — Formes larvaires. — A, *Amphiblastula* de l'espèce *Sycandra raphanus* (Spongiaires).— B, *Blastula*: *c.gr*, cellules granuleuses ; *c.ci*, cellules ciliées ; *c.s*, cavité de segmentation.

La *gastrula par embolie* (*gastrula invaginata, archigastrula*), observée chez les Échinodermes, l'*Amphioxus*, etc.;

La *gastrula par épibolie* (*amphigastrula*) de la Littorine, de la *Nereis*, etc. ;

La *gastrula par délamination* (*gastrula delaminata*) des Méduses Géryonides;

La *discogastrula* des Vertébrés ;

La *porogastrula* des Hydroïdes, avec la *parenchymula* comme forme dérivée :

Telles sont les formes principales qu'affectent la plupart des animaux au commencement de leur évolution.

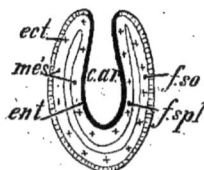

FIG. 50. — *Gastrula* (voir légende de la figure 32).

Larves plus complexes dérivées de la gastrula. — Le nombre des formes larvaires dérivées de la *gastrula* est assez considérable ; mais quelques-unes d'entre elles paraissent se rapprocher davantage des *formes ancestrales*, origines probables des phylums les plus importants du règne animal; aussi en ferons-nous un sommaire examen.

Caractères communs de quelques formes larvaires principales. — *Face dorsale convexe, face ventrale concave* où s'ouvre la bouche (et l'anus en arrière quand il existe). *Lobe préoral* formé par le prolongement de la face dorsale en avant de la bouche. *Cils* revêtant uniformément toute la larve au début, puis se partageant en *bandes* ou *couronnes ciliées* souvent prolongées par des appendices ou bras. *Tube digestif* en forme de canal recourbé à concavité ventrale, comprenant un œsophage, un estomac et un rectum (quand l'anus existe).

Caractères distinctifs de ces formes larvaires princi-pales. — Parmi ces formes, nous distinguerons seulement : le *Pili-*

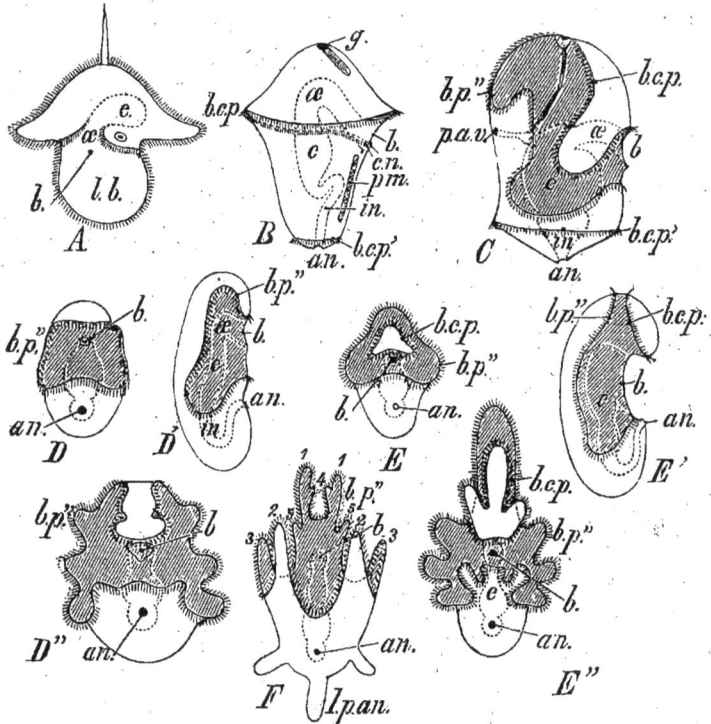

FIG. 31. — Formes larvaires dérivées de la gastrula. — A, *Pilidium* ; *b*, bouche; *l.b*, lobes buccaux ; *œ*, œsophage ; *e*, estomac. — B, *Trochosphère* ; *b*, bouche située entre la couronne ciliée préorale, *b.c.p* et la couronne postorale, *c.n.* ; *œ*, *e*, *in*, tube digestif; *an*, anus ; *b.c.p'*, couronne ciliée préanale, *g*, ganglion nerveux ; *p.m*,, plaques médullaires ventrales. — C, *Tornaria* ; même légende que pour B ; *b.p''*, bande ciliée longitudinale. — D, D', D'', *Auricularia* des Holothuries.— E, E', E'', *Bipinnaria* des Astérides. — F, *Pluteus* des Échinides ; *b.c.p*, bande ciliée préorale ; *b.p''*, bande ciliée longitudinale ; *b*, bouche ; *an*, anus ; *œ*, *e*, *in*, tube digestif. 1, 1, 2, 2,... 5 bras numérotés dans leur ordre d'apparition.

dium des Némertes, la *Trochosphère* des Chétopodes, Géphyriens, Rotifères, Bryozoaires et Mollusques, les *formes larvaires simples* des Échinodermes et la *Tornaria* des Entéropneustes ; nous laisserons de côté, dans cette comparaison, le *Nauplius* des Crustacés et les formes complexes que présentent les Insectes, Tuniciers, etc...

1° **Pilidium**. — Observé chez les Némertes, le *Pilidium* (fig. 51, A), complètement cilié, est une gastrula dont *le prostome devient l'orifice buccal*, *b*, bordé de deux grands lobes buccaux, *l.b.* Le tube digestif, *e*, ne possède pas d'anus.

2° **Trochosphère**. — Cette forme larvaire (B), que représentent à peu près les Rotifères à l'état permanent, est caractérisée par une *couronne ciliée préorale*, *b.c.p*, essentiellement locomotrice limitant le lobe préoral; en arrière de cette couronne est immédiatement placée la bouche, *b;* une seconde couronne de cils courts, *c.n*, parallèle à la première, a pour rôle d'amener à la bouche

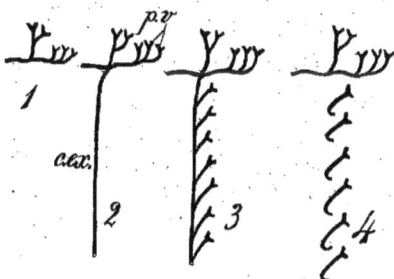

FIG. 52. — Diagramme du développement de l'appareil excréteur chez les Annélides. 1, 2, 3, 4, phases successives ; *p.v*, pavillons vibratiles ; *c.ex*, canal excréteur. (Comparer cette figure à la figure 20.)

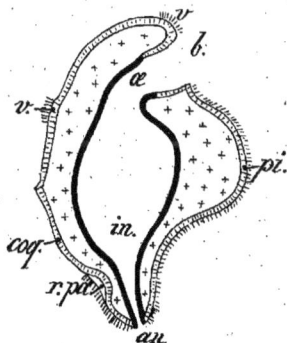

FIG. 53. — Trochosphère des Mollusques Gastéropodes. *v*, *v*, voile; *pi*, pied ; *r.pa*, repli palléal ; *coq*, coquille ; *b*, bouche ; *an*, anus; *in*, intestin. (Figure théorique.)

les matières alimentaires ; une *couronne ciliée préanale*, *b.c.p′*, apparaît souvent, ainsi que d'autres couronnes intermédiaires. Le tube digestif débute par une bouche ventrale, *b* et un anus, *an*, terminal ou ventral ; *l'anus de la trochosphère a parfois une situation correspondant au prostome de la gastrula primitive*. Des *organes excréteurs pairs* sont caractéristiques de cette larve.

Chez les *Chétopodes*, le *lobe postoral de la trochosphère*, qui contient la plus grande partie du tube digestif, s'allonge et *se segmente graduellement*, engendrant ainsi successivement tous les segments du corps, le plus récent étant toujours l'antépénultième. Les ganglions cérébroïdes naissent en *g*, au sommet du lobe céphalique, sans connexion préalable avec les deux plaques médullaires sous-intestinales, *p.m*, qui formeront la double chaîne ventrale.

Les bandes ciliées varient beaucoup en nombre et en position suivant les espèces considérées. Les *organes excréteurs pairs*, situés de chaque côté du tube digestif, consistent chacun en un canal cilié, s'ouvrant à l'extérieur par un orifice et débouchant dans la cavité générale par un, puis par plusieurs entonnoirs ou *pavillons vibratiles* (fig. 52).

La trochosphère des Mollusques (fig. 53) est caractérisée : par le développement du *pied*, *pi*, entre la bouche et l'anus ; par une invagination ectodermique, *v.pa*, du côté dorsal et postérieur en rapport avec la formation de la coquille, *coq*; enfin par le *voile*, *v*, double couronne ciliée, d'abord située au milieu du corps, puis reportée vers la tête (le voile manque chez les Céphalopodes).

3º **Larves des Échinodermes.** — Elles comprennent des formes diverses appelées : *Auricularia* pour les Holothurides (fig. 51, D, D', D''), *Bipinnaria* pour les Astérides (E, E', E''), *Pluteus* pour les Échinides (F) et les Ophiurides. Les Crinoïdes ont une *larve vermiforme* à l'origine.

Ces formes, toutes dotées de la symétrie bilatérale, sont caractérisées extérieurement par une *bande ciliée longitudinale*, *b.p''* (D, D', D'', E, E', E'', F), passant entre la bouche et l'anus ; cette bande a pour origine deux bourrelets ciliés primitifs : l'un situé en avant de la bouche, l'autre placé entre la bouche et l'anus ; les deux bourrelets s'unissent latéralement et constituent la couronne ciliée *postorale* signalée plus haut.

Chez la *Bipinnaria* (E), il se forme une couronne préorale supplémentaire, *b.c.p.*

La bande ciliée de l'*Auricularia* se contourne (D''), puis se partage, par fragmentations successives, en couronnes transversales analogues à celles que présente la *larve vermiforme* des Crinoïdes. Ces couronnes disparaissent à mesure que l'animal passe de la symétrie bilatérale larvaire à la symétrie radiaire de l'Holothurie adulte.

Outre sa double bande ciliée caractéristique, la *Bipinnaria* présente des *bras sans squelette*, dans le cours de son évolution.

Le *Pluteus* des Échinides (F) et des Ophiurides est remarquable par le développement de *paires* de bras entourant la bouche, (1, 2, 3, 4, 5) ; ces *bras sont soutenus par des baguettes calcaires*.

La symétrie radiaire ne devient apparente, chez les types *Bipinnaria* et *Pluteus*, qu'après la résorption des appendices larvaires.

Les formes larvaires des Échinodermes diffèrent de la trochosphère par les caractères suivants :

LARVES D'ÉCHINODERMES.	TROCHOSPHÈRE.
Bourrelets ciliés préoral et postoral	»
Lobe préoral petit,	Lobe préoral très développé,
sans ganglion sus-œsophagien,	avec masse ganglionnaire sus-œsophagienne et organes des sens spéciaux.
sans organes des sens spéciaux.	
»	Organes excréteurs caractéristiques
Vésicules vaso-péritonéales (fig. 54)	(fig. 52).
provenant de diverticules digestifs.	»

4º **Tornaria.** — *La Tornaria du Balanoglossus* (fig. 51, C) *présente une grande analogie avec la Bipinnaria* des Astérides (E') : double bande ciliée préorale, *b.c.p* et postorale, *b.p''* ; vésicule aquo-vasculaire provenant d'un diverticule du tube digestif : ce sont là des caractères communs aux larves d'Échinodermes.

La *Tornaria se rapproche aussi de la Trochosphère* par un lobe préoral important, pourvu d'organes des sens et d'une bande contractile qui, du sommet du lobe préoral, va rejoindre l'œsophage.

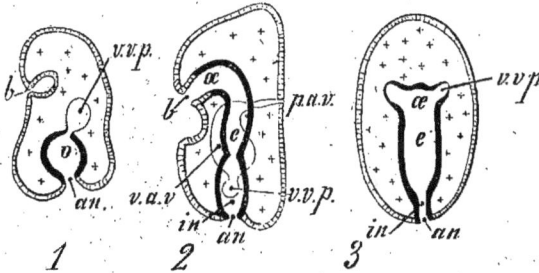

FIG. 54. — Trois stades du développement d'un Échinoderme ;
v.v.p, vésicule vaso-péritonéale ; *p.a.v*, pore dorsal du système aquo-vasculaire.

Tels sont quelques-uns des types principaux que nous offre l'évolution des Métazoaires ; se rattachent-ils eux-mêmes à quelque forme ancestrale dérivée de la gastrula et adaptée à la vie pélagique dans des conditions diverses ? Nul ne peut l'affirmer avec certitude.

DE L'ACCÉLÉRATION EMBRYOGÉNIQUE OU PRINCIPE DE FRITZ MULLER

La multiplicité des formes larvaires secondaires, distinguées jusqu'à ces dernières années, est due le plus souvent à une *accélération qui se manifeste dans le développement embryogénique* ; c'est ce qu'exprime le principe de Fritz Müller :

La série des phases que présente le développement d'un embryon peut être peu à peu abrégée, parce que l'évolution de l'être parfait tend à se faire le plus vite possible.

M. Giard appelle **pœcilogonie** *la particularité que possèdent certains animaux d'offrir des processus embryogéniques plus ou moins condensés, suivant les* **conditions éthologiques** *où vivent les parents et la* **quantité de réserves nutritives accumulées dans l'œuf.**

Envisageons quelques-uns de ces processus et les différences qu'ils présentent chez des genres et même des espèces parfois très voisins. Les Crustacés et les Hydroméduses vont nous en fournir des exemples particulièrement intéressants.

1° Cas des Crustacés. — Leurs formes larvaires diverses ont reçu les noms les plus variés. Ainsi celles qui se succèdent chez

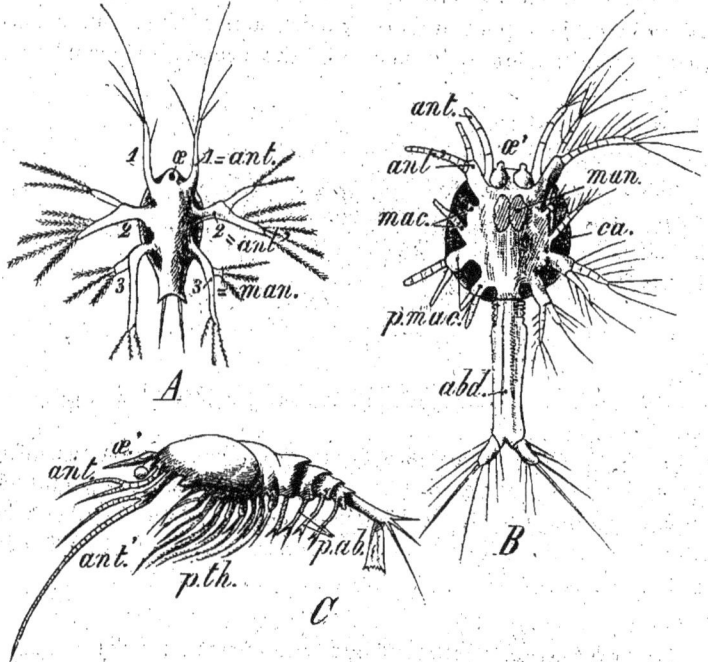

FIG. 55. — Trois stades du développement du *Penæus*. A, *nauplius*. — B, *protozoé*. — C, *zoé*. *œ*, œil primitif frontal ; *œ'*, yeux pédonculés ; *ant*, antennules ; *ant'*, antennes ; *man*, mandibules ; *mac*, mâchoires ; *p.mac*, pattes-mâchoires ; *abd*, abdomen ; *p.th*, pattes thoraciques ; *p.ab*, pattes abdominales.

le *Penæus* s'appellent : *nauplius, protozoé, zoé* et *mysis*, [forme adulte][1] ; celle de la Langouste est le *phyllosome*, [forme adulte] ;

1. Le *Nauplius* du *Penæus* (fig. 55, A) est un petit corps non segmenté, terminé inférieurement par deux épines, pourvu d'un œil frontal, *œ*, simple, médian, et de trois paires d'appendices couverts de longues soies ; la première paire, 1, uniramée formera les antennules de l'adulte, *ant* ; les deux autres paires, bifurquées et locomotrices, 2 et 3, deviendront les antennes, *ant'* et les mandibules, *man*. Après une ou plusieurs mues, le *Nauplius* passe à la forme *Protozoé* (B), caractérisée par le développement du bouclier céphalo-thoracique, *ca* et de l'abdomen allongé, *abd*, muni de deux appendices terminaux. A ce stade *Protozoé*, outre l'œil frontal, se dessinent les yeux pédonculés, *œ'* ; les antennes très développées, *ant'*, sont devenues les organes essentiels de la natation, les mandibules, *man*, ont perdu leurs tiges ; puis viennent deux paires de mâchoires, *mac*, et deux paires de pieds-mâchoires bifides, *p.mac*.

La larve passe ensuite à la forme *Zoé* (C) caractérisée par l'apparition de 6 paires de pieds thoraciques, *p. th*, biramés et des appendices abdominaux, *p.ab*, puis au stade *Mysis* par le développement des poches branchiales à la base des pieds, la disparition de l'œil médian et la conformation définitive des antennes. Du stade *Mysis* à *la forme adulte*, le passage se fait très rapidement.

chez le *Sergestes* on trouve : *protozoé*, *zoé*, *acanthosoma*, *mastigopus*, [forme adulte] ; le Crabe apparaît à l'état de : *zoé*, *mégalope*, [forme adulte] ; etc... Tous les Crustacés inférieurs naissent à l'état de *nauplius*, comme le *Penæus* (qui est une exception parmi les Crustacés supérieurs) ; pourquoi le Crabe apparaît-il sous la forme *zoé* qui est déjà la 3ᵉ forme larvaire du *Penæus*, et pourquoi l'Écrevisse (*Astacus*) éclôt-elle sous sa forme adulte ? C'est que, chez les Crustacés supérieurs, les premiers stades de l'évolution se sont accomplis *dans l'œuf*, et le jeune animal apparaît, à l'éclosion, sous une forme variable, d'un genre à l'autre, avec le nombre de mues qu'il a subies.

Ces diverses formes sont, en réalité, *reliées étroitement entre elles et constituent seulement des* **étapes** *entre le* **nauplius (forme larvaire fondamentale des Crustacés)** *et la forme adulte.* On peut observer, en effet, dans l'œuf d'un animal qui éclôt sous une forme larvaire avancée, toutes les phases que traverse à l'état de liberté une espèce voisine naissant à l'état de *nauplius*.

Des observations de cette nature ont été faites sur l'*Ophiothrix fragilis* (Échinodermes) qui pond, *suivant les conditions éthologiques*, des œufs se transformant en *pluteus* parfait ou en *pluteus* imparfait, quelquefois en embryon incapable de nager d'où sortira une Ophiure par développement direct.

Une même espèce de Mouche (*Musca corvina*) présente des œufs et des larves complètement différents aux environs de Saint-Pétersbourg et dans le sud de la Russie.

Parmi les Vers, les genres *Nermestes* et *Tetrastemma*, signalés déjà (page 67), présentent une grande différence à l'éclosion, par suite de l'inégalité des réserves contenues dans l'œuf.

2° **Cas des Hydroméduses. — GÉNÉAGÉNÈSE.** — Cuvier, avec les naturalistes ses contemporains, considérait les Polypes et les Méduses comme deux groupes absolument distincts, sans aucune affinité. Or, en 1841, Sars fut à même de constater les phénomènes suivants, en observant le développement de la *Medusa aurita* (Aurélie) :

L'œuf de l'Aurélie donne une *parenchymula* ciliée (fig. 56, A) qui nage librement dans l'eau pendant quelque temps, puis se fixe par l'un de ses pôles. A l'autre pôle se produit une bouche, *b* (B), entourée de 4, 8, 16 tentacules (C, D). L'animal est devenu un *Polype* appelé *Scyphistome* qui, grâce à une nutrition abondante, présente bientôt des étranglements annulaires successifs (D). Cette annulation s'accentue, les segments se découpent sur leur bord libre en huit lobes bipartits ; le Scyphistome est devenu un *Strobile* (E), composé d'une pile d'*Ephyra*, *Eph* (F), sortes de petites *Méduses* en forme d'assiettes creuses, *a*, avec une tache oculaire au fond de l'échancrure de chacun des lobes marginaux. Devenues libres, les *Ephyra* grandissent ; leur ombrelle, *omb* (G), s'élargit, leur bord se

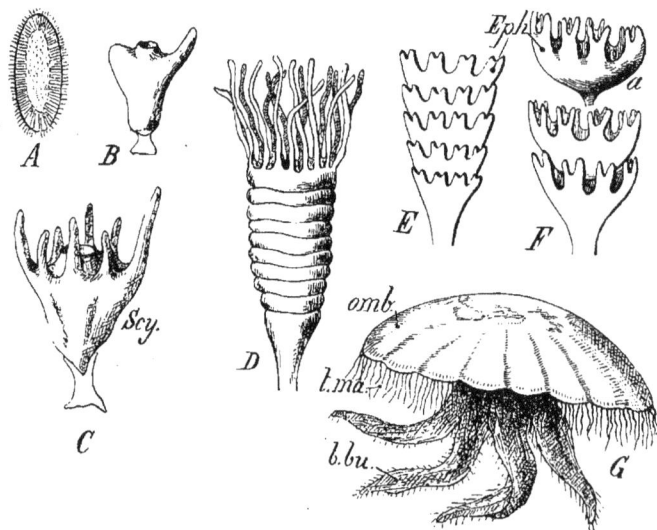

FIG. 56. — Développement d'*Aurelia aurita*. — A, *parenchymula*. — B, C, Scyphistome ; D, strobilation. — E, Strobile. — F, *Ephyra*. — G, Méduse ; *omb*, ombrelle ; *t.ma*, tentacules marginaux ; *b.bu*, bras buccaux.

frange de tentacules marginaux délicats, *t.ma ;* quatre bras, *b.bu*, se développent autour de la bouche. L'*Ephyra* est devenue une grande *Méduse acraspède* (sans velum), appelée *Aurelia*, qui pond des œufs donnant, par leur évolution, autant de larves identiques à la forme primitive A.

Ainsi d'un *Polype hydraire dérive une Méduse.*

Il n'y a pas là de métamorphose à proprement parler, puisque le Scyphistome (*individu*) donne naissance à *un grand nombre d'individus nouveaux* et indépendants.

On admit alors deux générations différentes, alternant avec régularité ; d'où le nom de *génération alternante* qui fut donné au nouveau phénomène signalé.

P.-J. Van Beneden fit remarquer toutefois que les deux modes de développement ne sont pas comparables : les Scyphistomes (Polypes hydraires) émanent directemement d'un œuf fécondé, par *génération sexuée ;* les Méduses résultent d'un bourgeonnement des Hydres, par *génération agame.* Le naturaliste belge substitua le mot *digénèse* au terme inexact de *génération alternante.*

De Quatrefages préférait l'expression *généagénèse,* parce que le mode de génération asexuée des Méduses résulte de l'*accroissement* du Scyphistome; celui-ci subit un *marcottage,* en quelque sorte.

Alors que la fragmentation du Polype hydraire produit, chez les Acalèphes, des individus sexués libres (grandes Méduses) ayant une vie de longue durée, il est d'autres Hydroméduses dont les individus, issus par bourgeonnement d'un Polype primitif, demeurent ordinairement associés en colonies (les *Siphonophores* (fig. 57), par exemple). Mais tous ces bourgeons ou *hydrozoïdes* sont en communication avec le milieu dans des conditions différentes.

Les premiers venus ont dû remplir la fonction d'*individus nourriciers,* fonction qu'ils conservent d'ailleurs pendant toute la durée de leur existence : ce sont des *gastrozoïdes, po,* pourvus d'une bouche

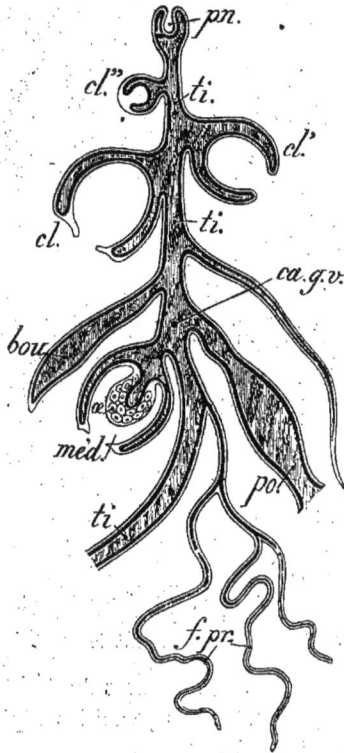

Fig. 57. — Siphonophore (figure théorique). *pn,* pneumatophore ; *ti,* tige ; *ca.g.v,* cavité gastrovasculaire ; *cl,cl',cl'',* cloches natatoires; *po,* polype; *méd,* méduse renfermant des œufs, *α*; *bou,* bouclier ; *f.pr,* filament pêcheur.

sans tentacules et de filaments pêcheurs ou préhensiles, *f.pr,* à leur base.

Les derniers bourgeons, suffisamment nourris par les gastrozoïdes, sont affectés à une fonction nouvelle ; parasites des premiers, ils n'ont que faire d'une bouche et d'appendices préhensiles ; ils se transforment en organismes reproducteurs, *médusoïdes, méd.*

La division du travail est appliquée, même parmi ces organismes nouveaux. Les uns donnent de petites *méduses* en forme de cloche, avec un velum basilaire (Méduses craspédotes) et un manubrium ou battant, contenant des œufs ou des spermatozoïdes,

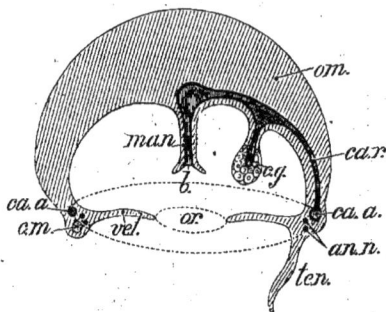

FIG. 58. — Méduse craspédote (figure théorique). *om*, ombrelle ; *man*, manubrium ; *b*, bouche ; *ca.r*, canal radial ; *ca.a*, canal annulaire ; *an.n*, anneau nerveux ; *ten*, tentacule ; *vel*, velum et son orifice, *or* ; *o.g*, produits sexuels.

méd ; les autres se bornent à de simples cloches natatoires, *cl*, *cl'*, *cl''*, ou à des flotteurs, *pn*, dont l'ombrelle s'est seule développée.

Les petites Méduses sexuées demeurent le plus ordinairement associées ; mais quand elles deviennent libres (ce qui a lieu pour certaines espèces : *Bougainvillea*, *Syncoryne*, *Clavatella*, etc., fig. 58), elles ont atteint presque tout leur développement sur la colonie, ne vivent que peu de temps après leur mise en liberté, émettent leurs œufs et disparaissent.

Là encore, nous constatons un cas de *généagénèse* quelque peu différent du premier.

Dans le 1er cas, en effet, la forme hydraire (Scyphistome) est transitoire et la forme médusaire a une longue durée ; dans le second cas, la forme hydraire atteint la plus longue durée et la forme médusaire est transitoire.

Les diverses phases du développement de ces organismes intéressants, classés parmi les Siphonophores et les Hydroméduses, sont en résumé :

Œuf, *parenchymula*, forme hydraire, bourgeonnement de l'hydrozoïde ou génération agame, différenciation des bourgeons [*gastrozoïdes* nourriciers, *médusoïdes* reproducteurs, cloches natatoires et flotteurs], association continue ou dissociation, séparation des Méduses, ponte des œufs ou reproduction sexuée.

L'accélération embryogénique se manifeste dans le développement de certaines espèces chez lesquelles la *parenchymula* forme de suite, *sans passer par la forme hydraire*, des Méduses qui se relient aux Méduses de grande taille par l'analogie de développement des produits sexués : telles sont les Trachyméduses *Geryonia*, *Ægina*.

On peut constater l'accélération embryogénique dans une même espèce : suivant que les œufs d'*Aurelia aurita* renferment beaucoup ou peu de réserves nutritives, le Scyphistome donne, par bourgeonnement, une série d'*Ephyra*, ou il n'en produit qu'une seule, d'abord fixée, puis libre qui devient une Méduse.

En résumé, « dans presque tous les groupes du règne animal, dit M. Giard, à côté d'espèces dont l'embryogénie suit un *cours régulier* et la répétition successive et explicite de toutes les formes ancestrales (donnant lieu à des métamorphoses), se trouvent d'autres types, parfois voisins, dont le *développement est abrégé* et *condensé* de façon à laisser peu de place aux vraies métamorphoses.

« Tantôt le 1er cas est la règle (Échinodermes, Insectes à métamorphoses complètes); tantôt il est l'exception (Crustacés décapodes dont le *Penæus* est le seul apparaissant sous la forme nauplius). »

Formes où se manifeste la continuation de l'état larvaire.		Formes à embryogénie explicite et régulière.		Formes à embryogénie condensée.
Appendiculaire.	⟹	Ascidie.	⟹	Molgule.
Apus.	⟹	*Penæus.*	⟹	Écrevisse.
Protée.	⟹	Grenouille.	⟹	*Pipa.*
et, en général, chez les Vertébrés :				
Téléostéens.	⟹	Amphibiens.	⟹	Vertébrés supérieurs.

CIRCONSTANCES DANS LESQUELLES LE DÉVELOPPEMENT COMPREND DES MÉTAMORPHOSES

Les métamorphoses accompagnent, en général, un changement dans le genre de vie des êtres qui les subissent.

Elles sont corrélatives :

1° *Du passage de la vie libre à la vie sédentaire.*

Les formes larvaires si compliquées des Échinodermes se simplifient singulièrement quand, au lieu de vivre en pleine liberté, elles se développent sous la mère (*Asterina gibbosa*), ou fixées à la mère (*Cribrella*, etc.); elles se réduisent alors à des formes sphéroïdales pourvues d'appendices courts et peu nombreux.

2° *Du passage de la vie libre à la vie parasitaire.*

Chez la Lernée parasite (voir t. II, fasc. II, Crustacés), les organes génitaux se développent plus rapidement que les autres et peuvent envahir le corps entier ; au contraire, les organes sensitifs et loco- moteurs, devenus inutiles, s'atrophient.

3° *Du passage de la vie aquatique à la vie aérienne.*

L'étude des métamorphoses du Têtard aquatique, se changeant en Grenouille aérienne, nous a permis d'observer l'atrophie pro- gressive des branchies contrebalancée par le développement des poumons.

4° *D'un changement dans le mode de locomotion et de nutrition.*

L'apparition des ailes, chez les Insectes, entraîne le développe- ment de muscles locomoteurs plus ou moins puissants et la com- plication du réseau trachéen. De même, le tube digestif des Insectes herbivores diffère notablement du même appareil chez les Insectes carnivores. (Voir t. II, fasc. II, Insectes).

M. Giard a cherché, en 1876, à définir de la manière suivante les conditions qui règlent l'embryogénie des êtres :

Tout animal est soumis, dans le cours de son développement, à l'action simultanée de deux ensembles de forces :

Les unes extérieures, dues aux conditions de milieu ;

Les autres internes, *ataviques*, représentant la somme algébrique des actions exercées par les milieux *sur les ancêtres* de l'animal considéré.

1° *Si,* à un moment donné, *la résultante des forces extérieures l'emporte sur celle des forces intérieures,* chez l'embryon se produiront des modifications profondes constituant ce qu'on appelle *génération alternante,* si la perturbation est assez longue pour permettre à l'animal de se reproduire sous la forme embryonnaire (cas où la larve est soumise à la vie parasitaire ou à l'existence pélagienne).

Généralement, le stade de perturbation n'est pas d'assez longue durée pour permettre la production d'éléments sexuels, et tout se borne à une gemmation plus ou moins compliquée (*Medusa aurita* : *Ephyra*). Quelquefois, et d'une façon accidentelle (Axolotl, Triton), *les organes génitaux peuvent se développer.*

[**Métamorphoses.**]

2° *Quand la résultante des forces extérieures équilibre celle des forces inté- rieures,* survient un arrêt momentané du développement, tant que l'équilibre persiste (cas de la *nymphe immobile* des Insectes). Puis, les forces ataviques reprenant le dessus, l'*imago* apparaît, semblable à ses ancêtres, malgré la direction différente imprimée à la larve ou à la chenille par la vie parasitaire.

[**Métamorphoses.**]

3° *Si la résultante des forces ataviques l'emporte sur les actions combinées des conditions d'existence,* il y a condensation et abréviation de l'embryogénie.

[**Absence de Métamorphoses.**]

REMARQUE. — Bien que *la métamorphose implique l'histolyse,* ainsi que nous l'avons indiqué (page 68), il ne faut pas oublier cependant que l'histolyse a une application très générale dans les phénomènes biologiques, sans que, pour cela, il y ait métamorphose ; ainsi la substitution du tissu osseux au tissu cartilagineux est précédée de la régression de ce dernier ; il y a *histolyse du tissu cartilagineux et histogénèse du tissu osseux.*

DEUXIÈME PARTIE

EMBRYOGÉNIE DES MÉTAZOAIRES

SPONGIAIRES

§ 1. — Reproduction sexuée.

La segmentation de l'œuf aboutit à une *Amphiblastula* ou à une *Parenchymula.*

I. — Le **procédé par Amphiblastula** nous est offert par le *Sycandra raphanus*, Éponge calcaire dont l'œuf encore contenu

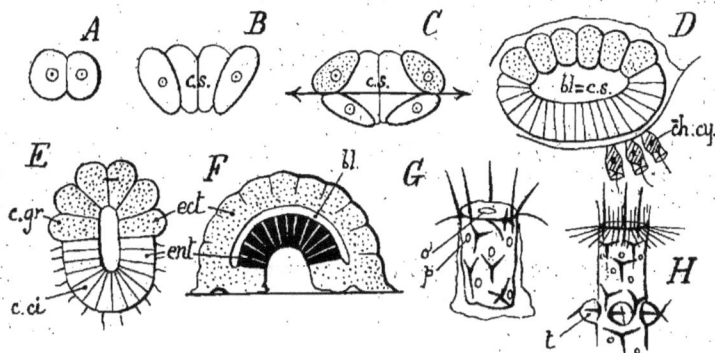

Fig. 591. — **Développement du** *Sycandra raphanus.* — A; stade 2. — B; stade 8. — C; segmentation suivant un plan équatorial. — D; *blastula* contenue dans le mésenchyme d'un tube radiaire dont on voit, à droite, quelques choanocytes, *ch.cy.* — E; *Amphiblastula.* — F; *gastrula.* — G; stade *Olynthus.* — H; adulte développant ses tubes radiaires, *t. bl*, blastocœle.

dans le mésenchyme maternel subit une *segmentation totale et égale* (fig. 59, A).

Après le stade 8 (B), où tous les blastomères placés dans un même plan rayonnent vers le centre, la segmentation se fait suivant un plan équatorial (C) donnant 8 cellules supérieures.

1. Dans les figures 59-102, l'ectoderme, *ect*, est représenté par des cellules ; l'entoderme, *ent*, en noir ; le mésoderme, *més*, par des croix. — *b*, bouche ; *a*, anus ; *i*, entéron ou archentéron ; *e*, entéropore ou prostome.

grosses et granuleuses et 8 cellules inférieures plus petites ; la cavité de segmentation, $c.s$, est encore ouverte. Puis la larve, après avoir pris la forme blastulaire (D), devient libre, s'allonge et nage avec les cils vibratiles de ses cellules cylindriques, $c.ci$: c'est le stade *Amphiblastula* (E). Peu après, les cellules cylindriques s'invaginent, deviennent internes, perdent leurs cils et constituent un entoderme, *ent*; les cellules granuleuses, $c.gr$, donnent l'ectoderme, *ect*. La larve se fixe (F) (*stade gastrula*) et sa cavité de segmentation devenue étroite est remplie d'une masse gélatineuse contenant des cellules de provenance ectodermique, dans lesquelles apparaissent des spicules simples d'abord, puis tétraradiaires.

Le corps de l'embryon s'allonge ensuite (G) ; l'ouverture gastrulaire se ferme ; l'oscule, o, et les pores, p, prennent naissance (*stade Olynthus*) ; un courant d'eau traverse la larve, grâce aux cils dont les cellules de la cavité interne se sont munies et les tubes radiaires, t (H), naissent en couronne au milieu du corps (*adulte*).

Les *Ascandra* et les *Leucandra* parmi les **Éponges calcaires**, l'*Halisarca lobularis* parmi les **Éponges non-calcaires**, ont un développement comparable.

La phase gastrulaire, propre à tous ces animaux, est mise en doute par certains auteurs à cause de la formation spéciale du mésoderme (d'origine ectodermique), et aussi parce qu'il est extraordinaire de trouver dans le groupe des Spongiaires deux procédés complètement différents (*Amphiblastula*, *Parenchymula*) d'évolution dilatée.

II. — Le **procédé par Parenchymula** est le plus répandu ; il montre des **développements dilatés** (avec *blastula* et grande cavité de segmentation) et des **développements condensés** (avec *blastula* et petite cavité).

L'*Ascetta* présente un **développement dilaté**. Après une *division totale et égale* de l'œuf, apparaît une *blastula* ovale, à *grande* cavité blastocœlienne, présentant au pôle postérieur quelques cellules différenciées qui prolifèrent et comblent de parenchyme la cavité (*stade parenchymula*). La jeune larve, complètement ciliée, se fixe bientôt sans s'incurver (comme c'était le cas pour le *Sycandra* et l'*Halisarca*) et perd ses cils ; son parenchyme, au sein duquel se creuse une cavité, donne l'entoderme et le mésoderme, le revêtement extérieur devenant l'ectoderme.

Un **développement** plus **condensé** existe chez *Chalinula fertilis*. La *segmentation totale et inégale* de l'œuf aboutit à une *morula* dont quelques cellules plus granuleuses (fig. 60, $c.gr$), localisées à un pôle, comblent en se multipliant la cavité interne. La larve, mise en liberté, nage, se fixe au stade *parenchymula* et ses 1ers spicules apparaissent dans les cellules du parenchyme.

Un mode singulier de développement, sans doute très condensé, est présenté par *Spongilla fluviatilis* dont l'origine des feuillets est encore peu connue. Une évolution massive et sans incurvation donne une *Parenchymula* ; ensuite les cellules externes ciliées semblent passer à l'intérieur de la larve (?).

Fig. 60. — *Parenchymula* de *Chalinula fertilis*. *c.gr* cellules granuleuses donnant la mésoglée, *mésg*.

En résumé, la **reproduction sexuée** se manifeste :

1° Chez les **Éponges calcaires**, *sous la forme Amphiblastula* (*Sycandra, Ascandra, Leucandra*), rarement *sous la forme Parenchymula* (*Ascetta*).

2° Chez les **Éponges non-calcaires**, *sous la forme Parenchymula*, sauf chez l'*Halisarca lobularis*.

§ 2. — Reproduction asexuée.

Elle est présentée par toutes les Éponges, sauf quelques Asconidés et Syconidés et *elle a lieu par bourgeonnement*.

Si le bourgeonnement est *extérieur*, les bourgeons peuvent être distincts (colonie arborescente de quelques Calcisponges) ou confondus (colonie paraissant simple ; grand développement du mésoderme).

Si le bourgeonnement est *intérieur* (Éponge d'eau douce, *Halisarca*, etc.), il y a formation de *statoblastes* (fig. 61), sphérules à cellules internes, *c.i*, dépourvues de spicules et à cellules externes

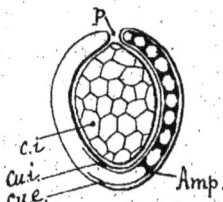

Fig. 61. — **Statoblaste** de *Spongilla* avec sa double enveloppe chitineuse; *cu.i* et *cu.e*, cuticules interne et externe, *p*, pore.

constituant la couche des *amphidisques*, *Amp*. Ces statoblastes tombent dans la cavité de l'Éponge, sont expulsés au dehors et donnent au printemps une petite Éponge.

POLYPES (CŒLENTÉRÉS)

Le **Polype**, qui est la *forme larvaire fondamentale de tous les Cœlentérés*, se présente sous deux aspects :

1° L'**Hydropolype** ou **Hydrule**, petit, conique, large à sa partie supérieure munie d'une *bouche saillante*, est pourvu d'une cavité gastrique non divisée par des cloisons et de tentacules en nombre variable.

L'Hydrule est caractéristique des **Hydrozoaires**.

2° L'**Actinopolype** ou **Scyphule**, gros et trapu, a le pied large, la *bouche déprimée* en un œsophage invaginé, la cavité gastrique divisée par 4 cloisons; les tentacules toujours en nombre régulier, multiple de 4 ou de 6.

La Scyphule est caractéristique des *Scyphozoaires*.

A. HYDROZOAIRES

Généralités. — 1° **Reproduction sexuée.** — Le développement est très varié parce que les Hydrozoaires présentent des *individus fixés* (*polypes*) et des *individus libres* (*méduses*), et il a lieu par **modes dilatés et modes condensés.**

(*a*) *Développement dilaté.* — Il est caractéristique des **Hydrides** et des **Hydroméduses** (Tubulaires et Campanulaires); après les stades *morula* et *blastula*, on arrive à une larve *parenchymula* munie d'un ectoderme cilié, et d'un mésoderme souvent épais, tous deux dérivant de l'ectoderme primitif de la blastula. La cavité gastrique prend naissance et se tapisse d'entoderme. Après avoir nagé, la larve se fixe, perd ses cils, se munit d'une bouche et de tentacules buccaux creux; elle a alors acquis la forme **Hydrule** caractérisée, comme nous l'avons vu plus haut, par sa bouche saillante et sa cavité gastrique lisse.

La transformation en adulte n'exige plus que le développement du système nerveux et des vésicules marginales (qui sont d'origine ectodermique).

(*b*) *Développement condensé.* — Les œufs sont riches en vitellus et leur évolution aboutit :

1° à un *polype libre*, après les phases *morula* et *parenchymula* (pas de *blastula*), chez quelques Tubulaires et les **Siphonophores**;

2° à une *méduse* qui provient directement de la *parenchymula* chez les **Trachyméduses.**

1° **Reproduction asexuée.** — Le *bourgeonnement*, très commun, se manifeste chez tous les Hydrozoaires de la même façon, c'est-à-dire sous forme de diverticule de la cavité gastrique : les polypes bourgeonnant des polypes ou des méduses; les méduses donnant toujours des méduses.

La *scissiparité*, très rare, se montre chez *Protohydra* et *Microhydra* ainsi que chez quelques Méduses, et peut sans doute se ramener à un bourgeonnement suivi de déhiscence.

I. — HYDRIDES ET HYDROMÉDUSES

§ 1. — Reproduction sexuée.

Les Hydrides et les Hydroméduses ont un **développement dilaté** ; à la *segmentation totale* et le plus souvent égale de l'œuf (fig. 62, A) fait suite une *morula* (B), puis une *blastula* arrondie (C)

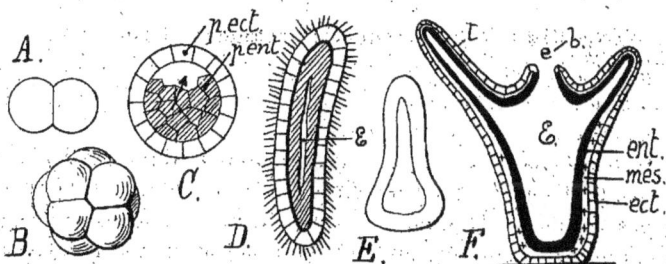

FIG. 62. — Développement dilaté des Hydrides et des Hydroméduses. — A; stade 2. — B; *morula*. — C; *blastula*. — D; *parenchymula* ciliée. — E; fixation de la larve. — F; **Hydrule** . — *p.ect*, protectoderme; *p.ent*, protentoderme; ε, entéron; e, entéropore.

qui s'allonge ; les cellules d'un des pôles prolifèrent et remplissent la cavité de la blastula qui se trouve ainsi transformée en une *parenchymula* (D) à ectoderme cilié.

La larve libre nage pendant que sa cavité entérique, ε, se délimite, refoulant le nouvel entoderme contre l'ectoderme et bientôt ses deux feuillets sont séparés par un mésoderme d'origine ectodermique. Elle prend ensuite un aspect pyriforme (E), perd ses cils, adhère à un corps étranger par sa base (F) ; sa région supérieure, devenue conique, se munit d'une bouche, *b*, entourée peu après de tentacules creux, *t*, évaginations de la paroi gastrique.

L'embryon est devenu l'**Hydrule**, *forme larvaire caractéristique des Hydrides et des Hydroméduses.* — Pour sa transformation en adulte, il lui suffit de grandir son pied, d'accroître le nombre de ses tentacules et de se munir, chez la plupart des Campanulaires et Tubulaires, d'un *périthèque*, enveloppe chitineuse sécrétée par l'ectoderme.

Quelques Tubulaires comme *T. coronata*, à œufs riches en deutolécithe, présentent un *développement un peu condensé*, car la phase blastulaire manque et les tentacules naissent avant l'apparition de la bouche. La larve quitte le corps de sa mère (gonophore) au stade **Actinula** (fig. 63), se fixe ensuite et les autres tentacules buccaux s'ébauchent.

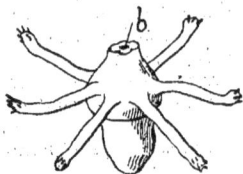

FIG. 63. — **Actinula** de Tubulaire; *b*, bouche.

§ 2. — Reproduction asexuée.

L'adulte étant fixé va donner naissance à une colonie par 2 procédés :

1° *Polype* ⇌→ *Polype*. — Chez les Hydrides il se forme toujours des *colonies holomorphes*, [Ex. : *Hydra grisea* (p. 15)], tandis que chez les Hydroméduses les colonies sont formées d'individus dissemblables (*gastrozoïdes, dactylozoïdes, gamozoïdes*) différenciés en vue de fonctions physiologiques distinctes : *colonies hétéromorphes*. [Ex. : *Hydractinia echinata*, (p. 17.)]

2° *Polype* ⇌→ *Méduse*. — Ce procédé ne se rencontre que chez les Hydroméduses. La genèse de la Méduse est expliquée par la figure 64.

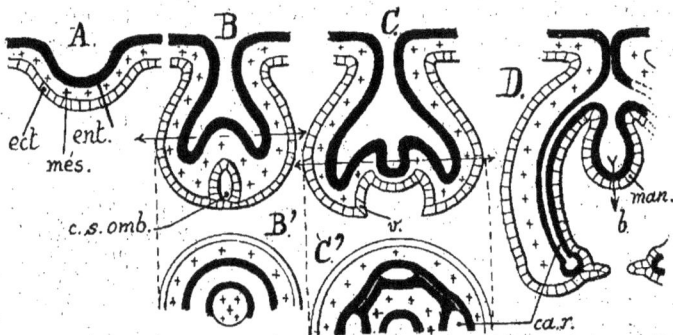

FIG. 64. — **Formation d'une Méduse par bourgeonnement**. — A; bourgeon. — B; C; D; coupes longitudinales montrant l'apparition : de la cavité sous-ombrellaire, *c.s.omb*; du voile, *v*; du manubrium, *man*; de la bouche, *b*, et des canaux radiaires, *ca.r*. — B'; C'; coupes transversales.

Remarque. — Ces mêmes Hydroméduses ont un bourgeonnement particulier : *Méduse* ⇌→ *Méduse*, que nous retrouvons chez les Trachyméduses, mais moins répandu. La Méduse génératrice produit sur son manubrium (*Sarsia siphonaria*) ou sur le bord de son ombrelle (*Sarsia prolifera*), un bourgeon muni d'un diverticule gastrique, qui deviendra une petite méduse.

II. — TRACHYMÉDUSES

§ 1. — Reproduction sexuée.

D'une façon générale, le développement des Trachyméduses est plus condensé que celui des Hydroméduses : 1° la *blastula* manque souvent ; 2° la *parenchymula* se transforme directement en Méduse.

Narcoméduses. — Le genre *Cunina* présente une larve à aspect hydrulaire (une bouche et 2 tentacules) et à aspect déjà médusaire, faisant le passage aux Hydroméduses ; cette larve bourgeonne d'autres polypes qui se séparent et se transforment directement en Méduses : la partie buccale devient le manubrium, la partie aborale s'élargissant fournit l'ombrelle. Le développement est dilaté.

L'*Æginopsis mediterranea*, au contraire, évolue suivant un mode extrêmement condensé (absence de blastula et de délamination), aboutissant à un embryon ovalaire, cilié, muni de deux longs tentacules.

La transformation de la parenchymula en Méduse est directe chez les autres Narcoméduses et le développement un peu abrégé.

Trachoméduses. — Étudions d'abord *Liriope mucronata*, dont l'embryogénie un peu dilatée (il y a une phase blastulaire) nous permettra de suivre la formation de la Méduse. L'œuf, entouré d'une enveloppe mucilagineuse, est expulsé par la bouche de la mère et subit une *segmentation totale et égale*, aboutissant à une *morula* à gros et peu nombreux blastomères ; au stade 16

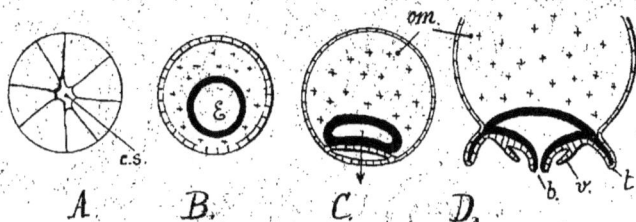

Fig. 65. — **Développement de *Liriope mucronata*.** — A ; *blastula.* — B ; l'entoderme, représenté en noir, entoure la cavité gastrique, ε. — C ; apparition de la cavité sous-ombrellaire. — D ; Méduse.

(fig. 65, A) une petite cavité de segmentation, *c.s*, indique le stade *blastula*, qui, assez vite, se transforme en une *parenchymula*. Par délamination, le protentoderme et le protectoderme se séparent, pendant qu'une substance fondamentale (mésoglée) s'intercale entre eux, repoussant au centre l'entoderme, maintenant délimité et creusé d'une cavité gastrique (B, ε). Cette substance fondamentale constitue le mésoderme et s'épaissit au pôle supérieur (ombrelle, *om*) ; l'entéron s'applique contre l'ectoderme, qui se creuse d'une cavité sous-ombrellaire (C). La suite du développement se voit avec facilité en D ; on y remarque l'apparition, au-dessus du voile, *v*, de 4 tentacules perradiaux pleins qui s'atrophient vite ; apparaissent ensuite 4 tentacules interradiaux, puis 4 expansions perradiales qui remplacent les 4 premiers tentacules disparus.

Les autres Trachoméduses ont un **développement plus
condensé**, car aucune cavité de segmentation n'y apparaît; l'entoderme se forme par délamination, la cavité entérique devient très
grande et le mésoderme épais se développe.

§ 2. — Reproduction asexuée.

Le *bourgeonnement*, net chez la *Cunina* où il donne des polypes, ne produit que
des Méduses chez les autres. — La *scissiparité* existe chez quelques espèces.

III. — SIPHONOPHORES

§ 1. — Reproduction sexuée.

En général, l'œuf riche en deutolécithe subit une *segmentation totale et égale*;
la *morula* se transforme directement en *parenchymula*. Dès les premiers stades
embryonnaires, on remarque la naissance de zooïdes; le **développement** est
donc **très abrégé**. La genèse des deux feuillets est inconnue.

Siphonanthes. — 1° **Calycophores.** — Le type le mieux connu est l'*Epibulia*

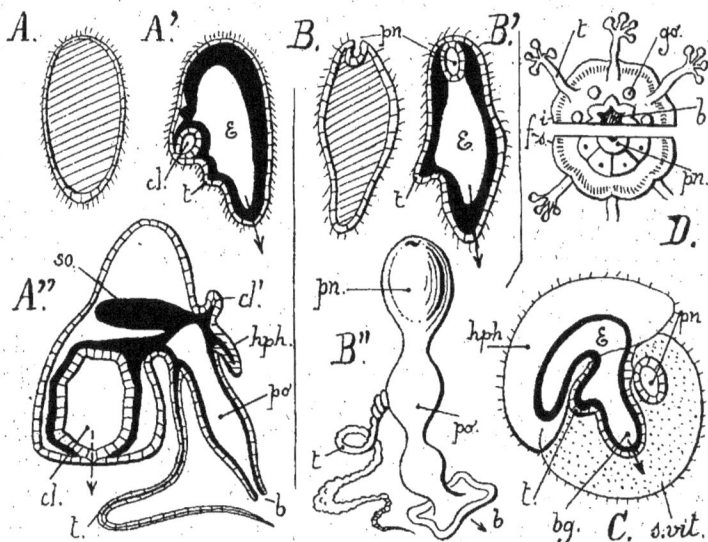

Fig. 66. — **Développement des Siphonophores.**
A; A'; A''; développement abrégé avec forme larvaire **Calyconula.**
B; B'; B''; développement peu abrégé avec **Siphonula.**
D; stade **Disconula**; *f.i* et *f.s*, faces inférieure et supérieure.
so, somatocyste; *hph*, hydrophyllium; *bg*, bourgeon; ε, cavité gastrique.

aurantiaca; la segmentation régulière aboutit à une *parenchymula* ciliée et
ovale (fig. 66, A), sur le côté ventral de laquelle (A') l'ectoderme épaissi montre
deux saillies : la première, *t*, donne un tentacule qui s'allonge; la deuxième,
cl, se creuse d'une cavité et devient une cloche natatoire volumineuse (A'')

(premier zooïde avec sa cavité entérique). Pendant ce temps, l'entéron du polype, *po*, se forme, sa région orale s'allonge et se munit d'une bouche, *b*.

Nous devons remarquer ici que le premier zooïde a pris naissance par bourgeonnement, avant la formation de la cavité entérique du polype; l'**évolution abrégée** tient à l'abondance du deutolécithe.

Cette forme larvaire, caractérisée par une ample cloche natatoire, est appelée *Calyconula* (A'').

2° Physophores.—L'*Halistemma pictum* est un type simple de **développement peu abrégé**: une *morula* fait suite à une *segmentation égale*, et la *parenchymula* à deux feuillets qui vient après (fig. 66, B, B') présente un ectoderme cilié déprimé au pôle aboral et un entoderme bientôt muni d'une cavité entérique. Le tentacule, *t*, s'ébauche, puis la bouche se perce au pôle oral.

Une forme plus avancée d'un développement identique nous est fournie par les *Physalis*: le pneumatophore, *pn*, y est énorme, le tentacule long est devenu un filament pêcheur et la bouche est munie de lèvres volumineuses. Cette forme larvaire est nommée *Siphonula* (B'').

L'œuf des *Agalma* et des *Crystalloides* est tellement riche en deutolécithe que le bourgeonnement commence bien avant l'ébauche des feuillets; la larve, *s.vit*, ressemble alors à une vésicule vitelline (C).

Disconanthes. — Leur évolution n'est encore bien connue que par le stade larvaire *Disconula* observé par Hæckel (fig. 76,D). A la face inférieure de la larve, on voit la bouche, *b*, entourée de 8 gonozoïdes, *go*, et de 8 dactylozoïdes rameux, *t*; la face supérieure montre le petit pneumatophore, *pn*, et 8 chambres à air avec orifices.

§ 2. — Reproduction asexuée.

Le *bourgeonnement* des Siphonophores, très régulier à cause de leur vie libre, produit des colonies symétriques; les zooïdes prennent naissance et se différencient diversement sur la partie inférieure du polype, la partie moyenne devenant le rachis, et la partie supérieure, le pneumatophore.

B. SCYPHOZOAIRES

Généralités. — **1° Reproduction sexuée.** — (*a*) Le **développement dilaté** est rare; à la phase *blastulaire* fait suite une *gastrula embolique* (fig. 67, A, A') dont l'entéron, ε, est limité par l'entoderme, et dont l'ectoderme primitif se différencie en un mince mésoderme et un ectoderme définitif; ce dernier se couvre de cils. En général l'entéropore, *e*, se ferme (C) et la larve ciliée nage.

(*b*) Le **mode condensé**, plus général au contraire, présente une *morula* (B) suivie d'une *parenchymula* (B'') qui devient une larve ciliée et nage (C).

A partir de ce stade de *larve ciliée*, le développement est le même pour les deux modes (*a*) et (*b*): l'embryon se fixe par un pôle, s'aplatit, s'invagine par le pôle opposé et donne le tube œsophagien, *t.œ* (*D*), qui débouche dans l'entéron par un orifice, homologue de l'entéropore. Dans la cavité gastrique naissent deux cloisons (replis entodermiques avec lame mésodermique), suivies bientôt de deux autres.

Cette forme larvaire, caractérisée par sa bouche rentrante et ses

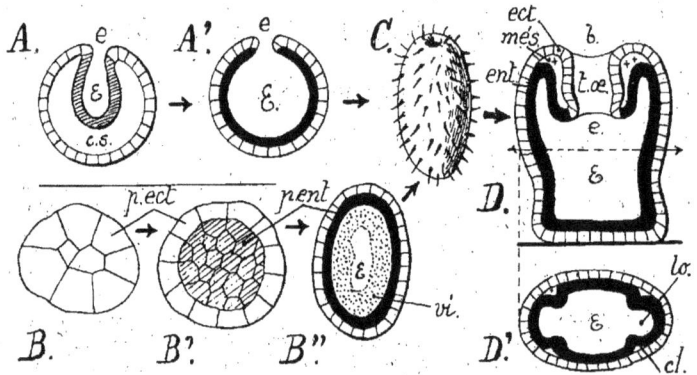

Fig. 67. — Développement des Scyphozoaires.

A ; *blastula.* — A' ; *gastrula embolique.* B; B'; *morula.* — B'' ; *parenchymula.* C; *larve ciliée.* — D ; *Scyphule.* D'; coupe horizontale de la Scyphule; *cl*, cloison; *lo*, loge. — *vi*, vitellus.

cloisons gastriques, est la **Scyphule**, déjà définie (page 84).

La symétrie de cette larve est *nettement bilatérale*, car on voit apparaître, à l'origine, deux poches gastriques et deux tentacules opposés. Plus tard seulement, après la genèse de deux autres tentacules et de deux autres cloisons, la symétrie devient *tétraradiaire* (Acalèphes, Cténophores, Tétra- et Octocoralliaires) ou *dodécaradiaire* (Hexacoralliaires).

La *symétrie tétraradiaire* doit donc être considérée comme *primitive* et *caractéristique* des Scyphozoaires, puisque chez les Hydrozoaires l'Hydrule n'en montre aucune trace.

La Scyphule existe chez tous les Scyphozoaires ; mais elle se modifie légèrement, dans la suite de son évolution, selon les groupes :

Acalèphes : elle n'augmente pas le nombre de ses cloisons ; des tentacules péribuccaux prennent naissance : c'est la forme *Scyphistome.*

Anthozoaires : le nombre de ses tentacules et de ses cloisons augmente selon une loi : c'est la forme *Anthopolype.*

Cténophores : ses cloisons s'élargissent et des palettes natatoires prennent naissance : c'est la forme *Cténule.*

2° **Reproduction asexuée**. — Nous ne la trouvons que chez les Acalèphes fixés et les Anthozoaires.

Bourgeonnement. — Métagenèse holomorphe chez les Acalèphes, les Octactiniaires et Hexactiniaires, les individus engendrés étant identiques.

Scissiparité. — Rare chez les Acalèphes où elle est accidentelle et transversale (Éphyre et Strobile); présentée par quelques Zoanthaires seulement, chez lesquels elle est longitudinale et non accidentelle.

I. — SCYPHOMÉDUSES OU ACALÈPHES

§ 1. — Reproduction sexuée.

Cuboméduses. — Leur développement encore peu connu aboutit à l'adulte en passant par les formes *Scyphule* et *Scyphopolype*. Pas de stade Éphyre.

Stauroméduses, On sait peu de chose sur *Tessera*, mais on connaît bien le **développement condensé** de *Lucernaria* qui se fait avec omission des phases blastulaire et gastrulaire. La *morula* se transforme directement en une *parenchymula* non ciliée (fig. 68, A) qui s'allonge, car les cellules entodermiques se munissent de vacuoles et s'empilent suivant l'axe principal.

La genèse des tentacules et des bras a été peu suivie.

Discoméduses. — Les *représentants inférieurs* de ce groupe (*Pelagia, Chrysaora, Cyanea capillata*) ont un **développement dilaté**, tel que nous l'avons exposé aux généralités (page 89), et qui aboutit à une vésicule close ciliée.

(Le mésoderme est représenté par une fine membrane d'origine ectodermique).

Une dépression se produit à la partie supérieure, la bouche se perce au centre

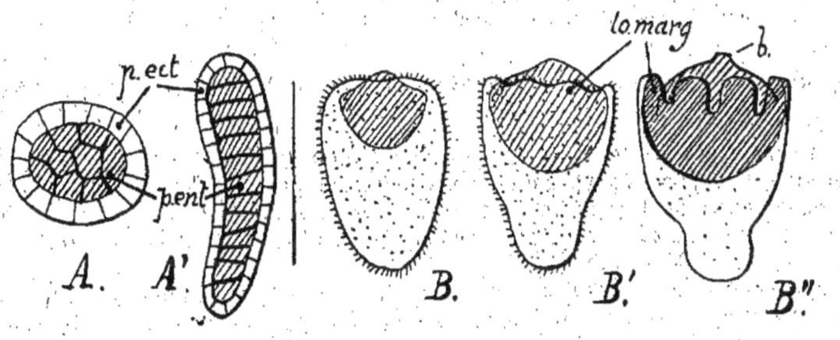

FIG. 68. — Développement des Stauroméduses et des Discoméduses inférieures.
A; A'; deux stades chez *Lucernaria*.
B; B'; B''; trois stades de la larve libre de *Pelagia noctiluca*.

(fig. 68, B, B'), et sur le bord naissent 8 lobes marginaux, *lo. marg* (au lieu de 8 tentacules). La larve se raccourcit dans le sens de la longueur et l'Éphyre formée (B'') quitte son enveloppe et nage.

Il est bon de remarquer ici l'absence de la forme Scyphistome.

Les **Discoméduses** *élevées en organisation* présentent des *développements condensés* dont les premiers stades ont été vus (page 89).

A la *Scyphule* fait suite le *Scyphistome* qui, avant de passer à l'état adulte, donne un *Strobile* et des *Éphyres*.

L'*Aurelia aurita* (fig. 56) nous offre un exemple de **développement peu condensé**, car la *blastula* se forme avec une très petite cavité de segmentation. De plus, son *Scyphistome* donne naissance à une seule Éphyre, ou, par scissiparité transversale, à beaucoup de petites Éphyres.

Prenons donc l'*Aurelia aurita* comme type, pour préciser les détails des diverses transformations.

Parenchymula → *Scyphistome.* — La larve nage, se fixe par un pôle, s'aplatit et acquiert l'aspect déjà décrit de la *Scyphule*, lorsque son tube œsophagien s'est ébauché et que sa bouche

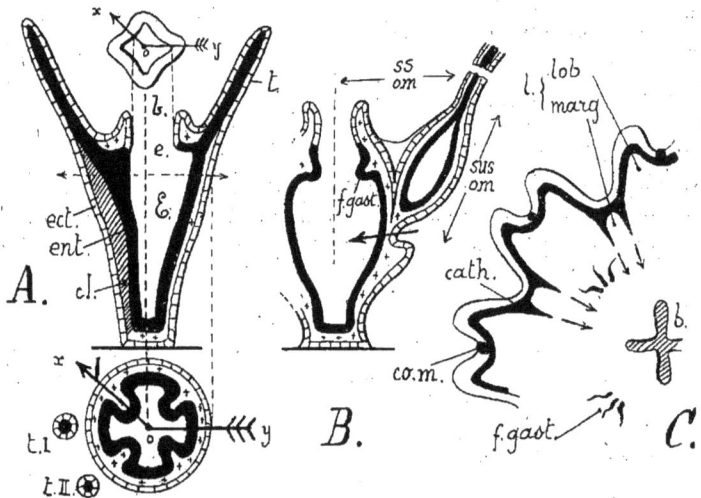

Fig. 69. — **Développement des Discoméduses** : *Aurelia aurita*. — A ; *Scyphistome* vu en projection verticale, la coupe étant faite suivant *xoy*. — B ; le Scyphistome se transforme en une *Éphyre* par un Strobile monodisque. — C ; *Éphyre; b,* bouche ; *f.gast*, filament gastrique ; *l.lob* et *l.marg*, loges lobaire et marginale ; *cath*, cathamme ; *co.m*, corpuscule marginal.

saillante, *b*, s'est formée. A peu près en même temps apparaissent les quatre cloisons, *cl*, sous forme de deux paires de replis entodermiques (fig. 69, A) qui s'avancent dans la cavité gastrique. Un tentacule apparaît d'abord, puis un second (symétrie bilatérale à ce moment) suivi de deux autres (la symétrie devient radiaire). Ces quatre tentacules placés au-dessus des loges sont appelés perradiaux, *t.I* ; ensuite en apparaissent 4 nouveaux, placés au-dessus des cloisons, et dénommés interradiaux, *t.II* ; enfin 8 autres. *La Scyphule est devenue Scyphistome.*

Scyphistome → *Éphyre*. — La transformation se fait par un Strobile : *monodisque* donnant une seule Éphyre, ou *polydisque* donnant plusieurs Éphyres.

1° *Strobile monodisque*. — Le *Scyphistome* quitte son support ; il perd ses tentacules (fig. 69, B) qui se remplacent par 8 lobes marginaux bifides, possédant chacun un corpuscule marginal, *co.m*, et un diverticule de la cavité gastrique. Il s'aplatit ensuite en une petite méduse, appelée *Éphyre*, munie d'une sus-ombrelle *sus.om*, et d'une sous-ombrelle, *ss.om*. La structure de cette Éphyre est indiquée en C.

2° *Strobile polydisque*. — C'est par scissiparité que le Scyphistome se découpe en segments (6-10) après s'être allongé, et donne une pile d'Éphyres qui se séparent.

Éphyre → *Adulte*. — Tout d'abord les échancrures adradiales sont remplacées par les 8 lobes marginaux de l'adulte, présentant dans leurs incisures les 8 corps marginaux qui sont restés en place ; les tentacules marginaux prennent naissance en même temps que les 4 lèvres buccales (jusque-là minces) se développent en bras. L'Éphyre est devenue adulte (Voir T. II, fasc. 2, fig. 61).

§ 2. — Reproduction asexuée.

Elle n'a lieu que chez quelques Discoméduses à l'état de Scyphistome.

1° Le *bourgeonnement* est *direct* si le petit bourgeon reste adhérent au scyphopolype ; il est *stolonial* si le bourgeon donne un stolon.

2° On peut considérer comme cas de *scissiparité* la transformation du Scyphistome en Strobile.

II. — ANTHOZOAIRES

§ 1. — Reproduction sexuée.

Hexacoralliaires. — La plupart de ces Zoanthaires ont un **développement condensé** à peu près semblable à celui que nous avons décrit (page 89) ; les premiers stades, très variables selon les types considérés, aboutissent à une *parenchymula* ciliée, ovale ou vermiforme, dont l'ectoderme à cellules cylindriques est séparé de l'entoderme par une membrane homogène apparue de bonne heure. L'intérieur de la larve est rempli de vitellus nutritif au milieu duquel la cavité gastrique se creuse ; au pôle aboral se forme une houppe de cils. Puis la larve nage (après avoir quitté la chambre d'incubation maternelle), l'extrémité aborale en avant, s'aplatit et prend une symétrie bilatérale nettement accusée par l'apparition deux par deux des mésentères (Voir fasc. 2, fig. 71, A).

Les tentacules naissent également : le premier formé est très gros, placé au-dessus de la plus grande des deux loges primitives et sert à la natation ; il est bientôt suivi de cinq autres qui constituent avec lui un cercle primaire de tentacules ; un cercle secondaire de 6 autres, disposés au-dessus des cloisons, apparaît ensuite. A partir de ce stade, les tentacules se forment toujours par 2 au contact de la partie ancienne et sont destinés à une évolution différente, car l'un d'eux reste petit.

Lorsque 12 cloisons et 12 tentacules ont pris naissance, la larve se fixe par son extrémité aborale, perd ses cils, forme son tube œsophagien et met sa cavité gastrique en rapport avec l'extérieur. A ce moment elle est dite *Anthopolype* et caractérisée par ses tentacules en nombre égal aux cloisons. Le squelette se développe (Voir T. II, fasc. 2, p. 89) et l'animal, après avoir régularisé ses loges et ses tentacules, devient adulte.

L'*Actinia equina* et le *Cerianthus membranaceus* présentent un **développement dilaté** ; leur œuf, à vitellus riche en granulations, subit une *segmentation totale et inégale* et aboutit à une *gastrula invaginata*, après les stades *morula* et *blastula* ; l'entéropore ne se ferme pas et un tube œsophagien prend naissance. La larve du *Cerianthus* forme toutes ses cloisons et tous ses tentacules pendant sa vie libre et ne se fixe que quand les produits sexués apparaissent.

Octocoralliaires.

— Leur **développement** est **toujours condensé** : par exemple, chez le *Sympodium coralloides*, après segmentation un peu inégale, la *morula* formée (fig. 67, B) montre une différence appréciable entre les cellules externes et internes. Ces dernières produisent bientôt l'entoderme définitif, séparé de l'ectoderme par une membrane fine et hyaline. L'embryon devient ovoïde et s'allonge de plus en plus ; l'entéron prend naissance et se couvre de cils (*parenchymula*) ; puis la larve se fixe (D), s'aplatit et le tube œsophagien se forme comme d'ordinaire : *stade* **Scyphule**. Les 8 cloisons et les 8 tentacules apparaissent par paires, dessinant une symétrie bilatérale nette (Voir T. II, fasc. 2, fig. 71, B).

Chez *Monoxenia Darwini* de la mer Rouge, la segmentation s'opère selon le **mode dilaté** (seule exception parmi les Alcyonnaires), donne une *blastula* ciliée, puis une *gastrula embolique* qui nage et se fixe par son pôle aboral.

Le squelette, composé de spicules calcaires épars ou de spicules et de lames calcaires ou cornées, ne se développe jamais en lames associées. Le squelette du Corail est formé de spicules mésodermiques soudés. Celui de la Gorgone, au contraire, provient d'une sécrétion externe de l'ectoderme sur le support ; il y a production d'une bosse qui s'accroît, repousse l'ectoderme, le mésoderme et l'entoderme, pour pénétrer jusque dans les dernières ramifications de l'animal.

§ 2. — Reproduction asexuée.

Hexacoralliaires. — La *scissiparité* s'observe chez le genre *Astræa ;* les autres Madréporaires présentent le *bourgeonnement* direct ou stolonial, caractérisé par l'apparition d'un cœnenchyme reliant les zoöïdes.

Octocoralliaires. — Ils ne présentent jamais de *scissiparité*.

Le *bourgeonnement* a lieu chez les adultes et peut être :

(a) *direct*, avec formation d'un sarcosome réunissant la base de tous les zoöïdes ;

(b) *stolonial*, aboutissant à une colonie étalée chez les Alcyonacés.

III. — CTÉNOPHORES

La **reproduction** y est toujours **sexuée**, et le **développement condensé** montre, après la phase Scyphule, une larve libre appelée *Cténule*.

L'œuf, contenu dans une gelée limitée par une membrane mince et anhiste,

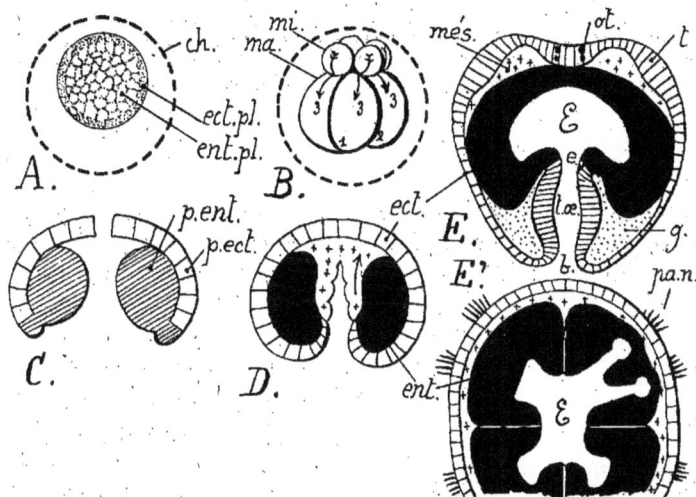

Fig. 70. — **Développement condensé des Cténophores.** — A ; œuf, avec son chorion, *ch*, son ectoplasme, *ect.pl*, et son entoplasme, *ent.pl*. — B ; C ; les macromères, *ma*, fournissent le protentoderme, *p.ent* ; les micromères, *mi*, le protectoderme, *p.ect*. — D ; *gastrula épibolique*, avec formation du mésoderme (indiqué par des croix). — E ; E' ; coupes longitudinale et transversale de la Scyphule se transforment en **Cténule**. — *t.œ*, tube œsophagien.

(fig. 70, A), est riche en deutolécithe ; sa *segmentation totale et inégale* aboutit à une *gastrula épibolique* (D) à ectoderme mince et entoderme épais, creusé d'un entéron. Cet entéron, ε, devient la cavité gastrique et se munit, en une seule fois, de 4 cloisons, donnant à la larve l'aspect de *Scyphule* (E, E'). Cette forme dure peu : les cloisons s'épaississent et se soudent ; les deux tentacules, *t*, se

montrent au pôle supérieur, près des otocystes, *ot*; huit rangées de cils vibratiles
s'ébauchent (palettes natatoires, *pa.n*); la Scyphule est devenue la **Cténule**,
forme larvaire libre, caractéristique des Cténophores.

La transformation de la Cténule en adulte est différente selon les genres :

Sténostomes. — Chez les *Globuleux* (*Hormiphora*), deux tentacules très longs,
logés dans une cavité ectodermique, complètent la structure de la Cténule (Voir
T. II, fasc. 2, fig. 83, *t*).

Les *Lobés et les Rubanés* présentent après la Cténule la phase précédente
(stade Cydippe ou stade Mertensia, caractérisé par les 2 tentacules); le corps
s'allonge ensuite et prend la forme d'un ruban sur lequel quatre lignes ciliées se
développent.

Eurystomes. — La Cténule n'a plus qu'à développer ses palettes et agrandir
sa bouche pour devenir un *Beroe*.

ÉCHINODERMES

Généralités. — 1° **Développement sexué**. — L'œuf, fécondé
en général à l'extérieur du corps (sauf pour quelques Échinodermes vivipares), est fort petit, peu riche en deutolécithe
(alécithe, voir p. 39) et subit le plus souvent une *segmentation
totale et égale* donnant une *morula*, puis une *blastula à grande
cavité de segmentation*, et enfin une *gastrula embolique*. L'**évolution est donc dilatée.** Le protectoderme de la gastrula fournit

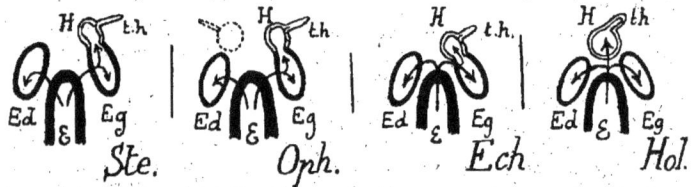

FIG. 71. — Formation : des entérocœles droit, *Ed* et gauche, *Eg* ; de l'hydrocœle, *H*, aux
dépens de l'entéron, *ε* : chez les **Stellérides**, *Ste* ; les **Ophiurides**, *Oph* ; les **Échinides**, *Éch* ;
les **Holothurides**, *Hol.* — *t.h*, tubo hydrophore.

l'ectoderme définitif; le protentoderme engendre d'abord le mésoderme mésenchymateux, puis l'entoderme définitif sous forme d'un
entéron qui s'allonge, se contourne et s'applique à l'ectoderme
ventral; une bouche provisoire se perce en ce point. Pendant ce
temps un diverticule (vésicule entérocœlienne) s'est séparé de
l'entéron suivant un procédé variable avec les groupes (fig. 71), et
s'est mis en rapport avec l'extérieur par le canal hydrophore; ce
diverticule, se scindant, donne 2 vésicules closes placées symétriquement. La larve globuleuse et ciliée possède donc à ce
moment un tube digestif et trois vésicules (hydrocœle, entéro-

cœle droit et entérocœle gauche) dont nous suivrons l'évolution :

Paroi du corps. — Les deux vésicules entérocœliennes grandissent et s'accolent l'une à l'autre suivant deux mésentères dorso-ventraux ; leurs parois, séparées de l'ectoderme et de l'entoderme par deux couches mésodermiques (somatomésenchyme et splanchnomésenchyme), deviennent les somatopleure et splanchnopleure.

La *paroi externe* du corps comprend donc : l'ectoderme, le somatomésenchyme dans lequel se déposent les pièces calcaires (spicules et plaques), la somatopleure.

La *paroi interne* est formée : de l'entoderme, du splanchnomésenchyme et de la splanchnopleure.

Tube digestif. — La bouche provisoire disparaît ; une formation spéciale (*vestibule*) donne la bouche définitive, souvent opposée à l'entéropore qui subsiste comme anus.

Appareil circulatoire. — 1° L'*appareil ambulacraire* provient de l'hydrocœle qui s'étire en tube, entoure l'œsophage et forme l'anneau ambulacraire ; cet anneau communique avec le dehors par le tube hydrophore (ou canal du sable) situé dans le mésentère dorsal et aboutissant à la plaque ambulacraire ; il émet bientôt 5 paires de diverticules qui s'avancent dans le somatomésenchyme et deviennent 5 vaisseaux tentaculaires (ou vésiculaires), et 5 vaisseaux ambulacraires beaucoup plus développés.

2° Les *autres appareils* (*lacunaire, plastidogène et absorbant*) proviennent des lacunes formées dans le somatomésenchyme et le splanchnomésenchyme, et dont la réunion compose un schizocœlome.

L'*appareil lacunaire* dérive surtout des lacunes de la paroi externe ; le *système plastidogène* (ou mésentérique) dérive des lacunes de la portion de splanchnopleure qui entoure le tube hydrophore, l'anneau ambulacraire, et forme la glande ovoïde, le canal de Kœhler et l'anneau de Tiedemann ; il se relie, par cet anneau, à l'*appareil absorbant* formé de la réunion des lacunes de la splanchnopleure intestinale.

Cavité générale. — Elle provient des deux entérocœles et contient, dans un plasma liquide, des éléments figurés dont l'origine est peut-être dans la glande ovoïde.

Système nerveux. — L'origine ectodermique des nerfs est encore douteuse, les études étant incomplètes.

Organes génitaux. — L'origine en est peu connue. On sait qu'ils s'ébauchent, à la fin de la vie embryonnaire, sous forme de 5 diverticules réunis en une rosette génitale et en relation avec la glande ovoïde. Plus tard les diverticules se séparent et se logent dans la cavité générale, près des zones ambulacraires, ou dans les bras.

Métamorphoses. — Pendant que l'embryon acquiert ses organes, sa forme change considérablement et il subit des *métamorphoses incomplètes ou complètes*, caractérisées par l'*apparition de bras et de bandelettes ciliées externes*. — La métamorphose incomplète, rare,

n'est présentée que par les œufs riches en deutolécithe et les embryons vivipares : bras et bandes vibratiles peu ou pas développés, ce qui prouve leur caractère purement adaptatif et par suite secondaire. — La *métamorphose complète* montre la formation : 1° de bras soutenus ou non par des spicules ; 2° de bandes vibratiles ou d'anneaux ciliés, différents selon les groupes :

(*a*) **Stellérides :** deux bandes vibratiles (*Bipinnaria*), puis bras sans spicules (*Brachiolaria*).

(*b*) **Échinides** et **Ophiurides** *:* bande localisée vers la bouche ; huit bras, longs et minces, munis de spicules calcaires, naissent par paires (*Pluteus*).

(*c*) **Holothurides :** une longue bande entoure la bouche (*Auricularia*) et se scinde en cinq anneaux (*Pupe*).

(*d*) **Crinoïdes :** quatre anneaux vibratiles (*Pupe*).

Ces formes larvaires passent à l'état adulte en n'employant qu'une partie de leur corps et en perdant leurs appendices.

Ces *larves à stases* (pendant lesquelles les organes s'ébauchent), ont un caractère de *larve secondaire ;* leur diversité résulte de leur adaptation à la vie pélagique et de la teneur en deutolécithe de leurs œufs. Cela est prouvé par ce fait que l'ovule de l'*Ophiothrix fragilis* se transforme directement en adulte, en Pluteus complet ou incomplet, selon que son vitellus est très abondant, peu abondant ou presque absent. (Giard.)

La *larve ciliée*, identique chez tous les groupes, est au contraire la *larve fondamentale* et *primitive*.

En *résumé :* le **développement des Échinodermes** est caractérisé par l'*origine entérique du cœlome ;* par la *formation particulière de l'appareil irrigateur ;* par la *division du mésoderme* en somatopleure et splanchnopleure, et enfin par la *multiplicité des formes larvaires.*

I. — STELLÉRIDES

La *segmentation est totale et inégale* (car dès le stade 16, une grande différence de taille existe entre les blastomères) et donne une *blastula* suivie d'une *gastrula invaginata* (fig. 72, A) ; à ce moment, de chaque côté de l'entéron, quatre à cinq cellules protentodermiques émettent de courts pseudopodes et forment les cellules mésenchymateuses. La larve ciliée devient libre, puis, avant que la bouche ne s'ouvre, deux diverticules (droit et gauche) prennent naissance directement sur l'entéron (B) : le droit donne l'entérocœle droit, le gauche produit l'entérocœle gauche et l'hydrocœle (fig. 71, *Ste*); ce dernier se transforme en une rosette.

La larve primaire subit ensuite une *métamorphose complète*; ses cils, répandus jusque-là uniformément, se répartissent en deux couronnes : la plus petite, au-dessus de la bouche, limitant un volumineux lobe préoral, l'autre l'enveloppant. C'est le stade

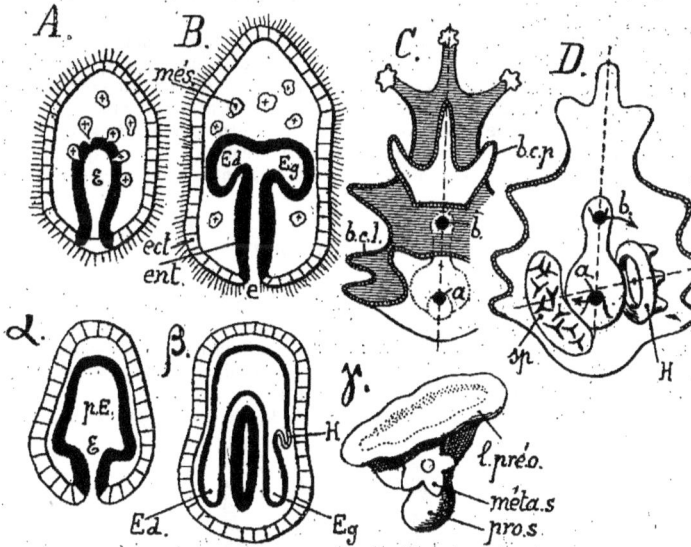

Fig. 72. — **Développement des Stellérides**.— A; B; C; D; cas général avec métamorphose complète : — A; *gastrula* ciliée. — B; formation des entérocœles. — C; *Brachiolaria*. — D; transformation en l'adulte. — *b.c.p*, bande ciliée préorale; *b.c.l*, bande ciliée longitudinale. — α, β, γ; développement sans métamorphose de l'*Asterina gibbosa*; *méta.s*, métasome; *pro.s*, prosome.

Bipinnaria (fig. 51, E,E',E''); il dure peu, car des mamelons apparaissent sur les deux couronnes maintenant très sinueuses et se transforment en bras petits et dépourvus de spicules calcaires. La larve, devenue une **Brachiolaria** (C), passe à l'état adulte : pour cela, le lobe postoral s'accroît suivant un plan antéro-postérieur et s'aplatit; les bras et le lobe préoral se réduisent; un dépôt de spicules calcaires (D, *sp*) se fait un peu au-dessus de l'anus dans le somatomésenchyme droit, refoule cet orifice vers la droite (qui devient la face postérieure de l'adulte) et la bouche vers la gauche (qui devient la face ventrale).

La rosette hydrophore, *H*, entoure alors l'œsophage, et émet cinq canaux ambulacraires qui s'enfoncent dans cinq expansions du métasome formant les bras de l'adulte.

Cette *métamorphose complète* n'est pas présentée :

1° Par quelques Astéries *vivipares* (*Echinaster* et *Asteracanthion*), dont les larves ciliées se transforment directement en adultes ou présentent seulement des expansions accessoires. L'*Asteracanthion glacialis* montre un mode de formation des entérocœles un peu différent du mode général, car un *diverticule unique* (protentérocœle) se sépare de l'entéron et donne ensuite les deux entérocœles.

2° Par l'*Asterina gibbosa* dont les *œufs*, *riches en deutolécithe*, subissent une segmentation inégale. Le mésenchyme apparaît plus tardivement que dans le cas général. La formation de la vésicule vaso-péritonéale (fig. 72, α, β) a lieu comme dans le cas de l'*Asteracanthion glacialis* ; mais, à une époque donnée, l'entérocœle gauche se munit d'un tube hydrophore qui disparaît et se reforme sur l'hydrocœle. La larve ciliée primaire se transforme en adulte sans produire de bras ; elle développe seulement son lobe préoral (γ, *t. préo*) qui s'atrophie ensuite ; sa bouche et son anus se ferment, bientôt remplacés par d'autres ouvertures.

II. — OPHIURIDES

La segmentation de l'œuf est identique à celle des Stellérides. Elle aboutit à une *gastrula* dont l'entéron émet deux vésicules vaso-péritonéales qui se partagent chacune en deux autres (fig. 71, *Oph.*) : les deux inférieures deviennent les entérocœles droit et gauche ; la supérieure droite s'atrophie et la supérieure gauche se transforme en hydrocœle, bientôt muni d'un tube hydrophore.

Puis la gastrula s'arrondit, se munit d'une bande ciliée régulière entourant la

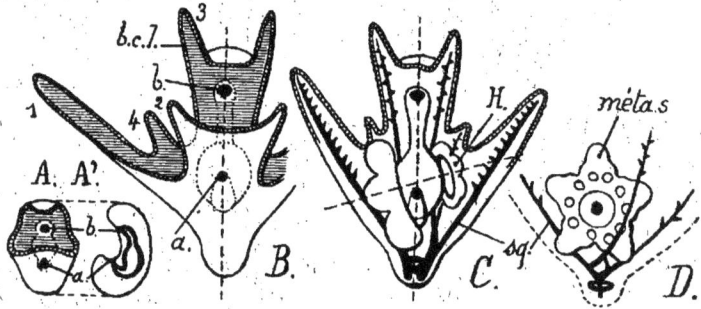

FIG. 73. — Développement des Ophiurides. — A ; A' ; B ; *Pluteus*. — C ; D ; transformation en l'adulte.

bouche (fig. 73, A, A'), prend une forme rappelant l'Auricularia et développe un lobe postanal. En même temps, la couronne unique donne quatre paires de prolongements externes ou bras (munis de spicules calcaires), symétriques par rapport à un plan, qui transforment l'embryon en un **Pluteus** (B). Ce Pluteus, presque identique à celui des Échinides, n'en diffère que par l'absence de baguettes anales, d'épaulettes et d'auricules.

La transformation en l'adulte se fait aux dépens d'une portion seulement du Pluteus (C) : deux épaississements donnent le disque anal (côté droit) et le disque buccal (côté gauche) ; le squelette grandit et englobe les viscères ; l'anneau ambulacaire, *H*, envoie des prolongements dans les cinq bras qui naissent; la bouche ne se ferme pas et l'anus disparaît. Bientôt il ne reste plus autour de la petite Ophiure que le squelette du Pluteus, *sq* (D).

La métamorphose est *incomplète* chez l'*Amphiura squamata* qui est vivipare; la segmentation aboutit à un embryon ovale, à symétrie bilatérale, sans bande vibratile, se transformant directement en l'adulte à cinq rayons.

III. — ÉCHINIDES

Sauf quelques Échinides vivipares de l'hémisphère austral, tous les autres *présentent des métamorphoses complètes.*

La segmentation de l'œuf centrolécithe (fig. 74, A), un peu moins régulière que chez les Holothurides, *est totale et égale;* elle

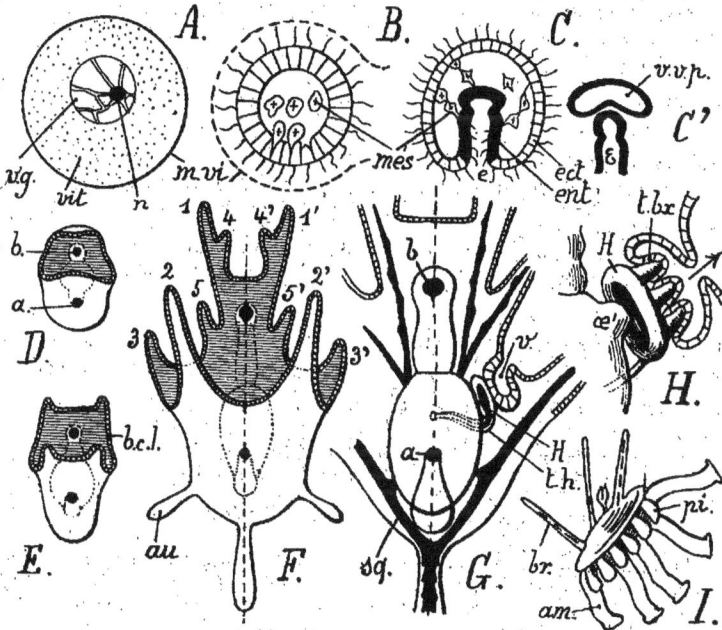

Fig. 74. — **Développement des Échinides.** — A; œuf avec sa vésicule germinative, *v.g*, son noyau, *n*, son vitellus, *vit*, et sa membrane vitelline, *m.vi.* — B; *blastula.* — C; C'; *gastrula* avec formation de la vésicule vaso-péritonéale, *v.v.p.* — D; E; F; **Pluteus;** *bc.l*, bande ciliée longitudinale; 1, 1' — 2, 2' — .... 5, 5', bras numérotés dans leur ordre d'apparition. — G; H; transformation en adulte et naissance du vestibule, *v.* — I; jeune Oursin; *br*, bras du Pluteus; *pi*, piquants.

aboutit à une *blastula* ciliée, dont la cavité de segmentation est grande; cette blastula (B) tournoie dans la membrane ovulaire et l'abandonne bientôt. Les blastomères sont épaissis au pôle végétatif; c'est là que, chez tous les Échinides, le mésenchyme, *més*, apparaît, *un peu avant l'invagination;* il remplit bientôt une grande partie du blastocœle et souvent se différencie en trabécules qui soutiennent l'entéron, lorsque la *gastrula embolique* (C) a pris naissance. Ensuite, comme chez le genre *Asterina*, la vésicule vaso-péritonéale, *v.v.p*, se sépare au sommet de l'entéron, s'aplatit et se divise en deux diverticules latéraux qui se placent symétriquement à droite et à gauche (fig. 71, *Ech*). Celui de droite devient l'entérocœle droit. Celui de gauche se scinde : sa partie supérieure donne l'hydrocœle qui émet le tube hydrophore et sa portion inférieure, l'entérocœle gauche. Puis l'entéron s'incurve, s'ouvre par la bouche sur la face ventrale et l'entéropore devient l'anus.

La jeune larve ciliée subit alors une *métamorphose* : les cils forment une bande trapézoïdale entourant la bouche qui s'est reportée à la partie supérieure (D); ensuite les quatre angles du trapèze cilié (1,1'-2,2'), puis les parties intermédiaires s'allongent (3,3' - 4,4' - 5,5'), donnent des bras ciliés cylindriques très longs, creux et inégaux, apparaissant par paires. Les spicules, *sq*, naissent dans le lobe anal sous forme de quatre baguettes calcaires qui s'enfoncent dans les bras 1,1' et 2,2'; des spicules plus longs prennent naissance à l'intérieur de ces appendices et se placent dans le prolongement des premiers. La larve a alors l'aspect bien caractéristique du **Pluteus** (F) qui peut se compléter par des expansions sur le lobe anal (*auricules, au*) ou à la base des bras (*épaulettes vibratiles*).

La forme du *Pluteus* varie avec les genres d'Oursins :

Échinidés. — Les 8 bras sont égaux, deux fois plus longs que le corps; le lobe anal est effilé; quatre épaulettes.

Cidaridés. — Les bras sont inégaux, ceux numérotés 2, 2' et 3, 3' étant les plus longs; deux auricules sur le lobe anal.

Clypéastroïdés. — Il y a six bras de la longueur du corps et un lobe anal tout rond.

Spatangoïdés. — Les bras sont égaux et longs comme le corps; la cinquième paire 5, 5' est caractéristique de ce groupe; trois auricules sur le lobe anal.

Le *Pluteus* se transforme ensuite en adulte. Lorsqu'il est muni de 6 bras, une invagination ectodermique se produit vis à vis de l'hydrocœle, à la base du bras gauche 3'. Cette invagination, appelée *vestibule, v* (G), ferme son orifice et coiffe l'hydrocœle, *H*; celui-ci devient une rosette et émet cinq diverticules ou tentacules péribuccaux, *t.bx*, qui soulèvent le fond de la cavité vestibulaire et sortent. Au milieu de ces tentacules, la bouche définitive, opposée de cette façon à l'anus qui ne bouge pas, se perce et s'unit à l'entéron par un nouvel œsophage traversant l'anneau hydrophore. La vieille bouche disparaît, les bras tombent, les canaux ambulacraires se forment, ainsi que les premiers et volumineux ambulacres, *am*; les pédicellaires et les radioles prennent naissance. Le jeune Oursin est constitué (I).

En somme, la transformation du Pluteus en l'adulte s'opère avec perte des bras et d'une partie du tube digestif (œsophage et bouche). L'axe du corps de l'adulte (*métasome*) fait un angle droit avec l'axe du corps larvaire (*prosome*).

IV. — CRINOÏDES

On ne connaît que le développement de la Comatule (*Antedon rosaceus*), Néocrinoïde ne présentant pas de pédoncule à l'état adulte. La *segmentation égale* de l'œuf aboutit à une *blastula*, puis à une *gastrula invaginata* (fig. 75, A) ; le mésenchyme, *més*, prend naissance immédiatement après la gastrulation (comme chez les Synaptes et les Astéries), aux dépens de l'entoderme. Ensuite, l'entéropore se ferme (B), et l'entéron transformé en vésicule isolée, ε, se scinde, dès le troisième jour du développement, en un sac *inférieur* et un sac *supérieur* (C). Le *sac supérieur* donne l'hydrocœle, *H*, muni de son tube hydrophore, *t.h*, et bourgeonne en avant une vésicule se séparant de bonne heure pour former l'intestin, *In*. Le sac *inférieur* donne deux entérocœles (droit, *Ed*, et gauche, *Eg*) qui subissent un mouvement de rotation de sorte qu'on les retrouve placés, un peu plus tard, comme l'indique la figure E.

Au septième jour du développement, la larve sort de la coque ovulaire et nage; elle est ovale (D), possède 4 couronnes de cils, une cupule adhésive terminale, *cu.ad*, et une cupule ventrale, *v*: c'est la phase de **Pupe.**

Cette Pupe est bien différente de la Pupe des Holothurides, car elle présente déjà les articles de son pédoncule, deux rangées de cinq plaques (*orales et basales*, *p.o* et *p.b.*) et elle ne fait pas suite à une phase Auricularia.

Bientôt la Pupe se fixe par sa cupule adhésive et ses cils vibratiles tombent. La cupule ventrale ou *vestibule*, *v*, se creuse, se ferme, s'enfonce à l'intérieur du corps et s'applique contre l'hydrocœle en forme de cornue; celui-ci se transforme en rosette, émet cinq prolongements tentaculaires (F) qui soulèvent la paroi inférieure du vestibule (G), brisent régulièrement la paroi

supérieure entre les cinq plaques orales, et se ramifient au
dehors. Le tube hydrophore, *t.h*, s'unit en son milieu à l'entérocœle gauche, *Eg*, et la communication de l'hydrocœle avec
l'extérieur, qui était directe autrefois, devient ainsi indirecte.
L'entérocœle droit, *Ed*, entoure, comme d'un manchon, une grande
partie de l'intestin et envoie un diverticule dans la région infé-

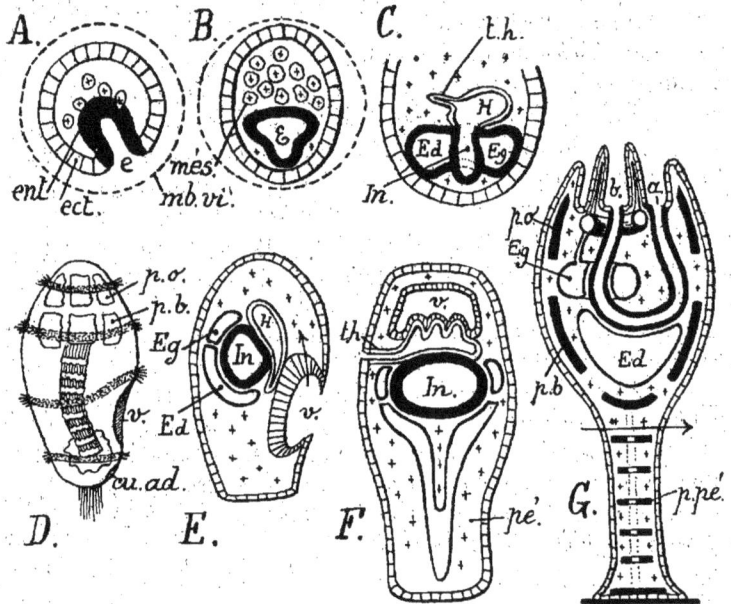

FIG. 75. — **Développement des Crinoïdes :** *Antedon rosaceus*. — A ; *gastrula*. — B ; C ;
l'entéron, ε, s'isole et se scinde en entérocœles, hydrocœle et intestin. — D ; **Pupe.** —
E ; F ; G ; passage de la Pupe à la *larve Cystidée*. — La flèche indique l'endroit où le calice
se séparera du pédoncule.

rieure du corps. Cette région s'allonge et se transforme en *pédoncule*, *pé*, au fur et à mesure que seize plaques environ, *p.pé*,
prennent naissance autour d'un cordon mésenchymateux axial ;
la première plaque apparue est large : c'est la *plaque basilaire*. —
L'intestin, *In*, ovale au début, s'allonge, se contourne et l'une de
ses extrémités s'ouvre au milieu des tentacules (bouche, *b*),
pendant que l'autre (anus, *a*) s'ouvre en dehors. La bouche et
l'anus sont donc ainsi contigus.

A ce moment, la larve fixée possède un calice et un pédoncule,
des plaques orales et basales, ainsi que des articles pédonculaires,

une bouche et un anus contigus, un anneau ambulacraire et un tube hydrophore. Elle porte le nom de **larve Cystidée** et est *caractérisée par l'absence de bras.*

Peu après, cette larve fait place à la **larve Pentacrinoïde :** en face chaque plaque radiale, des expansions de la paroi du corps fournissent les bras qui se munissent de diverticules de la cavité générale et de la rosette ambulacraire. Cinq canaux du sable et cinq orifices se forment.

L'animal perd ensuite son pédoncule ; les canaux du sable se modifient, la glande ovoïde se développe aux dépens de l'entérocœle droit, les plaques basales se soudent et forment la cavité de l'organe cloisonné qui envoie des canaux dans les cirres nouvellement nés ; les plaques orales disparaissent. La jeune Comatule formée n'a plus qu'à grandir pour devenir adulte.

Ce développement très intéressant nous a montré un état fixé transitoire (*stade pentacrinoïde*), qui est l'état permanent de tous les autres Crinoïdes.

En résumé, les Crinoïdes présentent dans leur développement des caractères tout à fait spéciaux : *forme ovoïde de l'intestin* après fermeture de l'entéropore ; *naissance directe de l'hydrocœle* sur l'entéron ; *renversement des organes*; *phase pupale* non précédée d'une forme larvaire telle que l'Auricularia des Holothurides.

Ces caractères sont dus à l'*abréviation du développement*, à la *proximité de la bouche et de l'anus* et à l'*allongement du pôle aboral* de la larve en un *pédoncule.*

V. — HOLOTHURIDES

Étudions d'abord le développement de la *Synapta digitata* qui a lieu avec *métamorphose complète.*

La *segmentation totale et égale* de l'œuf donne une *blastula* ciliée, à cavité de segmentation très grande, *c.s*, tournant dans la membrane vitelline, *mb.vi* (fig. 76, A). Bientôt mis en liberté, l'embryon devient une *gastrula invaginata* et perd ses cils. L'entéron (B) envoie dans la région dorsale un diverticule étroit (tube hydrophore, *t.h*) qui s'ouvre au dehors (pore dorsal) ; il s'incline ensuite du côté ventral, s'accole à la paroi ectodermique et la bouche s'ouvre. L'entéropore devient ainsi l'anus et remonte sur la face ventrale, le mésenchyme se forme aux dépens des cellules protentodermiques supérieures.

La larve, dont les cils se disposent suivant une ligne quadran-
gulaire entourant l'orifice buccal, prend alors sa première forme
larvaire (C), développe peu après sa couronne ciliée (D), qui se
contourne, en prenant l'apparence d'une oreille : c'est le stade
Auricularia (E). Puis la bande ciliée, *b.c.l*, se découpe en segments qui se ferment, dessinent cinq couronnes également dis-
tantes, parallèles entre elles et perpendiculaires à l'axe de la larve.
L'*Auricularia* s'est ainsi transformée en **Pupe** (F).

Pendant ce temps des modifications internes se produisent :
de l'entéron se détache une vésicule vaso-péritonéale qui se scinde

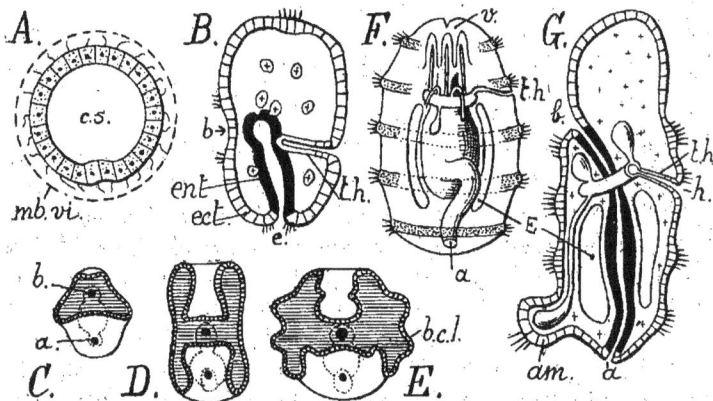

Fig. 76. — Développement des Holothurides : *Synapta digitata.* — A; *blastula* ciliée. —
B; *gastrula ;* la bouche, *b,* va s'ouvrir. — C; D; E; *Auricularia.* — F; *Pupe.* — G; jeune
larve de *Cucumaria doliolum. — E,* entérocœles; *h,* hydropore.

en deux entérocœles et un hydrocœle. — L'hydrocœle se place
à la base de l'œsophage, s'allonge en un anneau péri-œsophagien,
et envoie cinq digitations vers le bas (canaux ambulacraires), cinq
vers le haut (canaux tentaculaires) et forme la vésicule de Poli.
Les cinq diverticules dirigés vers le haut rencontrent la *zone
vestibulaire, v,* à bourrelets saillants et rétractiles, qui s'est creusée
au pôle supérieur ; ils s'allongent, font saillie au dehors, se ramifient et donnent les cinq tentacules primaires. — Le tube hydrophore, *t.h,* forme sa plaque madréporique, puis se coupe entre
elle et la paroi ; la plaque flotte alors dans la cavité générale. —
Les bandes vibratiles disparaissent, les plaques calcaires prennent
naissance dans le somatomésenchyme; deux gros ambulacres, *am,*
se forment à la partie inférieure et l'embryon, devenu adulte,
tombe au fond de l'eau et marche (G).

La *métamorphose* de la *Synapta digitata* est donc *complète*, mais peu accentuée (aucune production de bras) et caractérisée par les états d'*Auricularia* et de *Pupe*.

D'autres Holothuries (*Cucumaria doliolum* et *Holothuria tubulosa*)présentent des *métamorphoses moins complètes*; il y a absence de l'*Auricularia*, car de suite les cils se disposent en cinq cercles donnant l'aspect de *Pupe*.

Chez ces deux espèces, le mésenchyme apparaît tout à fait au commencement de la gastrulation; la formation de l'hydrocœle et des entérocœles se rapproche du procédé général des Échinodermes (fig. 71, *Hol.*).

Enfin certaines Holothuries vivipares (*Psolius brevis*) ne présentent *pas de métamorphoses* et l'embryon donne directement l'adulte.

ARTHROPODES

Généralités. — La **reproduction** des Arthropodes est toujours **sexuée**. Les ovules, riches en vitellus nutritif, (sauf chez quelques Entomostracés : *Moina*) sont du *type centrolécithe* et subissent une segmentation régulière en général, aboutissant à une *périblastula* (Voir p. 44, fig. 36). Les blastomères inférieurs se délimitent et produisent activement du mésenchyme suivant deux bandes parallèles à l'axe de l'embryon qui s'est allongé ; il se forme ainsi deux ébauches courbes protentodermiques qui, se dirigeant vers la partie centrale, se rencontrent et se réunissent en un entéron formé d'entoderme, dont le vitellus intérieur se résorbe. En même temps, aux extrémités de l'embryon naissent deux invaginations ectodermiques qui deviennent le stoméon (*intestin antérieur*), le proctéon (*intestin postérieur*) et s'accolent à l'entéron (*intestin moyen*). Le *mésoderme* dérive des ébauches protentodermiques et forme deux bandelettes qui se divisent en segments ; cette segmentation n'a aucun retentissement sur les organes internes et diffère complètement de celle des Annélides que nous verrons plus loin (page 136).

L'embryon est formé ; pour devenir adulte, il subit en général, malgré l'abondant vitellus de l'œuf, des *métamorphoses externes* (sauf chez les Arachnides) qui se manifestent par des *mues périodiques de la cuticule* et par l'apparition des appendices *d'avant en arrière*. Ces changements larvaires sont rudimentaires chez les Édriophthalmes, les Thysanoures et les Orthoptères, très compliqués chez les Crustacés et les Insectes. Quelquefois les *métamorphoses sont internes* (Arachnides, *Astacus*).

Voyons maintenant comment vont naître les organes de l'adulte :

1° Organes d'origine ectodermique. — *Paroi du corps.* Les cellules ectodermiques sécrètent un plateau chitineux externe, puis deux couches cuticulaires et une membrane basale les séparant du derme dont l'origine est mésodermique. La carapace commence à se former dès les premiers stades embryonnaires ; aussi pour grandir, l'animal doit-il la briser et en produire une autre, c'est-à-dire subir une *mue*.

Appendices tégumentaires. — Ce sont souvent de simples expansions symétriques qui enveloppent le corps, et qu'on désigne sous le nom de *manteau* chez les Ostracodes, les Branchiopodes et les Cirripèdes ; chez les Kentrogonides, le manteau provient du clivage de l'ectoderme.

D'autres évaginations ectodermiques, munies de cellules mésodermiques, naissent par paires sur le corps, se divisent en articles et deviennent les *pattes* ; les *ailes* proviennent d'expansions en forme de lamelles, servant à la respiration ; le *labre* des Insectes est une production impaire.

Appareil respiratoire. — La *branchie* est une patte à cuticule peu épaisse et naît comme un appendice ; la *trachée* provient, d'après Kowalevsky, d'une invagination tégumentaire et n'est pas d'origine mésodermique, comme on le soutenait autrefois.

Appareil excréteur. — Il procède toujours de dépressions tégumentaires ou d'annexes du proctéon (Tubes de Malpighi).

Système nerveux. — Chez les *Crustacés*, il apparaît de très bonne heure entre les deux ébauches protentodermiques sous forme d'un *cordon ectodermique impair*, médian et ventral, et donne peu après deux chaînes latérales parallèles, sauf chez les Entomostracés où le cordon reste simple. Il prolifère de la bouche à la partie postérieure et se scinde ensuite en cerveau, collier œsophagien et moelle ventrale.

Les *Insectes* n'offrent pas de cordon impair ; de suite, les deux cordons ventraux apparaissent dans la région antérieure ; la portion nerveuse céphalique se scinde en trois renflements : *protocérébron*, *deutocérébron* et *tritocérébron*.

Le protocérébron transforme sa portion ectodermique externe en une plaque optique énorme et sa partie interne en cellules nerveuses qui constituent : la masse médullaire externe, le chiasma externe, la lame ganglionnaire (1er lobe) ; la masse médullaire interne, le chiasma interne, le nerf optique (2e lobe) ; une masse intermédiaire (3e lobe).

Organes des sens. — On ne connaît bien que le développement des *yeux simples* qui proviennent du clivage ou d'une invagination de deux assises ectodermiques : l'externe fournissant la cornée, le corps vitré, le cristallin ; l'interne se mettant en relation avec le cerveau et produisant les cellules rétiniennes.

La formation de l'*œil composé*, dont l'ébauche est la plaque optique, est encore peu élucidée.

Tube digestif. — En général, le stoméon et le proctéon sont très grands et réunis par l'entéron, qui est d'origine entodermique. Chez les Crustacés, l'entéron ne donne pas l'intestin moyen, mais seulement le foie ; leur tube digestif est tout entier d'origine ectodermique.

Le *stoméon*, formant l'intestin antérieur (œsophage et estomac), développe comme annexes les *glandes salivaires*, fort complexes chez les Arachnides et les Insectes, et les *glandes séricigènes*, servant à former le cocon de quelques Lépidoptères.

Le *proctéon* devient l'intestin postérieur et fournit les *canaux de Malpighi*.

2° **Organes d'origine mésodermique.** — Le mésoderme est creusé, dans la région dorsale, de cavités cloisonnées (*cœur et artères*) qui se remplissent de sang incolore ou hémolymphe. Il forme de plus les fibres musculaires striées et, à l'aide des dernières cellules vitellines, le *corps adipeux dorsal* que l'on rencontre surtout chez les larves. — Les *ovaires* et les *testicules*, les *oviductes* et les *canaux déférents* ont des ébauches mésodermiques paires, symétriques par rapport au tube digestif, qui se réunissent (chez les Insectes) à des involutions ectodermiques constituant le vagin, l'utérus, le réceptacle séminal, la poche copulatrice, etc.

I. — CRUSTACÉS

Les Crustacés, unisexués en général, ne présentent de cas d'*hermaphroditisme* que chez les Cirripèdes, les Kentrogonides et quelques Isopodes parasites (Cryptonisciens et Entonisciens). — La *parthénogénèse* existe surtout chez les Branchiopodes. (Voir T. II, fasc. 2, p. 157.)

La segmentation de l'œuf (fig. 77, I, II, III, IV), est :

(I) *totale et égale*, (chez *Lucifer* seulement) ;

(II) *totale* au commencement et *superficielle* après (quelques œufs d'été de Cladocères ; Ostracodes ; Copépodes libres ; la plupart des Amphipodes ; quelques Décapodes : *Palæmon*) ;

(III) *superficielle* (œufs d'été de Cladocères, quelques Copépodes parasites; beaucoup d'Isopodes; *Penæus, Astacus*);

(IV) *discoïdale* (autres Copépodes parasites; Schizopodes).

Dans les modes (II) et (III) la segmentation superficielle peut se faire sur toute la périphérie de l'œuf à la fois ou débuter sur la face ventrale.

Le résultat de la segmentation est une *périblastula;* le blasto-derme entoure le deutolécithe (A) et donne naissance, sur la partie

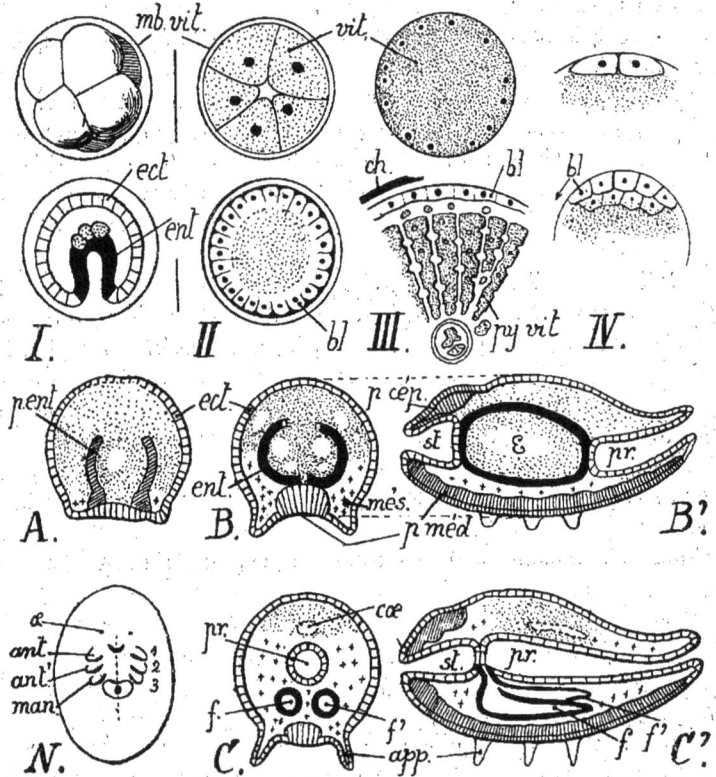

Fig. 77. — **Développement des Crustacés.** — Divers modes de segmentation : I ; totale et égale. — II ; totale et superficielle. — III ; superficielle. — IV ; discoïdale. — *bl,* blasto-derme ; *py.vit,* pyramide vitelline.
Formation du corps : A ; B ; C ; coupes transversales. — B′ ; C′ ; coupes longitudinales. — *p.cép,* plaque céphalique ; *p.méd,* plaque médullaire ; *cœ,* cœur.
N ; **Nauplius** d'Écrevisse. — *œ,* œil ; *ant, ant′,* antennes ; *man,* mandibules.

médiane et ventrale, aux ébauches nerveuses, sous forme d'une plaque céphalique (partie antérieure) et d'une *plaque médullaire* (partie moyenne). De chaque côté de cette ébauche, le protento-derme, se forme, *p.ent,* donne naissance à l'entéron, ε (B, B′), qui disparaît comme intestin moyen et produit seulement les deux lobes hépatiques, *f,f'*(C, C'), débouchant par un seul orifice au point de rencontre du stoméon, *st*, et du proctéon, *pr*. Les appendices de l'embryon, *app*, apparaissent par paires, et lui donnent l'aspect métamérique, pendant que le mésoderme se différencie et forme les éléments musculaires et sanguins.

L'embryon s'entoure ensuite d'une cuticule; il est obligé de *muer*, c'est-à-dire de subir des *métamorphoses brusques*, pour pouvoir grandir. Les phases larvaires qui en résultent sont surtout nombreuses chez les Malacostracés Podophthalmes.

Cependant tous les Crustacés, tant Malacostracés qu'Entomostracés, présentent une **forme larvaire simple et fondamentale** : le **Nauplius**, caractérisé par 3 *paires d'appendices* : deux paires d'antennes, *ant, ant'*, et une paire de mandibules, *man*. (fig. 77, N et fig. 55, A).

I. — MALACOSTRACÉS

Décapodes. — La *segmentation est superficielle;* le blastoderme se forme *sur toute la périphérie à la fois* (chez la plupart des Décapodes : *Astacus, Penæus*, etc.) ou *débute sur le côté ventral* de l'œuf (*Homarus, Palæmon*).

Chez le *Lucifer*, la segmentation *totale et égale* aboutit à une *blastula*, puis à une *gastrula*. Ce cas est unique parmi les Crustacés.

Les phénomènes qui caractérisent ensuite la formation de l'embryon sont, chez l'*Astacus*, par exemple : l'apparition d'une *aire ventrale* se scindant en *deux lobes céphaliques* et *deux ébauches thoraco-abdominales* qui se fusionnent bientôt; un sillon gastrique annulaire se forme, puis disparaît; en arrière se développent les trois paires d'appendices et les yeux (*stade Nauplius*); les segments du corps naissent, la chaîne nerveuse se différencie d'avant en arrière, le bouclier céphalothoracique se développe entièrement, les branchies s'ébauchent et la jeune Écrevisse quitte l'œuf.

La transformation de l'embryon en adulte est rarement aussi simple. Le genre *Penæus* présente une évolution remarquable, aussi complète que celle des Schizopodes, l'embryon sortant de l'œuf à l'état de *Nauplius* pour prendre successivement les formes : *Métanauplius; Protozoé; Zoé; Mysis* et *Adulte*. Nous avons donné les dessins et les descriptions de ces formes larvaires (page 74).

Le genre *Sergestes* a un développement un peu moins compliqué : *Protozoé; Zoé; Acanthosoma; Mastigopus; Adulte.* L'Acanthosoma étant à peu près identique au Mysis du Penæus et le Mastigopus étant caractérisé par l'allongement abdominal, l'aplatissement du bouclier et l'extension de l'épine antérieure.

Tous les autres Décapodes quittent l'œuf au stade Zoé; ils présentent le stade Mysis avant de devenir adultes.

Notons encore quelques métamorphoses différentes :

1° Le *Palinurus* montre, entre le *Zoé* et le *Mysis,* une larve *Phyllosome* caractérisée par deux paires d'antennes, une paire de mandibules, deux paires de mâchoires, trois paires de pattes-mâchoires et cinq paires de pattes locomotrices.

2° Le Crabe présente après le stade *Zoé,* le stade *Mégalope* caractérisé par la réduction de deux pattes-mâchoires antérieures et la transformation du telson bifurqué en une plaque ovale.

3° L'*Astacus* offre une abréviation considérable du développement, puisque l'embryon sortant de l'œuf donne l'Adulte.

Schizopodes. — La segmentation est discoïdale; en général, les embryons possèdent tous leurs appendices quand ils quittent l'œuf (Ex. : *Mysis*). Pourtant le genre *Euphausia* présente les métamorphoses suivantes : *Nauplius* (3 paires d'appendices); *Métanauplius; Protozoé; Zoé; Furcilia* (les yeux deviennent pédonculés; 6 paires de pattes abdominales et 5 paires thoraciques naissent); *Cyrtopia* (les antennes prennent leur forme définitive); *Adulte.*

Stomatopodes. — L'embryon sort de l'œuf muni d'un céphalothorax avec grande pointe antérieure, et de 5 paires de pattes locomotrices; les yeux deviennent pédonculés et énormes, l'abdomen se segmente, les pléopodes apparaissent : c'est le stade *Erichthus,* très voisin de l'état adulte.

Édriophthalmes. — En général, la *segmentation est totale;* elle donne la *périblastula* typique à blastomères coniques. Quelques Édriophthalmes (*Oniscus, Porcellio*) dont les œufs sont à deutolécithe abondant, subissent une *segmentation discoïdale* avec cicatricule, aboutissant de même à la *périblastula.*

Après ce stade de *périblastula,* l'embryon des *Édriophthalmes libres* se façonne dans l'œuf, éclôt avec ses appendices et devient vite adulte; les métamorphoses sont donc à peu près nulles. — Au contraire, celui des *Édriophthalmes parasites* (Entonisciens) subit une transformation régressive assez forte, et n'atteint l'état adulte, caractérisé par une dissymétrie absolue, qu'après les phases *Cryptoniscienne* et *Phryxoïde.*

II. — ENTOMOSTRACÉS

L'œuf est à deutolécithe en général abondant, et subit une *segmentation discoïdale :* Cirripèdes et Copépodes parasites. Chez les Copépodes libres, les Ostracodes, le *Chondracanthus*, parmi les Copépodes parasites, la *segmentation est totale au commencement, discoïdale après.*

La forme larvaire typique, le *Nauplius*, se rencontre chez tous les Entomostracés, mais n'est pas suivie de métamorphoses, car ces animaux se contentent d'accroître le nombre de leurs appendices pour devenir adultes. Les Kentrogonides qui sont parasites font exception, car le nombre des pattes diminue.

Copépodes libres. — De l'œuf sort un *Nauplius* (3 paires de pattes, œil impair); *mue* (genèse d'une paire de pattes); *Métanauplius* (genèse de 3 paires de pattes); *Cyclops* (le céphalothorax apparaît); après *deux mues* successives l'*Adulte.*

Copépodes parasites. — Entre le *Nauplius* et l'*Adulte*, nous ne trouvons que le stade *Cyclops*, état auquel s'arrêtent les mâles.

Ostracodes. — Le *Cypris* montre un stade *Nauplius*, tandis que le *Cythère* n'en présente pas.

Branchiopodes. — Les Cladocères n'ont pas du tout de métamorphoses, tandis que les Phyllopodes sortent de l'œuf au stade *Nauplius.*

Cirripèdes. — Par contre, chez ces animaux *fixés*, les métamorphoses sont nombreuses: *œuf; Nauplius* (à carapace bivalve); *Métanauplius* (muni de 8 paires de rames natatoires); *Cypris* (stade caractérisé par la glande antennaire qui sert à la fixation de l'animal); *mue* et *Adulte.*

Kentrogonides. — Les métamorphoses sont remarquables : *Œuf; Nauplius; 4 mues; Cypris; Kentrogone; Adulte.* (Voir fasc. 2, p. 139.)

II. — ARACHNIDES

Les œufs des Arachnides sont, en général, riches en deutolécithe; le développement des embryons a lieu tout entier (sauf chez les Acariens) à l'abri des enveloppes ovulaires, et se fait avec métamorphoses. Le nombre des appendices de l'adulte est toujours plus petit que celui de la larve (6 paires en moins chez le Scorpion, 4 chez l'Araignée).

Scorpionides. — La segmentation de l'œuf méroblastique

(fig. 78) est *discoïdale* (A) et forme *lentement* le blastoderme qui entoure l'œuf, pendant que les feuillets commencent à se différencier. Sur la partie médiane ventrale, l'épaississement blastodermique (B) produit : *en dehors*, une séreuse, *sé*, enveloppant l'embryon ; *en dedans*, une membrane amniotique, *am*, un ectoderme épais, *ect*, et un entoderme plus mince, *ent*; le mésoderme, *més*, prend naissance entre ces deux derniers feuillets, sous forme de deux lames symétriques, séparées par le

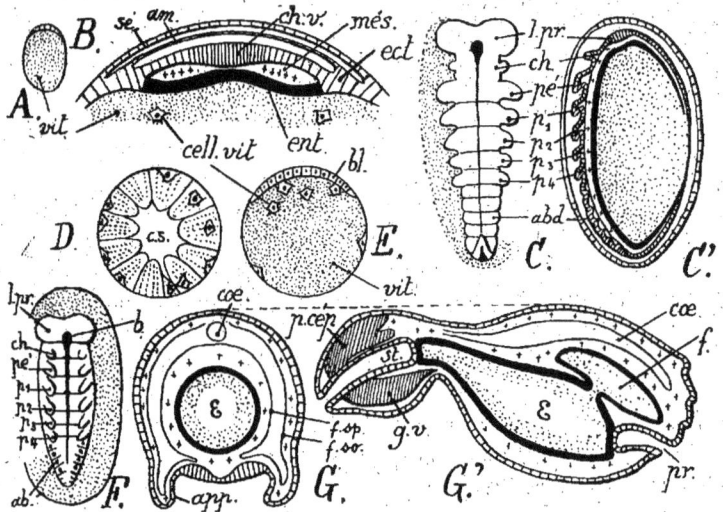

FIG. 78. — Développement des Arachnides.

A; B; C; C' : Développement de l'*Euscorpius italicus*. — *vit*, vitellus; *cell.vit*, cellules vitellines; *ch.v*, chaîne nerveuse ventrale.

D; E; F; G; G' : Développement de *Theridium maculatum*. — *p.cép*, plaque céphalique; *g.v*, ganglion ventral; *st*, stoméon; *pr*, proctéon.

bourrelet de la chaîne nerveuse ventrale, *ch.v*. En même temps l'embryon s'allonge, se contourne dans l'œuf, se scinde (C,C'), produisant : *en avant* un volumineux lobe procéphalique, *l.pr*, suivi de six anneaux céphalothoraciques avec appendices (chélicères, *ch*; pédipalpes, *pé*; 4 paires de pattes locomotrices, p_1, p_2, p_3, p_4); *en arrière* un abdomen, *abd*, bientôt partagé en 12 segments; les 6 premiers de ces segments se munissent d'appendices qui disparaissent peu après, l'abdomen gardant quand même sa segmentation.

Pseudoscorpions. — La segmentation totale de l'œuf du *Chelifer* produit, dès le stade 8, un amas de petites cellules périphériques devenant le blastoderme ; les appendices naissent comme dans le cas précédent. Il faut remarquer ici la production, entre les pédipalpes, d'un organe larvaire impair et provisoire en forme de trompe, dont l'animal se sert pour vivre à demi en parasite dans le corps de sa mère. — Les Pseudoscorpions quittent leur coque ovulaire plus tôt que les autres Arachnides.

Aranéides. — L'œuf de *Theridium maculatum* est entouré d'un chorion épais et sa segmentation *totale* d'abord en D (avec petite cavité blastocœlienne provisoire, *c.s*), *superficielle* ensuite, se fait plus activement à un pôle (E). Là se forme un cumulus primitif et un bourrelet qui donnent un *lobe procéphalique*, *l.pr* (F) et une *plaque ventrale* à deux ou trois assises de cellules, bientôt divisée en *six segments* devenant : les chélicères, *ch*, les pédipalpes, *pé*, et 4 paires de pattes ambulatoires, p_1, p_2, p_3, p_4. A la suite prennent naissance 4 paires d'*appendices provisoires*, *ab* ; le corps se termine par 6 segments ne portant jamais rien.

Par sa face en contact avec le vitellus, la plaque ventrale fournit les ébauches nerveuses et le mésoderme des appendices, *app*. Ce dernier se dispose tout le long du corps en deux feuillets somatique, *f.so* et splanchnique, *f.sp* (G), qui contribuent à la formation du cœur, *cœ*, dans la région dorsale. L'entoderme, d'origine peu connue, prend naissance à l'intérieur et donne l'entéron, ε (G'), qui devient l'intestin moyen très développé et le foie, *f* ; le stoméon s'ouvre à la base du lobe procéphalique et le proctéon à l'extrémité de l'abdomen. Sur le lobe caudal apparaissent plus tard les mamelons fileurs.

Acariens. — La *segmentation totale* de l'œuf chez *Myobia musculi*, parasite de la Souris, donne un blastoderme s'épaississant en une plaque ventrale. Celle-ci se divise en 6 segments et sur les 5 premiers prennent naissance 5 paires d'appendices : chélicères, pédipalpes et 3 paires de pattes locomotrices.

Par suite d'une mue, les pattes locomotrices disparaissent, les chélicères et les pédipalpes se fusionnent en une *trompe* et une membrane cuticulaire se forme. Une nouvelle mue se produit un peu après, accompagnée d'une deuxième cuticule et de 6 pattes. L'*embryon hexapode* quitte alors ses membranes (*deutovum*), transforme sa trompe en chélicères et pédipalpes, puis se munit de sa quatrième paire de pattes pour devenir adulte.

Le *Tyroglyphus* du fromage subit également deux mues. L'*Atax Bonzi*, parasite de l'*Unio*, a des métamorphoses encore plus compliquées.

III. — ONYCHOPHORES

L'embryon du *Peripatus* effectue son *entier développement dans l'utérus maternel* qui forme autour de lui une vésicule incubatrice, l'enveloppe d'un *amnios* et le soulève au milieu de la cavité à l'aide d'un *placenta* et d'un *cordon placentaire* (fig. 79, A). Cet amnios, *am* et ce placenta, *pl. emb*, qui n'ont pas la même signification que chez les Vertébrés, disparaissent un peu après.

L'œuf du *Peripatus novæ Zælandiæ* subit une *segmentation superficielle* ; elle est *totale et égale* chez le *Peripatus Edwardsii*; l'embryon, au stade 32, forme une masse pleine qui remplit la cavité utérine et qui est divisée en protectoderme et protentoderme; ce dernier feuillet se creuse d'un entéron, *e* (B), bientôt allongé et terminé par une bouche et un anus (C). En même temps, l'embryon forme ses lobes céphaliques et ses antennes, *an*, se segmente d'avant en arrière et s'enroule sur lui-même (D). Les segments s'élargissent, se munissent de cinq

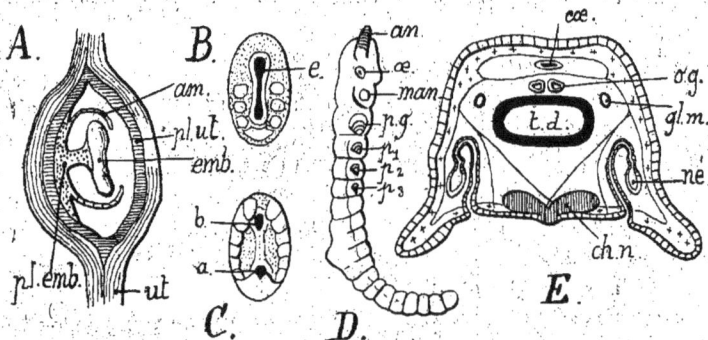

Fig. 79. — **Développement du Péripate.** — A; embryon, *emb*, contenu dans l'utérus maternel, *ut*; *pl.ut*, placenta utérin. — B; C; plaque ventrale vue de face. — D; embryon plus âgé; *œ*, œil. — E; coupe transversale; *cœ*, cœur; *gl.m*, glandes mucipares.

paires d'appendices qui deviennent : la première les mandibules, *man*; la seconde les pattes glandulaires, *p.g*; les 3 autres, les pattes locomotrices, p_1, p_2, p_3.

Pendant que la forme extérieure du corps se précise, les *cordons nerveux* ventraux, *ch. n* (E), apparaissent comme épaississements ectodermiques qui s'individualisent, s'entourent de mésoderme et produisent, en face des pieds, les plaques appelées organes ventraux.

L'appareil respiratoire provient de l'ectoderme et se constitue comme l'appareil excréteur.

Les *organes segmentaires*, *né* (E), naissent à la base des pattes sous forme d'invaginations ectodermiques contournées, allant déboucher dans un entonnoir d'origine moitié ectodermique et moitié mésodermique.

Les *glandes salivaires* sont, au début, deux simples néphridies dont les entonnoirs se ferment pour constituer les vésicules glandulaires, et dont les tubes excréteurs se réunissent en un seul.

Les *organes génitaux*, *o.g*, se forment dans la région postérieure du corps, sur l'avant-dernier segment muni d'appendices; ils ont tout d'abord deux orifices distincts, plus tard réunis en un seul. Un court canal constitue le vagin ou le conduit éjaculateur.

En résumé : *le Péripate présente les caractères des Trachéates* (trachées et glandes salivaires) *et les caractères des Annélides* (organes segmentaires et glandes coxales).

IV. — MYRIAPODES

Les Myriapodes sont ovipares; ils offrent des *métamorphoses plus complètes chez les Chilognathes que chez les Chilopodes*, accompagnées de mues, de genèse d'appendices, etc... Presque tous les embryons de Myriapodes quittent leurs enveloppes ovulaires avec 3 paires de pattes.

Chilopodes. — Seules les Scolopendres sont vivipares et n'ont pas de métamorphoses.

L'œuf du *Geophilus ferrugineus* subit une *segmentation totale* (fig. 80, A); le blastoderme, *bl,* entoure les cellules vitellines centrales, *vit* (B), s'épaissit sur la face ventrale et donne d'*avant en arrière* les segments munis d'appendices : antennes, *an*; mandibules, *man*; mâchoires, *mx₁, mx₂*; pattes locomotrices. L'embryon se contourne dans l'œuf (D, D'); la bouche, *st,* l'anus, *a,* et les tubes de Malpighi, *t. m,* apparaissent. Quand le nombre des appendices est devenu de 40 à 50, le crochet venimeux se forme, et l'embryon brise sa coque ovulaire.

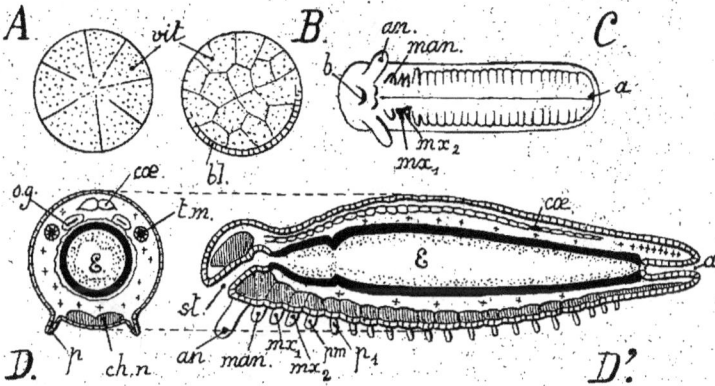

Fig. 80. — **Développement des Myriapodes** : *Geophilus ferrugineus.* — A ; B ; segmentation totale et épaississement du blastoderme sur le côté ventral. — C ; embryon vu de face. — D ; D' ; coupes transversale et longitudinale de l'embryon déroulé ; *o.g,* organes génitaux ; *cœ,* cœur ; *ch.n,* chaîne nerveuse.

Le *Lithobius* naît avec 10 paires d'appendices : antennes, mandibules, 2 paires de mâchoires, 6 paires de pattes locomotrices.

Chilognathes. — La segmentation de l'œuf est *totale* chez *Strongylosoma Guerinii, Polyxenus lagurus, Iulus Monoletei.* Elle est *partielle* chez les autres, car le vitellus y est très abondant.

Quand le blastoderme est formé, un sillon apparaît sur la face ventrale; les antennes, les mandibules, *une paire* de mâchoires se montrent, ainsi que les paires d'appendices locomoteurs; l'anus et la bouche se forment.

Le *Strongylosoma* éclôt avec 9 paires de membres : antennes, mandibules, une paire de mâchoires, 3 paires de pattes locomotrices, 3 paires d'ébauches. Les embryons d'Iules naissent avec 10 paires d'appendices.

V. — INSECTES

I. Formation de l'embryon. — L'œuf *centrolécithe,* à *vitellus abondant,* subit une *segmentation partielle* sans cicatricule, qui aboutit à un *blastoderme externe* entourant le deutolécithe, et à un *blastoderme interne* avec éléments épars. Le blastoderme externe forme une *plaque ventrale* (fig. 81, A,A') se creusant d'une *gouttière germinative, g,* qui se ferme et s'étale en *deux bandelettes* symétriques, en grande partie mésodermiques (B); les portions internes composant l'entoderme, *ent,* s'avancent à l'intérieur du vitellus et se soudent en un entéron (intestin moyen et foie). Le mésoderme se développe surtout dans les régions où les appendices prendront naissance et acquiert une *fausse métamérisation*.

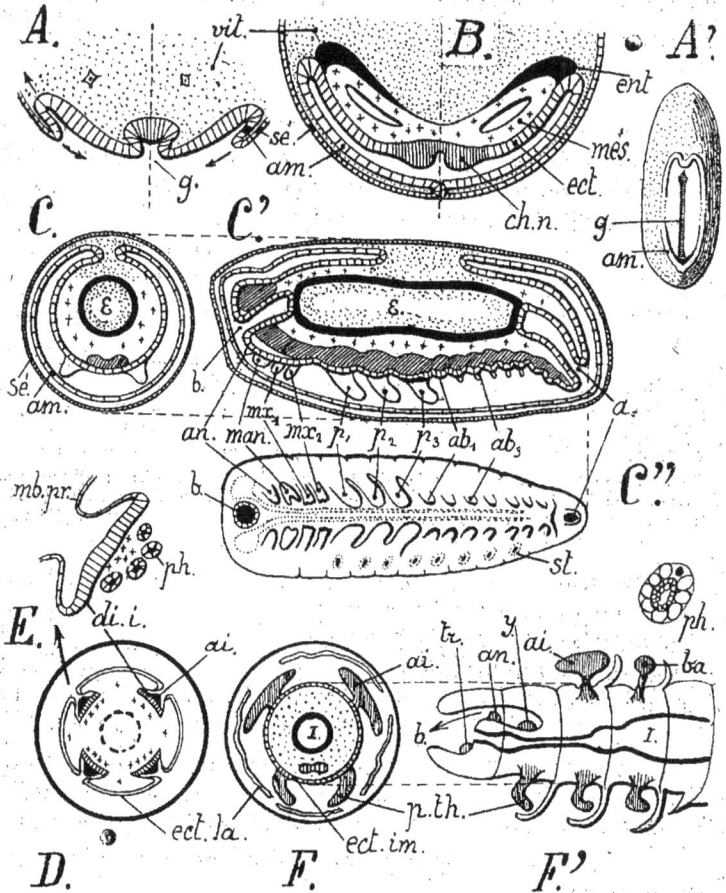

F_IG. 81. — **Développement des Insectes.** — A′; œuf vu de face, montrant la plaque ventrale munie de la gouttière germinative et de l'amnios. — A; B; coupes transversales; en B, la séreuse et l'amnios se rejoignent sur la ligne médiane. — C; C′; coupes transversale et longitudinale de l'embryon entouré de ses enveloppes. — C″; embryon vu de face; *st*, stigmates.

D; F; F′; formation des disques imaginaux, *di.i,* et des organes adultes chez les Muscides. — E; disque imaginal; *mb.pr*, membrane provisoire; *ph*, phagocytes.

En même temps l'*amnios* apparaît, de part et d'autre de la gouttière et tout le long de l'embryon, sous forme de deux bourrelets externes qui, arrivés au contact, se soudent, *am* (A,A′);

sa paroi externe, en continuité avec le blastoderme dorsal, forme une *séreuse, sé*. La cavité amniotique, comprise entre l'ectoderme et l'amnios, s'étend sur la face opposée et l'embryon est bientôt entouré de deux enveloppes en relation avec lui seulement par une étroite portion dorsale (C,C').

La plaque ventrale produit à ses extrémités les invaginations du *procléon* et du *stoméon* qui forment la *bouche, b* et l'*anus, a*; son ectoderme se renfle en deux bourrelets symétriques donnant les ébauches de la *chaîne nerveuse, ch.n.* En même temps les *appendices* naissent d'une façon irrégulière : ce sont les antennes, *an*, les mandibules, *man*, les mâchoires, mx_1, mx_2 et les 3 paires de pattes locomotrices, p_1, p_2, p_3. Souvent l'abdomen porte des appendices qui disparaissent plus tard (sauf chez les Lépidoptères où ils constituent les fausses pattes de la chenille).

Chez les Lépidoptères et les Hémiptères, le bourrelet qui donne naissance à l'amnios et à la séreuse est très épais et entoure l'embryon d'une lame vitelline. Chez l'Hydrophile, l'amnios et la séreuse se rompent sur la partie ventrale, se retournent et vont former dans la région dorsale une cavité bientôt fermée et limitée par la séreuse : c'est le *canal dorsal* qui s'enfonce dans le vitellus et vient se placer à l'intérieur du tube digestif, non encore fermé à ce moment. On ne trouve pas de canal dorsal chez la plupart des Lépidoptères et sans doute aussi chez les Hémiptères et les Hyménoptères.

II. Métamorphoses.
— L'embryon éclôt ensuite ; il brise son amnios (quand celui-ci n'est pas résorbé), sa séreuse, sa coque ovulaire et passe à l'état adulte.

(a) *Insectes amétaboliens.* — L'embryon sort complet de son œuf : il n'y a *pas de métamorphose* (**Thysanoures**).

(b) *Insectes hémimétaboliens.* — La larve ne diffère de l'adulte que par l'absence des ailes qui naîtront sous la cuticule. Les larves des Éphémères et des Libellules subissent beaucoup de mues et les ailes grandissent chaque fois : il y a donc *métamorphose incomplète* (**Hémiptères, Orthoptères, Pseudo-névroptères**).

(c) *Insectes holométaboliens.* — L'embryon doit subir une série de mues plus ou moins nombreuses avant de devenir adulte : il y a *métamorphose complète* chez les ordres suivants :

Coléoptères. — Les larves les plus simples existent chez les *Curculionides*, les *Cérambycides* et les *Bostrichides*; elles sont molles, ont des pattes petites ou nulles et ressemblent aux larves de Diptères. — Les *Lamellicornes* ont de grandes larves (*vers blancs*), à 6 paires d'appendices thoraciques, vivant trois ans pendant que l'adulte vit un été. — Presque tous les *Pentamères* ont, tout d'abord, une petite larve carnassière appelée *triongulin*; sa tête porte des ocelles, des antennes, des mâchoires très fortes; son thorax est muni de 3 paires de pattes terminées par des ongles acérés et son abdomen est segmenté. Ce triongulin se développe, perfectionne ses appendices par deux mues successives et passe à l'état de nymphe, puis d'adulte. — Les *Cantharidides* subissent une hypermétamorphose. (Voir T. II, fasc. 2, p. 169.)

Strepsiptères. — La larve du *Stylops*, munie d'appendices, pénètre dans le corps de la larve de l'Andrène (Hyménoptère), perd ses pattes et devient pupe; les larves femelles gardent cet état, tandis que les mâles se perfectionnent et quittent la larve d'Andrène.

Névroptères. — Les larves de *Myrmeleon* et de *Phryganea* sont décrites (T. II, fasc. 2, p. 179); elles ont une tête bien distincte munie d'antennes, d'ocelles et de mâchoires en pince.

Hyménoptères. — 1° *Vulnérants.* — Les larves apodes à petite tête des *Chasseurs* sont munies de fortes mâchoires et sont nourries de substances molles, de débris d'insectes (Vespides) ou d'animaux tués (Fouisseurs); les larves des *Formicides* sont nourries de matières sucrées; celles des *Mellifères*, de miel et de pollen.

Ces larves, après plusieurs mues, se transforment en nymphes qui, au préalable, s'entourent d'un cocon chez les Vespides et les Apides.

2° *Térébrants.* — Les *Phytophages* Tenthrédides et Siricides ont des larves molles appelées *fausses chenilles*. (Pour les Cynipides, voir T. II, fasc. 2, p. 185.)

Les *Entomophages* pondent leurs œufs dans les œufs ou les larves des Phytophages. C'est ainsi que le *Platygaster* dépose les siens dans la larve de la *Cecidomye* du blé; sa larve munie de pattes et de soies (larve *Cyclops*) mue, perd ses appendices, mue encore une fois et segmente son corps, puis devient pupe et, à cet état seulement, prend des pattes et des ailes. C'est encore ici un cas d'hypermétamorphose, avec modifications importantes dues au parasitisme.

Lépidoptères. — La métamorphose complète nous montre une *larve* appelée *chenille*, une **nymphe** appelée *chrysalide* et une *imago* dénommée *papillon*. La chenille est munie d'antennes, de 3 paires d'ocelles, de fortes pièces masticatrices, de 3 paires de pattes thoraciques et de 5 paires de fausses pattes placées sur les segments 3, 4, 5, 6 et 7 de l'abdomen. Elle se transforme ensuite en chrysalide : *suspendue* chez la Vanesse, munie d'*un fil* (chrysalide succincte) chez les genres *Pieris* et *Papilio*, d'un *cocon* chez le Bombyx.

III. Formation de l'adulte. — D'après ce que nous venons de voir, la *larve* a *une vie surtout nutritive*, puisque la nourriture est abondante; ses pièces buccales sont donc bien développées et ses membres conformés pour ramper. *Elle diffère essentiellement* de l'*adulte* qui possède un appareil buccal suceur le plus souvent, des pattes, des ailes, des yeux composés.

Une transformation insensible ne peut avoir lieu entre des organes larvaires et adultes si différents; c'est pourquoi pendant la période de repos ou de nymphe il y a : 1° *destruction* complète des organes larvaires (muscles, système nerveux, appareil digestif, trachées) qui subissent la *dégénérescence graisseuse* (**histolyse**); 2° *régénération* des tissus de l'imago (**histogénèse**).

Pour cela les phagocytes, chargés de matériaux organiques, se rendent en certains points de la cavité générale et s'introduisent dans l'épithélium des disques imaginaux.

Cette transformation s'opère lorsque la larve est devenue nymphe à l'état de vie latente : à ce moment, la résultante des forces extérieures équilibre celle des forces intérieures, comme nous l'avons vu (page 80).

Ces phénomènes d'histolyse et d'histogénèse sont surtout connus chez les Diptères et les Lépidoptères :

(a) *Développement de la forme extérieure du corps de l'imago.* — Chez les Muscides, à la fin de la vie larvaire, apparaissent sur le thorax (fig. 81, D) 6 paires de disques imaginaux, *di.i* (3 paires ventrales et 3 paires dorsales) sous forme d'invaginations très profondes de l'ectoderme larvaire, *ect.la.* Bientôt chaque disque se clive, donne une lame provisoire, *mb. pr* (E), qui s'écarte de la partie épaisse formant cupule. C'est du fond de ces cupules que s'élèvent des saillies qui deviennent sur la *face ventrale* les 3 paires de pattes thoraciques, *p.th* (F,F'); sur la *face dorsale* la paire antérieure de disques imaginaux s'atrophie, la seconde fournit les ailes, *ai* et la dernière les balanciers, *ba.* Puis les disques de chaque anneau s'élargissent, se rencontrent et forment le nouvel ectoderme de l'imago, *ect.im* (F).

La *tête* se forme chez la larve au-dessus de l'œsophage, puis se dévagine. 4 paires de disques imaginaux fournissent les antennes, *an*, les yeux composés, *y*, les pièces buccales (trompe, *tr*) et séparément l'ectoderme des faces supérieure et inférieure.

L'*abdomen* possède, sur chaque anneau, 6 disques imaginaux de taille inégale qui lui fournissent son ectoderme.

(b) *Développement des organes internes de l'imago.* — *Muscles.* — Le sarcoplasme des fibrilles a disparu, rongé par les phagocytes ; ceux-ci entourent le noyau qui s'est activement divisé et forment de *petites boules, dites à noyaux.* Les muscles de l'adulte tirent leur origine des cellules mésodermiques pressées contre le disque et entourées par les phagocytes.

Tube digestif. — Il a disparu en partie par l'histolyse. Il reconstitue sa portion moyenne à l'aide de cellules isolées de l'intestin moyen ancien, et ses parties antérieure et postérieure grâce à deux disques imaginaux circulaires placés, l'un en avant du proventricule chylifique, l'autre un peu en arrière du point d'insertion des tubes de Malpighi.

Les *glandes salivaires* de l'adulte naissent d'anneaux imaginaux disposés à leur base.

Trachées. — La larve possède une paire de stigmates postérieurs, la pupe une paire prothoracique, et l'imago 6 paires disposées sur le mésothorax, le métathorax et l'abdomen. Les changements sont donc considérables à ce point de vue.

NÉMATHELMINTHES

I. — CHÆTOGNATHES

L'œuf de la *Sagitta* est rond, riche en deutolécithe et entouré d'un chorion ; il subit une *segmentation totale et égale* aboutissant à une *blastula* régulière, puis à une *gastrula invaginata* (fig. 82, A) dont l'entéropore, *e*, se rétrécit et se ferme. Le protentoderme, *p.ent,* s'accole au protectoderme, produit deux bourrelets qui s'avancent dans l'entéron (B) portant chacun, à leur partie antérieure, deux cellules

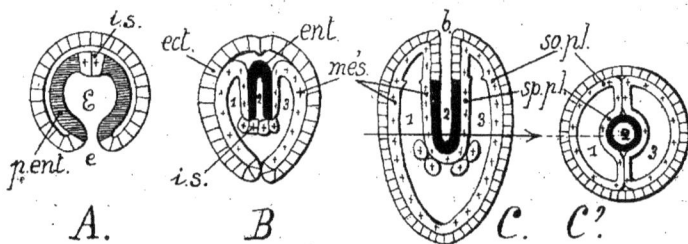

FiG. 82. — **Développement des Chætognathes** : *Sagitta hexaptera.* — A ; *gastrula invaginata.* — B ; fermeture de l'entéropore, *e.* — C ; C' ; coupes longitudinale et transversale de l'embryon.

génitales ou initiales sexuelles, *i.s.* Ces deux replis délimitent trois cavités, 1,2,3 ; les *deux latérales*, 1, 3, deviennent les cœlomes, séparés par des mésentères dorsaux et ventraux, et délimités par les feuillets (somatique, *so.pl* et splanchnique, *sp. pl*) du mésoderme ; ces cœlomes contiennent les cellules sexuelles. La cavité *médiane,* 2, se met en rapport avec une invagination ectodermique qui s'est produite au pôle supérieur et donne le tube digestif avec la bouche, *b* (C).

Puis l'embryon se courbe, son ectoderme ventral s'épaissit et devient la chaîne nerveuse ; l'anus se perce à la partie postérieure ; les initiales sexuelles donnent les glandes génitales ; la somatopleure forme les muscles et l'ectoderme exsude une cuticule. Alors seulement l'embryon presque adulte quitte l'œuf.

Le développement de la Sagitta est très remarquable, car : 1° les organes mésodermiques ont deux origines (les deux initiales sexuelles qui naissent dès le stade gastrula et la paroi de l'entéron) ; 2° le cœlome est formé directement par la cavité gastrulaire.

II. — NÉMATODES

Le développement des Nématodes, longtemps discuté, semble bien connu maintenant par celui de l'*Ascaris lumbricoides* dont l'œuf, petit et muni d'un épais chorion, subit une *segmentation totale et égale* aboutissant à une masse ovoïde de gros blastomères. Ceux-ci se divisent en petites cellules qui se délimitent en protectoderme et protentoderme ; le protectoderme devient l'ectoderme définitif et fournit les centres nerveux ainsi que la cuticule ; le protentoderme se creuse d'un cœlome circulaire délimitant : à l'*extérieur* le mésoderme, origine des produits sexuels et des muscles ; à l'*intérieur* l'entoderme. Ce dernier feuillet a la forme d'un cordon qui se perce d'une cavité (intestin) s'ouvrant à l'extérieur par ses deux extrémités (bouche et anus). L'embryon contourné dans l'œuf éclôt et subit des *migrations* dans les espèces parasites. (Voir T. II, fasc. 2, p. 206.)

PLATHELMINTHES

Généralités. — 1° **Reproduction sexuée.** — L'œuf est *simple*, c'est-à-dire formé d'un seul ovule, chez les Némertes et les Turbellariés Polyclades ; il est *composé* (cocon), c'est-à-dire contenant plusieurs ovules et beaucoup de cellules vitellines, chez les Turbellariés Triclades et Rhabdocœles, chez les Trématodes et les Cestodes. Il subit un **développement dilaté** ou **abrégé**, selon sa teneur en deutolécithe et donne un embryon entouré de membranes amniotiques (sauf chez les Turbellariés) ; cet embryon est *libre* (Némertes et Turbellariés) ou *parasite* (Trématodes et Cestodes) ; il subit des *migrations* fort variées dans ce dernier cas.

2° **Reproduction asexuée.** — Les Némertes ne la présentent jamais ; elle n'est importante que pour les Trématodes Distomiens qui sont entoparasites.

I. — NÉMERTES

Les Némertes ne présentent *jamais de reproduction asexuée*. Leurs œufs, *toujours simples*, offrent un **développement dilaté** ou **condensé**, *sans amnios* chez les Némertes armées, *avec amnios* chez les Némertes inermes.

1° **Développement direct sans amnios.** — Il est offert par les genres *Amphiporus* et *Tetrastemma*, ainsi que par le genre *Malacobdella* parmi les Némertes non armées.

Une *gastrula invaginata* se rencontre chez *Monopora vivipara* ; une *gastrula delaminata* est offerte par *Tetrastemma varicolor* et *Amphiporus lactifloreus*. Le développement des autres espèces présente une *blastula* ciliée qui prend un aspect vermiforme, devient libre et se munit de deux forts cils à la partie postérieure et à la partie antérieure, rappelant le stade Pilidium des autres Némertes.

2° **Développement avec amnios.** — Il est présenté par les Némertes inermes ; il est **dilaté** (*larve Pilidienne*) ou **légèrement condensé** (*larve de Desor*).

(a) *Larve Pilidienne* du *Lineus lacteus*. — Après une segmentation égale, se forme une *blastula* ciliée, avec un grand cil supérieur et de grosses cellules entodermiques, puis une *gastrula invaginata* (fig. 83, A). Cette gastrula, devenue libre par la rupture de la coque de l'œuf, *m.vi*, montre bientôt un entéron, qui s'incline et deux lobes buccaux ciliés, *l. b*, très grands, de chaque côté du blastopore allongé (B,B'). La larve offre, à ce moment, une symétrie bilatérale bien nette et a reçu de John Müller le nom

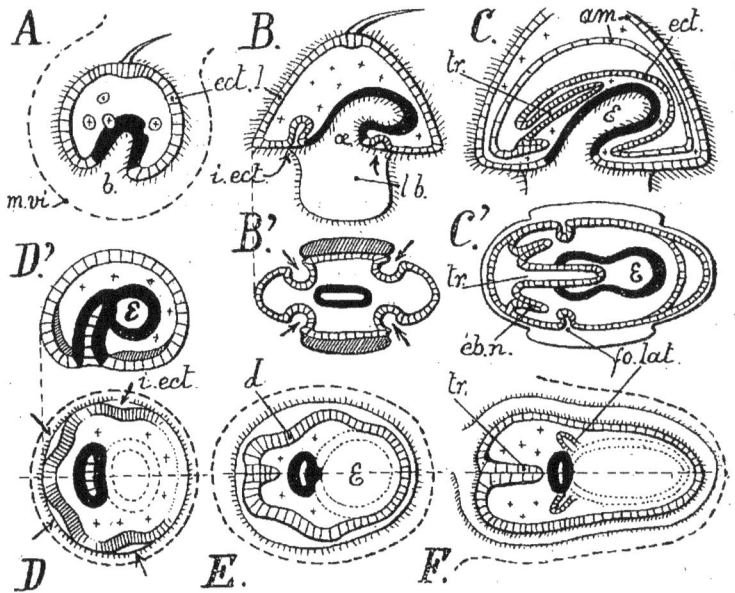

FIG. 83. — **Développement des Némertes**.

A; B; B'; C; C'; formation du **Pilidium** du *Lineus lacteus*. — A; *gastrula*. — B; B'; *Pilidium* vu en coupe longitudinale (B), vu par la face inférieure (B'). — C; C'; formation de la jeune Némerte; *fo.lat*, fossettes latérales.

D; D'; E; F; formation de la **larve de Desor** du *Lineus obscurus*. — D'; *gastrula* — D; E; F; larve vue par la face inférieure.

de **Pilidium**. Quatre invaginations ectodermiques symétriques, *i.ect*, adossées à l'entéron, s'enfoncent ensuite séparément dans la cavité de segmentation et se réunissent en une cavité circulaire close (C,C'). La paroi *externe* de cette cavité s'applique contre l'ectoderme gastrulaire ou larvaire, *ect.l*, et forme avec lui les deux feuillets de l'*amnios*, *am*. La paroi *interne* devient l'ectoderme de la jeune Némerte, *ect*, et présente bientôt, à la base de l'entéron, ε, une invagination (ectodermique) qui deviendra la trompe inerme, *tr*; 2 épaississements latéraux formant

les ébauches nerveuses, *éh.n.* Puis la larve se couvre de cils, brise
sa zone d'attache circulaire, abandonne son amnios et son Pilidium qui continue à vivre quelque temps, acquiert enfin un anus.

(*b*) *Larve de Desor du Lineus obscurus.* — La segmentation de
l'œuf aboutit à une *gastrula* à symétrie bilatérale, comme dans le
cas précédent (fig. 83, D,D'). En avant et en arrière de la bouche,
encore obstruée par des cellules, 4 invaginations de l'ectoderme cilié, *i. ect*, donnent 4 disques, *d*, composés chacun
d'une rangée de cellules épaisses ; ces disques grandissent, se
réunissent sur la face dorsale (E,F), enveloppent les organes qui
naissent (estomac, ε, fossettes latérales, *fo.lat*) et forment l'ectoderme de la jeune Némerte. La trompe de celle-ci apparaît en *tr*,
comme diverticule de l'ectoderme, d'abord plein, puis creux. Puis
la bouche se met en communication avec l'œsophage et l'estomac,
la larve ciliée brise sa double enveloppe et continue son développement en liberté.

II. — TURBELLARIÉS

Les Turbellariés d'eau douce (Rhabdocœles et Dendrocœles Triclades) et
quelques Polyclades marins quittent fort tard leurs membranes chorionnaires ;
leur développement est direct. Au contraire, les autres Polyclades subissent des
métamorphoses avec larve libre et ciliée.

Nous commençons par les Polyclades à développement direct.

Polyclades à développement direct. — La segmentation de l'*œuf simple*
(fig. 84, A, A'), *inégale* dès les premiers stades, produit au pôle supérieur
4 petits blastomères (micromères) qui, par leur division répétée, entourent les
4 gros blastomères (macromères) et aboutit à une *gastrula épibolique* (B).
Le mésoderme provient des 4 ou 8 micromères formés, à la suite des 4 premiers,
par les gros blastomères (A, A', B). L'ectoderme se couvre de cils courts mais
forts, et l'embryon tournoie dans sa coque ovulaire ; l'entoderme se munit d'un
entéron.

Peu après l'entéropore se ferme, deux taches oculaires apparaissent à la partie
supérieure (C, C') et se mettent en relation avec des invaginations ectodermiques,
g. cé, origines du système nerveux ; à la partie postérieure deux autres invaginations, *n*, donnent les organes excréteurs (?). Puis la bouche s'ouvre près de
l'ancien blastopore et le pharynx se forme. — La larve, ainsi constituée, ressemble
beaucoup à la Cténule des Cténophores (Voir p. 95) ; elle brise sa paroi ovulaire
et aplatit son corps ; sa bouche se place sur le milieu de la face ventrale et le
tube digestif devient digité. Le jeune Turbellarié est formé.

Polyclades à développement indirect. — Les premières phases du
développement des *œufs simples* de ces animaux sont identiques à celles qui
sont décrites plus haut et aboutissent à des larves libres appelées *larves de
Müller*, présentant toutes une *couronne ciliée préorale* qui sert à la locomotion.
Cette couronne est munie d'appendices (4 ou 8) : un appendice ventral (juste
en face de la bouche), un second dorsal et les autres disposés par paires. Ces
larves, qui ont quitté de bonne heure leurs membranes ovulaires, perdent leurs
appendices et leurs cils pour devenir adultes et ramper au fond de l'eau.

Les genres *Thysanozoon* (*Thy*) et *Yungia* (*Yu*) présentent la larve typique de Müller. La larve d'*Eurylepta auriculata* (*Eu*) possède les replis dorso-ventraux au-dessus de la bouche; les autres forment une couronne post-orale. Chez la larve du *Stylochus pilidium* (*St*), les deux replis antérieur et postérieur sont encore plus accentués et lui donnent l'aspect du Pilidium des Némertes.

Triclades. — Leurs œufs sont *composés*, c'est-à-dire formés d'ovules entourés de nombreuses cellules vitellines et sont appelés *cocons*. Un cocon de *Dendrocœlum lacteum*, par exemple, contient de 20 à 40 ovules et plusieurs milliers de

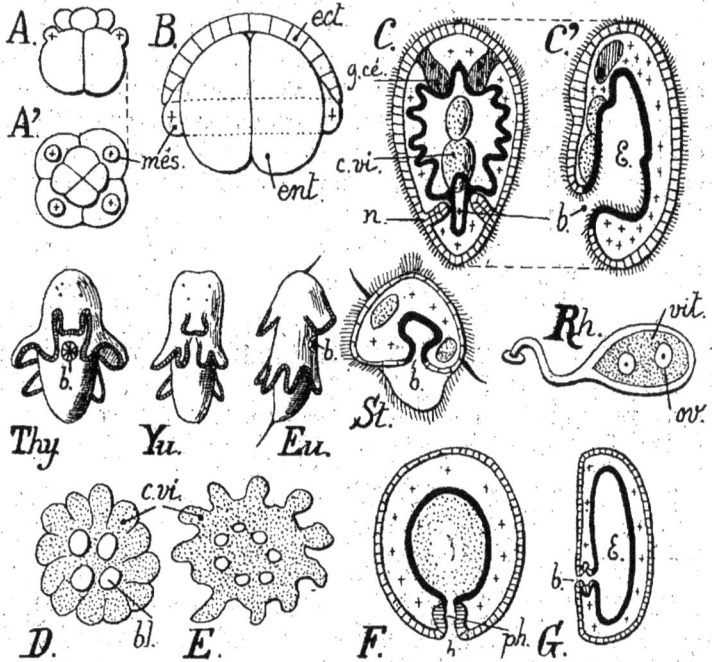

Fig. 84. — **Développement des Turbellariés.**

A; A'; B; C; C'; développement du *Discocelis tigrina*. — A; A'; segmentation inégale — B; *gastrula épibolique*. — C; C'; embryon vu de face et de profil; *g.cé*, ganglion céphalique; *c.vi*, cellules vitellines.

Larves de Müller; *Thy*, *Thysanozoon*; *Yu*, *Yungia*; *Eu*, *Eurylepta auriculata*; *St*, *Stylochus pilidium*.

D; E; F; G; développement du *Dendrocœlum lacteum*; *bl*, blastomères.

Rh; cocon de Rabdocœle.

cellules vitellines. Un seul ovule du cocon se segmente régulièrement (D, E), donne des blastomères qui se nourrissent des autres ovules et du vitellus, se séparent et se disposent en une couche externe ectodermique et une couche interne entodermique. La cavité gastrique se creuse, s'agrandit, résorbe ses cellules vitellines, *c. vi* (F) et se met en communication avec l'extérieur par un pharynx provisoire, *ph*, à parois épaisses; bientôt ce pharynx disparaît et est remplacé par le pharynx définitif, pendant que la larve, primitivement ovoïde, est devenue plane et peut ramper (G).

Rhabdocœles. — Les œufs sont *composés* (*Rh*), les cellules vitellines peu abondantes et les premières phases peu connues du développement rappellent celles des Polyclades : division des blastomères en 4 micromères et 4 macromères aboutissant à une *gastrula épibolique*. Les larves paraissent ressembler à celles des Triclades; le pharynx diffère pourtant.

III. — TRÉMATODES

1° Reproduction sexuée.

Distomiens. — L'œuf des Distomiens est toujours un *cocon*. Celui du *Distomum tereticolle* (fig. 85, A) contient à son pôle supérieur un gros ovule, *ov*, qui subit une *segmentation totale*, un peu inégale, et absorbe les cellules vitellines, *c.vit*, peu nombreuses ici, munies de gros noyaux. Lorsque la segmentation

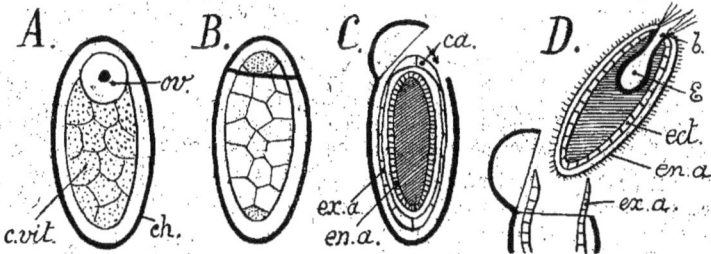

Fig. 85. — Développement des Trématodes : *Distomum tereticolle.* — A ; cocon. — B ; segmentation. — C ; formation de l'amnios externe, *ex.a*, et de l'amnios interne, *en.a* ; *ca*, cellules de la calotte. — D ; mise en liberté de l'embryon. — La suite de l'évolution est donnée par la figure 302 du fascicule 2.

est achevée (B), les cellules des pôles se multiplient rapidement (C) et enveloppent la larve d'un *amnios* (examnios, *ex.a*). Le chorion, *ch*, se brise ensuite, l'amnios également et l'embryon, dont les cellules ectodermiques (enamnios, *en.a*), se sont différenciées et ciliées, quitte ses enveloppes (D). Il est muni à ce moment, d'une tache oculaire dorsale et d'une bouche, *b* ; son protentoderme se creuse d'un intestin, *ε* ; les fibres musculaires se forment ainsi que deux ébauches néphridiennes ; l'entoderme et le mésoderme donnent les cellules germinatives. L'ectoderme cilié se transforme en une sorte de cuticule et un ectoderme définitif, *ect*, apparaît dessous.

L'embryon subit alors des *migrations* lui permettant de prendre sa forme adulte à l'intérieur d'un hôte. L'habitat intermédiaire est l'eau en général (Voir T. II, fasc. 2, p. 250, les migrations présentées par le *Distomum hepaticum*).

Signalons le cas curieux du *Monostomum mutabile* dont l'embryon cilié quitte son chorion à l'intérieur de l'utérus maternel et présente déjà une rédie (avant d'avoir choisi un hôte intermédiaire).

Polystomiens. — Tous ces animaux ectoparasites, mieux organisés que les précédents, n'ont *pas de métamorphoses* et peu ou point de migrations, en raison de leur genre de vie. Quand ils sortent de l'œuf, les organes sont déjà ébauchés ; ils n'ont plus qu'à acquérir des ventouses et des glandes génitales pour devenir adultes.

Le *Gyrodactylus* (parasite sur les branchies des Poissons d'eau douce) est vivipare; il produit par fécondation l'embryon de première génération qui contient déjà, dans son intérieur, un embryon de deuxième génération formé asexuellement, puis un troisième, etc. — Le *Diplozoon paradoxum*, parasite comme le précédent, sort de l'œuf à l'état cilié (*Diporpa*) et devient sexué après s'être uni par sa ventouse ventrale à la papille dorsale d'un autre embryon. — L'œuf du *Polystomum integerrimum*, qui vit dans la vessie urinaire de la *Rana temporaria*, donne au printemps dans l'eau un embryon muni de cercles vibratiles, d'un tube digestif et de taches oculaires; cet embryon se fixe sur les branchies d'un têtard, y développe ses ventouses postérieures et passe plus tard dans la vessie de la jeune Grenouille pour y former ses organes génitaux.

2° **Reproduction asexuée.** — La production des *Sporocystes* et des *Rédies* chez les Monostomiens, des *embryons emboîtés* chez le *Gyrodactylus*, sont le résultat d'un *bourgeonnement* interne très actif.
La *scissiparité* est rare (division des Sporocystes).

IV. — CESTODES

1° Reproduction sexuée.

Comme chez les Trématodes, les œufs sont *composés* (le deutolécithe est peu abondant) et le développement se fait avec *migrations*.

Téniadés. — L'ovule du *Tænia* (fig. 86, A) forme à l'intérieur de son chorion, *ch*, et par divisions répétées, une sorte de *morula* (B). Ses blastomères se nourrissent aux dépens des cellules vitellines, et se disposent en deux masses : la *masse périphérique, a*, se charge de granulations et se délamine (C) en une membrane *externe* (examnios, *ex.a*) formée de bâtonnets, et une membrane *interne* (enamnios, *en.a*) devenant mince et chitineuse; la *masse centrale* ovoïde, *e*, donne une première forme larvaire, munie de six crochets chitineux : c'est l'**embryon hexacanthe**, *emb.h.* La suite de son développement (**Larve Cysticerque, Scolex,**

Migrations) est donnée (T. II, fasc. 2, p. 254), et nous montre que deux habitats intermédiaires (sol et animal terrestre) sont nécessaires pour que l'embryon arrive à la forme sexuée.

Bothriocéphalidés et Tétraphyllidés. — Leur développement est très analogue à celui des Distomiens; de bonne heure deux cellules polaires produisent un amnios (D, *ex.a*) et l'embryon, *emb*, fournit un ectoderme provi-

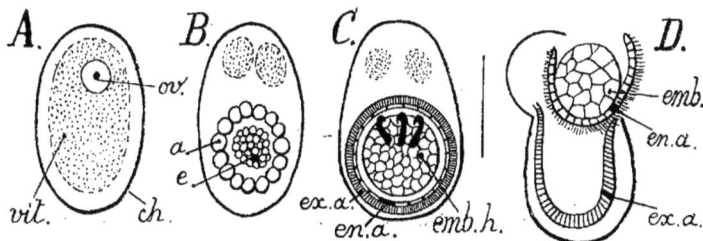

Fig. 86. — Développement des Cestodes.

A; B; C : chez les Téniadés. — A; cocon. — B; *morula*. — C; embryon hexacanthe. — La suite est donnée par la figure 303, fascicule 2.

D; œuf et embryon du *Bothriocephalus latus*.

soire cilié, *en.a*. A cet état il quitte l'œuf, nage, devient *larve hexacanthe* et gagne un hôte. Dans cet hôte, il perd ses crochets, acquiert une tête invaginable et devient *embryon Plérocerque*.

Le développement des Bothriocéphalidés exige deux habitats intermédiaires (eau et Poisson).

Cestodes aberrants. — Chez la *Ligula*, l'embryon hexacanthe quitte son chorion, n'étant enveloppé que d'une membrane peu épaisse et ciliée; il la perd lorsqu'il trouve un hôte convenable.

2° **Reproduction asexuée.** — La segmentation du corps des Cestodes ne peut pas être considérée comme une scissiparité incomplète; pour parer aux pertes énormes dues aux migrations, il y a *simplement* multiplication des glandes génitales chez ces animaux. Le strobile n'est pas une colonie linéaire et le proglottis n'a pas la valeur d'individu.

Le *bourgeonnement* est, au contraire, actif et transforme : 1° le cysticerque du *Tænia echinococcus* en *Échinocoque* par la production de plusieurs vésicules secondaires à têtes multiples; 2° le cysticerque du *Tænia cœnurus* en *Cœnure* contenant à son intérieur plusieurs centaines de scolex.

TROCHOZOAIRES

Généralités. — Nous réunissons sous ce nom les **Lophostomés** (Rotifères, Bryozoaires, Brachiopodes), les **Annelés** (Chétopodes, Hirudinées, Géphyriens) et les **Mollusques** (Amphineures, Gastéropodes, Scaphopodes, Lamellibranches, Céphalopodes) dont la larve **Trochosphère** est caractérisée : 1° par un *lobe préoral* très développé; 2° par plusieurs *couronnes* de cils vibratiles (*préorale* et *postorale* entourant la bouche, *préanale* à la partie inférieure); 3° par son *mésoderme* dérivant de deux initiales, en général, et fournissant les *bandelettes mésodermiques* si caractéristiques des Annelés; 4° par un tube digestif qui débute par la bouche ventrale et l'anus terminal; 5° par deux organes excréteurs pairs appelés *protonéphridies*. (Voir fig. 51, B; fig. 87, E; fig. 88, M; fig. 89, C; fig. 91, D, G, I; fig. 93, B; fig. 95, B; fig. 96, C.)

LOPHOSTOMÉS

I. — ROTIFÈRES

La segmentation de l'œuf est *inégale* dès le commencement : au stade 4 (fig. 87, A) on trouve un gros blastomère et 3 petits. La division continuant, les petites cellules enveloppent les grosses et donnent une *gastrula épibolique* (B). Les cellules mésodermiques prennent naissance en petit nombre, se multiplient, se groupent autour de l'entéropore, puis s'enfoncent à l'intérieur de l'embryon (C),

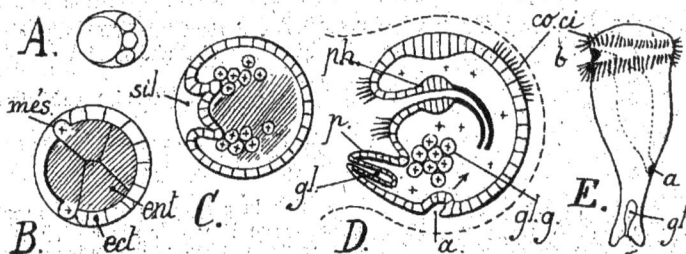

FIG. 87. — **Développement des Rotifères.** — A; stade 4. — B; *gastrula épibolique.* — C; formation du sillon, *sil.* — D; éclosion. — E; stade *Trochosphère.*

amenant ainsi la production d'une invagination ectodermique, *sil*, qui devient le *stoméon*, *ph* (pharynx et mastax) (D). Un peu en arrière le *pied*, *p*, se dessine sous forme d'une protubérance arrondie, creusée d'une *glande à mucus*, *gl*, et représente ainsi une partie du corps ; derrière lui une légère invagination ectodermique annonce le *proctéon* ou cloaque, *a*; à sa base les cellules mésodermiques donnent les ébauches des *glandes sexuelles*, *gl.g.* Ensuite, sur le lobe oral, des cils se disposent en une *double couronne*, *co.ci*, entourant la bouche ; les yeux apparaissent, le tube digestif se creuse au milieu des cellules entodermiques. A ce moment, l'embryon éclôt (E), déploie son appareil rotateur, redresse sa queue et nage quelque temps : stade **Trochosphère.** Il se fixe peu après et fabrique son tube.

Les mâles des Rotifères restent à l'état de Trochophore et développent seulement leurs volumineux testicules ; seules les femelles perfectionnent leur organisation, acquièrent des fibres musculaires, des organes excréteurs, etc.

Le genre *Trochosphæra* présente à l'état adulte l'organisation typique de la larve trochophore. (Voir T. II, fasc. 2, fig. 262, E.)

II. — BRYOZOAIRES

Ectoproctes. — 1° **Chilostomes.** — *Étude du genre Bugula.* — L'œuf, entouré d'une membrane hyaline, subit une *segmentation totale* et presque égale. Au stade 32 (fig. 88, A), 16 cellules sont supérieures, 16 inférieures et la *blastula* ressemble à une lentille biconvexe. 4 cellules aborales émigrent dans la cavité de segmentation, deviennent entodermiques, se multiplient et se creusent d'une cavité (B,1). Ce stade *gastrulaire* est éphémère, car les cellules entodermiques continuent à se multiplier (B, 2) et s'éloignent les unes des autres, séparées par un mésenchyme, *m*, à rôle nul dans le développement. Pendant ce temps, l'ectoderme dispose sur un plan équatorial une couronne de très grosses cellules, *co. ci*, qui se munissent de cils puissants. La partie aborale de l'embryon (C) est la *calotte*, *ca*, portion rétractile présentant tout autour un enfoncement circulaire (*cavité palléale*, *c.p*) ; la portion orale montre une invagination ectodermique appelée *sac interne*, *s.i*, et une cupule à larges cellules ectodermiques : *organe pyriforme*, *o.d.*

La larve devient libre, nage et se fixe par sa face ventrale (plaque adhésive, *pl. ad*, D), car le sac interne se dévagine. La face aborale se replie, enveloppe la dévagination et constitue une cavité circulaire (*vestibule, v*). Au pôle supérieur, l'organe rétractile, *ca*, s'invagine, forme une vésicule close qui s'isole et s'entoure d'une couche mésodermique provenant du parenchyme (E, E'). Au fond de cette vésicule le polype bourgeonne : la couche externe mésodermique donne les muscles et le revêtement de la cavité générale; la couche interne fournit l'ectoderme de la paroi et l'épithélium des tentacules. Deux diverticules de cette cavité, *a,b*, font saillie en dehors, se réunissent et constituent un intestin muni d'une bouche, d'un œsophage et d'un anus; l'estomac prend naissance un peu après. Le ganglion nerveux apparaît, *g.n*, comme évagination de l'ectoderme, entre la bouche et l'anus.

Signalons, parmi les Chilostomes, le genre *Lepralia* qui présente une couronne peu développée, une dévagination très nette du sac interne et une forme en parapluie caractéristique ; — puis le genre *Membranipora* dont la larve appelée *Cyphonautes* est conique, enfermée dans une coquille bivalve au sommet de laquelle sort un disque cilié rétractile. *Ces deux larves sont munies d'un tube digestif.*

2° **Cténostomes.** — L'embryon peu épais d'*Alcyonidium mitili* présente une calotte plate bien développée et un intestin.

3° **Cyclostomes.** — Leurs larves possèdent un puissant disque adhésif, un organe rétractile très rudimentaire et une couronne abondamment ciliée.

4° **Phylactolèmes.** — Le développement de la *Plumatella* est bien connu. Le commencement de la segmentation régulière a lieu dans le follicule ovarien, *ov* (G), puis les stades ultérieurs (*blastula, gastrula invaginata*) dans un sac à deux feuillets (ectoderme et mésoderme) appelé *oécie*, *œc*. L'embryon ovale se greffe sur la paroi de son oécie (H) par une sorte de placenta circulaire, *pl*, qui le nourrit; puis le *polype*, *p*, naît sous forme d'invagination à la partie antérieure, et est bientôt enveloppé par deux replis palléaux, *m*. L'embryon couvert de cils quitte son oécie, nage et se fixe (I) ; plus tard (J) les deux lobes du manteau se replient vers le bas, comme nous l'avons vu pour le *Bugula*.

Reproduction asexuée par statoblastes des Phylactolèmes. — Le *statoblaste* est une masse cellulaire placée dans le funicule et composée de deux amas de cellules : l'un, provenant de la base du funicule et d'origine ectodermique; l'autre, dérivant de la paroi du funicule et devenant le vitellus.

Le statoblaste, devenu libre, passe l'hiver; au printemps, l'ectoderme supérieur se renfle, s'invagine en une cavité où le polype bourgeonne.

Entoproctes. — L'œuf de la *Pedicellina echinata* subit, dans la chambre

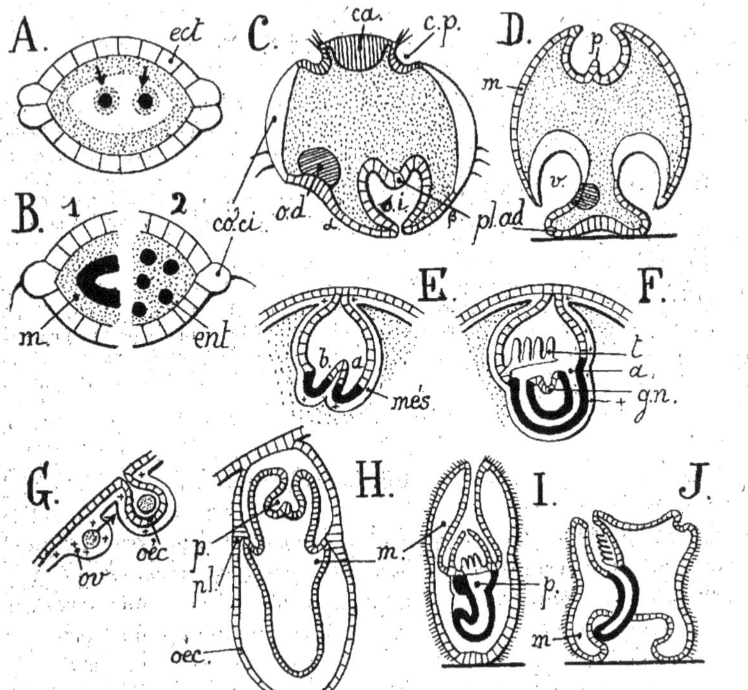

Fig. 88. — **Développement des Bryozoaires.**

A; B; C; D; E; F; développement des Chilostomes : *Bugula*.
G; H; I; J; développement des Phylactolèmes : *Plumatella*.
K; L; M; N; O; développement des Entoproctes : *Pedicellina*.

d'incubation, une *segmentation totale* presque égale, donnant une *morula* suivie d'une *blastula* à cavité étroite et d'une *gastrula invaginata*, K (fig. 88).

L'entéropore s'allonge et se ferme ; en même temps à chacune de ses extré-mités se différencient deux grosses cellules mésodermiques qui s'enfoncent dans l'embryon et se placent entre l'ectoderme et l'entoderme. L'entéropore se déprime en un grand vestibule ; la bouche ainsi que l'anus y prennent naissance sous forme de profondes invaginations ciliées, plus tard reliées par un tube digestif (estomac, intestin et foie). La larve (M) comprend alors : une *calotte* rétractile, *ca*, munie de forts cils ; un *organe dorsal*, *od* ; une *couronne ciliée*, *co.ci*, autour du grand vestibule ; deux *canaux excréteurs*, *n* ; un *organe adhésif*, *pl.ad* entre la bouche et l'anus.

La fixation (N) se fait par le disque adhésif, comme chez les Ectoproctes ; la cavité vestibulaire, *v*, devient profonde, puis close, car ses deux lèvres se rap-prochent et se soudent ; elle forme ensuite un diverticule qui rétablit les commu-nications avec l'extérieur ; l'estomac, qui était horizontal, devient vertical. L'organe dorsal et la calotte disparaissent ; les tentacules, *t*, se forment en cercle au bord de l'ouverture (O).

La métamorphose de la larve du *Loxosoma* est inconnue.

III. — BRACHIOPODES

Articulés. — L'œuf de l'*Argiope neapolitana*, pauvre en deuto-lécithe, subit une *segmentation totale* presque égale, donne une *morula*, une *blastula* à grand blastocœle et enfin une *gastrula invaginata*; dès ce stade la symétrie bilatérale du corps se manifeste, car l'entéron se divise en trois parties : l'une médiane, *mé*, d'où procède l'intestin (fig. 270, A, T. II, fasc. 2); les deux autres latérales, *c.g*, qui forment la cavité générale.

Trois segments constituent, à un moment donné, le corps de la larve (B et C) : 1° un segment *antérieur* ou céphalique à bord cilié, portant deux, puis quatre taches oculaires, *œ*; 2° un segment *médian* ou *palléal* pourvu de deux lobes, l'un ventral, l'autre dorsal, qui forment l'ébauche du manteau, *lo.ma*; 3° un segment *postérieur* ou *caudal*.

La larve nage, puis se fixe par son segment postérieur qui devient le pédoncule ; les lobes palléaux se redressent, entourent complètement le segment céphalique et sécrètent les deux valves de la coquille sur leur face externe.

Le segment antérieur se rejette du côté de la valve dorsale ; à sa base la bouche et l'œsophage se forment comme invaginations ectodermiques et se mettent en rapport avec l'intestin. Un épaississement circulaire de la portion interne du manteau (ancienne portion externe) fournit le lophophore qui entoure la bouche ; quatre tentacules apparaissent d'abord, puis un plus grand nombre.

La transformation ultérieure du lophophore en bras a été bien suivie chez *Terebratulina septentrionalis* : là les tentacules, placés d'abord en cercle, se disposent en fer à cheval sur deux rangées et deviennent les cirres des bras internes et externes.

Le genre *Thecidium* présente un développement un peu différent : son œuf, riche en deutolécithe, donne une *morula*, puis une *blastula* à cavité étroite, bientôt comblée par prolifération des blastomères; c'est dans cette masse protentodermique que se creusent trois cavités *complètement indépendantes*, donnant le tube digestif et les deux cœlomes.

Inarticulés. — Les premiers stadés du développement de la *Lingula* sont inconnus; la larve munie de tentacules est enveloppée de bonne heure par une coquille bivalve : elle nage d'abord librement, puis se fixe par un pédoncule apparu à l'extrémité postérieure du corps. De chaque côté du tentacule médian dorsal, de nouveaux tentacules prennent naissance. Finalement il se forme deux bras latéraux et un bras impair dorsal.

ANNELÉS

A. CHÉTOPODES

I. — POLYCHÈTES

Leurs œufs sont, en général, pauvres en deutolécithe et donnent une *larve libre* qui nage. Les procédés de segmentation varient de la *gastrula invaginata* typique (*Eupomatus, Polygordius, Proto-drilus*) à la *gastrula épibolique* (*Nereis, Psygmobranchus*).

1° *De l'œuf à la Trochosphère*. — L'œuf de l'*Eupomatus uncinatus*, subit une *segmentation totale et égale*, jusqu'au stade 8; on peut distinguer ensuite un pôle animal et un pôle végétal dans la *blastula*, qui présente déjà deux cellules mésodermiques (fig. 89, A) et quelques cils équatoriaux perçant la membrane vitelline; une *gastrula invaginata* (B) fait suite; l'entéron, ε, se courbe vers les cellules mésodermiques, se couvre de cils et produit l'anus, *a*. L'entéropore, *e*, donne la bouche et l'œsophage.

La larve a pris alors la forme **Trochosphère** (C) : sa partie supérieure est arrondie, sa partie inférieure conique; *deux couronnes* ciliées équatoriales, *co.ci*, *préorale* et *postorale*, ainsi qu'une *couronne préanale*, *co. a*, entourent le corps; une *bande* ciliée *médullaire* réunit sur la face ventrale la bouche à l'anus; le *système nerveux* est représenté à la partie supérieure par une

plaque céphalique, *pl.cé*; il n'y a pas de trace de chaîne ventrale.
Les *organes des sens* sont formés par une tache oculaire asymétrique et par deux otocystes, *ot*, situés entre la bouche et
l'anus; un peu au-dessous est une *ampoule anale*, *vés.a.* Les
organes excréteurs pairs, *n*, débouchent sur la face ventrale

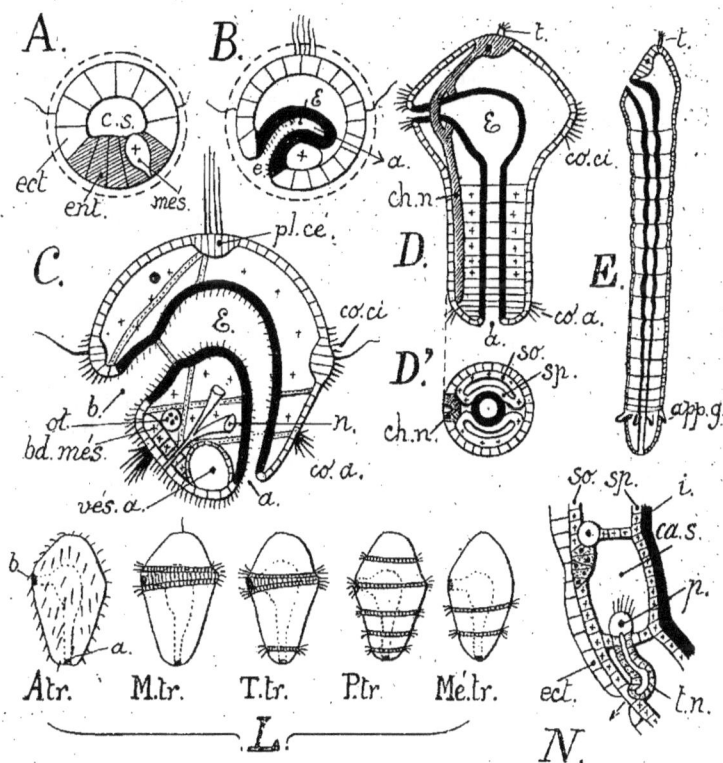

FIG. 89. — **Développement des Chétopodes.**

A; B; C; de l'œuf à la Trochosphère chez l'*Eupomatus uncinatus*. — A; *blastula.* —
B; *gastrula.* — C; **Trochosphère.**

D; D'; E; de la Trochosphère à l'adulte chez le *Polygordius.* — D; E; coupes longitudinales; D'; coupe transversale du métasome.

L; diverses sortes de larves.

N; formation des néphridies du *Criodrilus; ca.s,* cavité de segmentation; *i,* intestin,
so, sp, feuillets somatique et splanchnique du mésoderme.

et se terminent dans la cavité générale par un ou plusieurs
entonnoirs *fermés* (de même que chez les Plathelminthes et les
Rotifères). Le mésoderme, disposé en *deux bandelettes ventrales,*
bd.més, forme des *muscles* circulaires à la base des bandes

vibratiles et d'autres muscles plus longs, réunissant l'estomac au pôle supérieur et la bouche à la paroi dorsale, ou entourant l'œsophage.

Les larves des Polychètes peuvent se ranger en plusieurs groupes, sans valeur morphologique pourtant, par la disposition de leurs couronnes ciliées (fig. 99, L) :

(A. tr). — *Larve atroque* : *Serpule, Lumbriconereis;* peu commune.
(M. tr). — *Larve monotroque* : *Polynoe;* rare; devient télotroque.
(T. tr). — *Larve télotroque* : *Polygordius, Terebella, Capitella,* restent télotroques; en général cette larve devient polytroque.
(P. tr). — *Larve polytroque* : *Spio;* les bandes ciliées sont le plus souvent incomplètes sur la face ventrale ou dorsale.
(Mé.tr). — *Larve mésotroque;* *Chœtopterides;* très rare.

2° **De la Trochosphère à l'adulte.** — Suivons la transformation sur le *Polygordius* (D,D',E). Tout d'abord la partie inférieure conique s'allonge, les bandelettes mésodermiques se segmentent d'avant en arrière et se scindent en deux feuillets (somatique, *so* et splanchnique, *sp*) qui entourent l'intestin. Ces feuillets s'unissent suivant la ligne dorso-ventrale formant ainsi les mésentères, puis suivant des zones circulaires entre les divers segments, délimitant les cavités de segmentation. Pendant que le corps (métasome) devient cylindrique, le lobe céphalique (prosome) diminue de taille, s'aplatit (E), présente des organes visuels, deux tentacules, *t*; les bandes ciliées orales disparaissent et la couronne anale, *co.a*, est remplacée par de petits appendices gluants, *app.g*, qui servent à fixer l'adulte.

II. — OLIGOCHÈTES

L'œuf est enfermé dans un *cocon* et très riche en deutolécithe en général (*Tubifex*). Sa *segmentation totale* un peu inégale donne, dès le stade 8, quatre macromères et quatre micromères qui se multiplient rapidement et fournissent une *gastrula épibolique*. L'embryon non cilié qui en résulte ne présente pas de couronne et ne devient libre que quand il a presque atteint l'état adulte (pas de métamorphose).

Quelques Oligochètes du genre *Lumbricus* ont des œufs pauvres en vitellus qui subissent une segmentation régulière et donnent une *blastula*, puis une *gastrula invaginata*.

Le *Lumbricus trapezoides* subit une segmentation irrégulière; un peu avant le stade gastrulaire, sa blastule se scinde en deux embryons qui évoluent séparément. Le *Criodrilus* a aussi une segmentation irrégulière.

On peut dès cette phase gastrulaire distinguer, tout le long de la face ventrale de l'embryon, les *deux bandelettes mésodermiques très développées* qui procèdent de deux initiales, situées symétriquement à l'extrémité postérieure de l'embryon. Ces bandelettes s'avancent vers la bouche, l'entourent, se segmentent et donnent naissance aux rangées néphridiennes.

Origine des organes des Chétopodes. — L'ectoderme produit : (a) l'*épiderme* larvaire qui passe à l'adulte ; (b) les *soies* sous forme d'invaginations ectodermiques; (c) le *ganglion céphalique* et la *chaîne nerveuse ventrale* sous forme d'épaississements, d'abord indépendants, plus tard réunis par un collier œsophagien ; (d) les *organes des sens* [nous avons vu les vésicules oculaires de l'*Eupomatus* ; les yeux de l'Alcyopide apparaissent comme invaginations ectodermiques qui se mettent en relation avec le cerveau].

L'**entoderme** donne le tube digestif.

Le **mésoderme**, caractérisé par son aspect segmentaire, fournit : (a) La *cavité générale*, limitée par les feuillets somatique et splanchnique et par les mésentères.

(b) La *musculature*.

(c) Le *système sanguin*, apparaissant sous forme de cavité entre le feuillet splanchnique et l'épithélium intestinal.

(d) Une paire d'*organes excréteurs* ou *segmentaires* par anneau, chez l'adulte. Cet appareil excréteur se développe chez le *Polygordius* aux dépens des deux néphridies primordiales de la Trochosphère, comme cela a été indiqué (fig. 52) ; chez le *Criodrilus* son origine est différente, N (fig. 89) : au voisinage de chaque cloison segmentaire et du feuillet somatique, une grosse cellule se différencie en pavillon vibratile, *p*, et une file de cellules de la paroi, placées derrière elle, donne le tube néphridien, *t.n.* L'ensemble, enveloppé par le péritoine, se creuse d'un canal qui va s'ouvrir à l'extérieur.

(e) Les *organes sexuels* dérivant du péritoine épithélial des cloisons ou du revêtement de l'appareil circulatoire ; ils se mettent en relation avec le dehors par des néphridies, sauf chez les Oligochètes terrestres.

Reproduction asexuée. — Elle se manifeste par *bourgeonnement et scissiparité* (Voir T. II, fasc. 2, p. 230 et 236.)

B. HIRUDINÉES

Rhynchobdellides. — L'œuf de la *Clepsine* (fig. 90, A) se divise en 4 macromères, *Mk*, lesquels donnent 4 micromères, *mk*, qui forment l'ectoderme, *ect*, par une multiplication rapide.

Des 4 macromères, 3 deviennent cellules vitellines, le quatrième se scinde en : *mésoblaste, M* et *neuronéphroblaste, B*. Ces deux nouvelles cellules, *M* et *B*, se divisent : la première, *M*,

en 2 cellules mésoblastiques, m,m'; la seconde, B, en 8
parties : deux cellules neuroblastiques, 4,4' — deux cellules
polaires, 1,1' — quatre cellules néphroblastiques, 2,2', 3,3'. Le
tout se réunit en deux groupes symétriques de cinq éléments
(1, 2, 3, 4, m — 1', 2', 3', 4', m') qui forment bientôt *deux bandes*

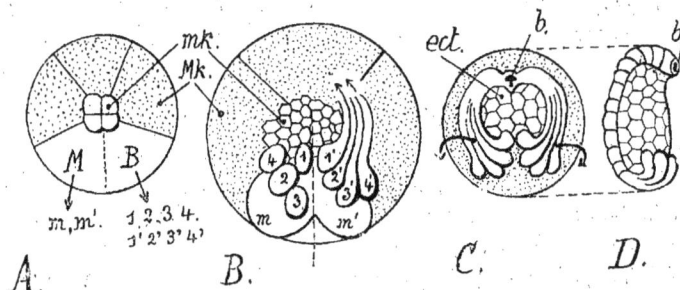

Fig. 90. — **Développement des Hirudinées**: *Clepsine.* — A ; segmentation.— B ; C ; formation
des *bandes.* — D ; embryon vu de profil.

digitées entourant l'ectoderme. Puis ces bandes s'écartent, entourent complètement les cellules vitellines (C) et passent sur la face
dorsale (D).

L'embryon quitte ensuite son œuf et son cocon, s'attache au
côté ventral de son parent et continue son développement. Entre
les extrémités antérieures des *bandes*, une invagination ectodermique donne la bouche et le pharynx ; l'intestin se forme et l'anus
se perce sur la face dorsale.

Enfin le corps se contourne et se divise en 33 segments dont
les 8 derniers constituent la ventouse postérieure.

Gnathobdellides. — Les premières phases du développement de la *Nephelis*
sont assez semblables à celles de la Clepsine et aboutissent à la formation de
deux bandes. Les macromères, transformés en cellules vitellines, sont complètement entourés par l'ectoderme. L'embryon devient sphérique, perce la membrane
de l'œuf et se nourrit de l'albumine du cocon. Un pharynx à muscles très puissants se développe ainsi qu'une saillie ciliée, rudiment d'un lobe oral ; deux
paires de *pronéphridies* apparaissent en relation avec les *bandes*.

Le développement de l'*Hirudo* est à peu près semblable.

C. GÉPHYRIENS

1. **Géphyriens armés**. — *Bonellie*. — L'œuf, riche en deutolécithe, se
divise d'abord en 4 segments égaux; puis, par un plan équatorial, la segmentation forme quatre petites cellules supérieures qui prolifèrent, enveloppent
les grosses et donnent une *gastrula épibolique* (fig. 91, A). Le blastopore se
ferme ; l'embryon cilié uniformément devient ovoïde (B), se munit de deux
couronnes ciliées, de deux taches oculiformes, *t.oc*, d'une cuticule et d'un

ganglion sus-œsophagien ; son mésoderme, *més* (A), qui a apparu de bonne heure aux environs du blastopore, se clive en deux lames somatique et splanchnique

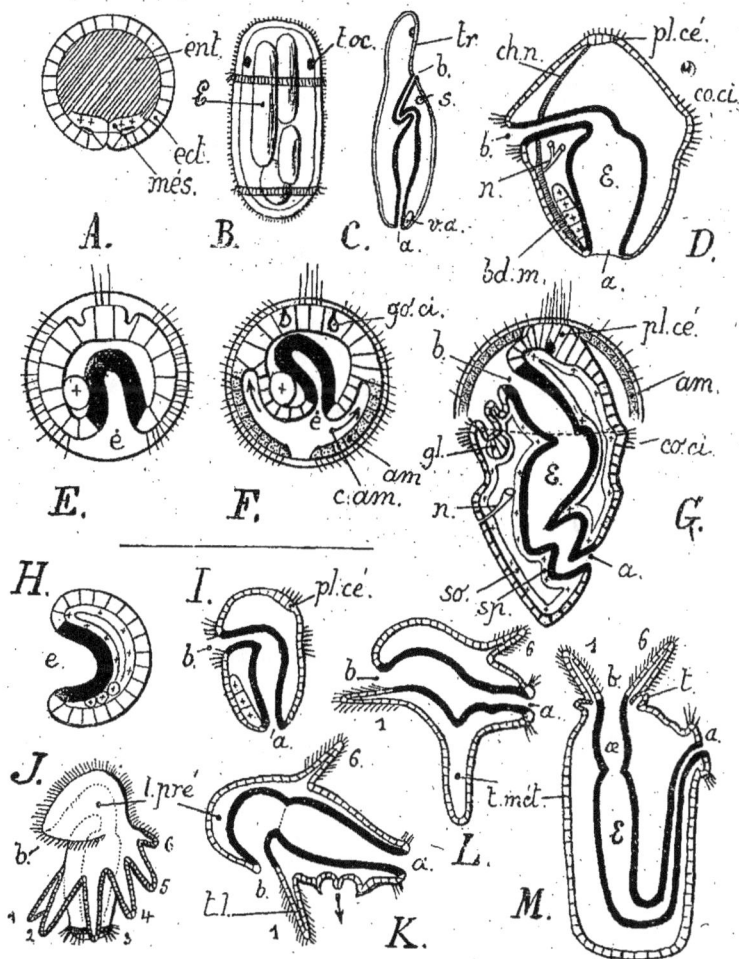

FIG. 91. — **Développement des Géphyriens.**

A ; B ; C ; chez *Bonellia*. — A ; *gastrula.* — B ; larve vue de face et munie de ses couronnes ciliées. — C ; jeune Bonellie. — *ι*, entéron.

D ; larve de Lovén : **Trochosphère** de l'*Echiurus*.

E ; F ; G ; développement du *Sipunculus nudus.* — E ; *gastrula.* — F ; formation de la cavité amniotique. — G ; **Trochosphère.**

H ; I ; J ; K ; L ; M ; développement du *Phoronis.* — H ; *gastrula.* — I ; **Trochosphère.** — J ; **Actinotroque.** — K ; L ; M ; métamorphose.

qui se séparent bientôt par l'introduction d'un liquide. L'œsophage se forme ensuite.

La transformation en la *femelle adulte* s'annonce par la chute des cils, par l'extension considérable du lobe préoral qui devient la trompe, *tr* et par la résorption des cellules vitellines centrales ; le tube digestif devient libre (C) ; l'anus, *a*, s'ouvre à la partie postérieure et se munit de vésicules anales, *v. a* ; sur la face ventrale près de la bouche, *b*, apparaît une paire de soies, *s*.

Le mâle subit une évolution plus simple à cause de sa vie parasitaire ; il ne forme ni bouche ni anus et son mésoderme fournit les testicules volumineux.

Échiure. — On ne connaît que peu la segmentation de l'œuf ; la jeune larve (*larve de Lovén*, D) présente l'aspect typique de la **Trochosphère** et ressemble beaucoup à celle du *Polygordius*. La transformation en l'adulte débute par la perte des cils et des couronnes, par l'allongement du lobe préoral qui devient la trompe, et la croissance du lobe postoral dont les bandelettes mésodermiques se divisent en 15 ou 20 segments.

Plus tard, la segmentation disparaît, les soies postérieures et antérieures naissent, les vésicules anales se forment et le tube digestif se contourne sur lui-même.

Thalasseme. — La segmentation égale aboutit à une *blastula*, puis à une *gastrula invaginata* à protecdoderme compact. La larve est une **Trochosphère** à tube digestif long et contourné.

En résumé : *le développement des Géphyriens armés*, analogue à celui des Chétopodes, *est caractérisé par la production de cloisons éphémères* dans la cavité générale.

II. Géphyriens inermes. — Le premier stade connu du développement du *Sipunculus nudus* est une *blastula* ciliée, qui présente déjà les trois feuillets ; l'ectoderme granuleux est séparé de l'entoderme, à cellules épaisses et prismatiques, par une cellule mésodermique sphérique. Au pôle végétatif, une invagination se produit bientôt : *stade gastrula*, E ; l'entéropore, *e*, est repoussé dans l'intérieur de la larve (F) par une cavité amniotique, *c. am*, transformant l'ectoderme en un mince amnios, *am* ; une plaque céphalique, *pl.cé*, munie de long cils et creusée d'une gouttière circulaire, *go.ci*, se délimite à l'opposé de l'entéropore (F) ; plus tard la paroi se brisera et mettra la larve **Trochosphère** en liberté dans son amnios (G).

III. Géphyriens tubicoles. — La segmentation de l'œuf du *Phoronis* est *totale et inégale*, car dès le stade 4 on distingue 2 gros blastomères et 2 petits ; elle aboutit à une *blastula* à petite cavité de segmentation, puis à une *gastrula invaginata* (H). L'embryon s'allonge, son entéron se courbe et se perce d'un anus pendant que l'entéropore, *e*, devient la bouche (I). Le mésoderme qui a pris naissance aux dépens du protentoderme dès le stade blastula fournit, dans la région anale, deux bandelettes qui se creusent et donnent la somatopleure et la splanchnopleure. La larve a alors l'aspect d'une **Trochosphère** ciliée (I).

Peu après, au-dessous de la bouche, sur un épaississement ectodermique circulaire et *oblique* (J), apparaissent 6 paires de tentacules larvaires ciliés, *t.l* ; la région anale un peu allongée se munit d'une couronne ciliée et la larve présente l'aspect caractéristique de l'*Actinotroque* (J).

La *métamorphose* de cette larve en adulte (K,L,M) s'opère ensuite très rapidement (en un quart d'heure), grâce à une involution ventrale ectodermique et somatique qui se creuse et se dévagine brusquement, entraînant avec elle le tube digestif (L). En même temps que cette évagination (*tube métasomique, t. mét*) devient très longue et conique, le lobe préoral se contracte, *l.pré*, les bras larvaires entourent la bouche, *b* (M) puis tombent et se remplacent par un *cercle incomplet de tentacules adultes*, *t* ; l'anneau cilié postérieur s'atrophie et l'appendice anal se rétracte dans le corps.

MOLLUSQUES

Généralités. — La **Trochosphère** des Mollusques (fig. 53, fig. 92, B; fig. 93, A; fig. 95, B; fig. 97, C) est caractérisée : par sa *couronne ciliée* orale, par l'apparition hâtive d'un *pied* et d'une *glande coquillière* et par la présence de *deux néphridies* primordiales. Ce stade Trochosphère est suivi d'un *stade véligère*, la couronne vibratile orale devenant un *voile* lobé chez les Gastéropodes et non lobé chez les Lamellibranches. Les Céphalopodes ne présentent pas de voile, mais possèdent une vésicule vitelline énorme.

Le *manteau* provient de replis ectodermiques.

I. — AMPHINEURES

L'œuf du *Chiton polii*, peu riche en deutolécithe, subit une *segmentation égale*, qui devient inégale après le stade 8 et aboutit à une *gastrula invaginata*

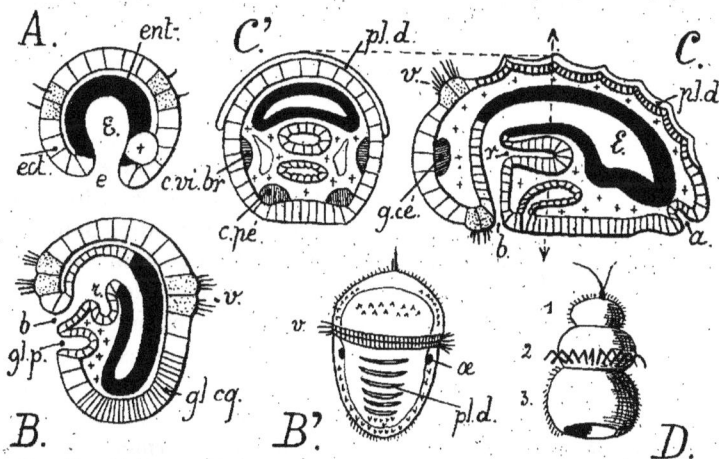

FIG. 92.— **Développement des Amphineures** : *Chiton polii*. — A ; *gastrula invaginata*. — — B ; **Trochosphère.** B'; embryon vu de dos. — C ; C'; coupes longitudinale et transversale du jeune Chiton rampant. — D ; *Dondersia banyulensis*.

(fig. 92, A); au voisinage de l'entéropore, *e*, deux grosses initiales mésodermiques produisent un mésoderme à symétrie bilatérale, placé entre l'ectoderme et l'entoderme. L'entéropore, d'inférieur qu'il était, devient bientôt médian et antérieur (B, *b*); l'ectoderme s'invagine dans l'entéron, ε, produisant ainsi l'ébauche de la *radula*, *r* et de la *glande pédieuse*, *gl. p.* Deux rangées circulaires de grosses cellules constituent une double couronne ciliée : c'est le *voile*, *v*. Le tube digestif s'allonge vers la partie inférieure, la glande coquillière, *gl.cq.*, se forme et la larve, sortant alors de l'œuf, possède l'aspect caractéristique de la **Trochosphère** des Mollusques (B).

Les organes s'ébauchent ensuite : le *mésoderme* se clive, d'avant en arrière, en feuillets somatique et splanchnique et donne deux cœlomes. Ces feuillets sont éphémères, car, à un stade un peu plus avancé, on ne trouve à la partie postérieure qu'une grosse masse mésodermique qui fournit les organes de circulation, d'excrétion et de reproduction. — Les *ébauches nerveuses* apparaissent sous forme de 4 épaississements de l'ectoderme ventral (C') : deux cordons pédieux, *c.pé* et deux cordons viscéro-branchiaux (latéraux), *c.vi.br* ; de même le ganglion cérébral, *g.cé*, provient de l'épaississement ectodermique du pôle supérieur. — L'ectoderme dorsal se recouvre d'une *cuticule*, puis se creuse de 8 sillons dans lesquels les spicules calcaires s'accumulent et produisent les 8 *plaques de la coquille*, *pl. d* ; en avant, en arrière et sur les parties latérales de ces plaques (B') se forment des *piquants* isolés, caractéristiques de tous les Amphineures. Deux yeux latéraux, *œ*, existent chez la larve et se rapprochent plus tard des bandes nerveuses latérales.

L'animal perd ensuite sa couronne ciliée, rampe sur sa face ventrale (C) et met son intestin en relation avec une invagination ectodermique postérieure (anus).

Le *Dondersia banyulensis* a un développement curieux : l'œuf, entouré d'une coque, donne une *gastrula invaginata*, dont le revêtement, formé de 56 cellules (D), se divise en trois segments : le *supérieur* (céphalique), 1, muni d'un fort cil ; le *moyen*, 2 (voile), possédant une couronne ciliée ; l'*inférieur*, 3 (palléal). Au bout de trente-six heures, du lobe palléal bourgeonne le segment caudal de l'embryon, muni de spicules, et le septième jour, l'embryon, possédant ses sept plaques dorsales, se débarrasse complètement des segments supérieur et moyen.

II. — GASTÉROPODES

La segmentation de l'œuf est *totale*, égale au commencement, puis très vite inégale *chez tous les Gastéropodes ;* au stade 8 un plan équatorial détermine la production de 4 macromères primaires et 4 micromères primaires. Les 4 macromères primaires donnent ensuite 4 micromères secondaires qui fournissent 4 micromères tertiaires, lesquels se divisent aussi. A ce moment, les 4 macromères primaires produisent de nouveau 4 micromères, ce qui porte à 20 le nombre des petites cellules ectodermiques. — Après cela, les macromères se divisent en cellules ectodermiques qui limitent une petite cavité au pôle végétatif de l'œuf ; puis l'un des macromères produit 2 grosses initiales mésodermiques.

Un stade un peu plus avancé aboutit à une *gastrula invaginata* (*Paludina, Planorbis, Patella, Lymneus, Carinaria, Firoloïdes, Cymbulia, Clione*) ou à une *gastrula épibolique* (*Fusus, Vermetus, Aplysia, Neritina, Purpura, Nassa*).

1° *Développement de Nassa mutabilis* (fig. 93, N). — L'œuf possède un vitellus abondant et sa segmentation *très irrégulière* mais très curieuse (1, 2), aboutit à une grosse sphère inférieure presque entièrement vitelline, et à trois sphères de taille

moyenne (3); au point de contact de ces *quatre sphères inégales*,
qui sont 4 macromères, *Mk*, se détachent trois fois de suite
quatre micromères, *mk*, lesquels se divisent ensuite et enveloppent
les macromères; une petite cavité de segmentation prend nais-

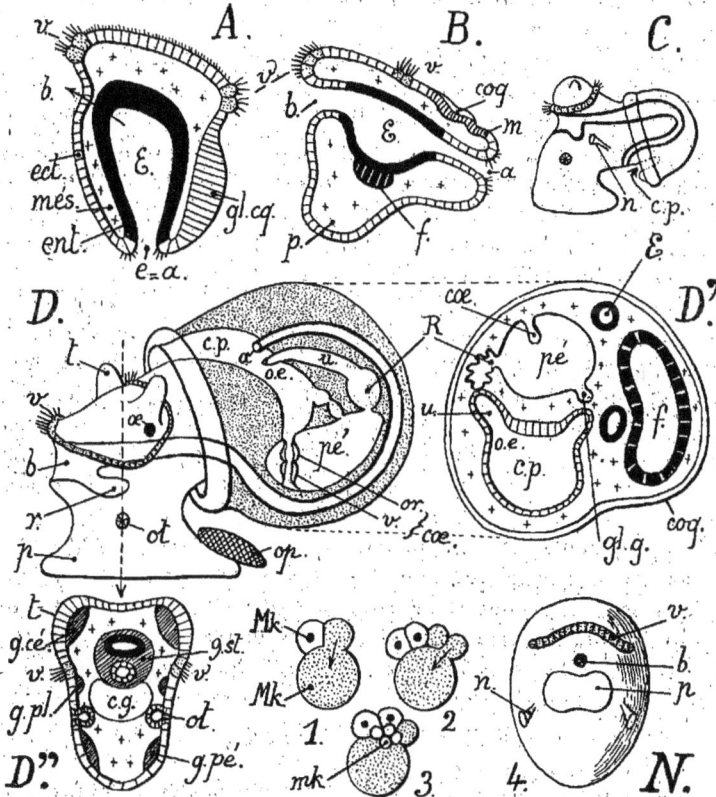

Fig. 93. — Développement des Gastéropodes. — *Paludina vivipara.* — A; stade Trochosphère un peu avant l'ouverture de la bouche. — B; C; D; jeunes embryons vus du côté
gauche. — D'; coupe transversale très schématisée de la coquille et de son contenu, à un
état un peu plus jeune qu'en D.. la cavité palléale, *c.p.* n'est pas encore remontée à la
partie supérieure droite. — D''; coupe transversale selon la flèche.
N ; segmentation chez *Nassa mutabilis.*

sance, bientôt remplie par deux initiales mésodermiques. La
grosse sphère devient centrale, les trois autres se rapprochent de
l'entéropore qui commence à se former et fournissent l'entoderme,
lequel se différencie en intestin.

A ce moment (4) on peut déjà distinguer : en avant de la

bouche, *b*, qui s'ouvre à la place de l'entéropore, une fossette
(*glande coquillière*), deux protubérances, *n* (*organes excréteurs*)
et un renflement, *p* (*pied*); en arrière de la bouche, un bourrelet
cilié incomplet sur la face dorsale, *v* (*voile*). La masse vitelline
se différencie du reste de l'embryon et l'asymétrie devient
nette.

2° *Développement de Paludina vivipara*. — La segmentation de
son œuf, très peu riche en vitellus nutritif, donne une *gastrula
invaginata* typique plate. Les initiales mésodermiques apparaissent autour de l'entéropore, se multiplient entre l'ectoderme et
l'entoderme et se scindent en feuillets somatique et splanchnique,
qui délimitent entre eux la cavité générale. L'embryon est alors
arrivé au stade **Trochosphère** (A) et muni de deux rangées de
grosses cellules ciliées constituant le *voile*, *v*.

De terminal qu'il était, le blastopore devient latéral et étroit (B)
et se transforme en anus, *a*, pendant que la larve s'aplatit;
l'ectoderme dorsal, à cellules extraordinairement épaisses, représente la glande coquillière, *gl.coq* et l'ectoderme ventral se creuse
sous le voile pour donner la *bouche*, *b*. Les masses mésodermiques
situées de chaque côté se percent d'un canal, *première ébauche
néphridienne* ou *rein primitif*, qui restera petit (C, *n*) et s'abouchera
à un léger enfoncement ectodermique. — Ensuite la paroi ventrale
se développe en un *pied* volumineux, *p*, ce qui modifie rapidement
la forme larvaire (C) : le voile est rejeté à l'opposé de l'anus; les
cellules de la glande coquillière, qui avaient formé un bouchon
chitineux, se retournent, deviennent minces, sécrètent la *coquille*,
coq; leur partie épaissie se porte vers l'anus et forme le *manteau*, *m*, qui limite bientôt une *cavité palléale*, *c.p*. La portion
antérieure du tube digestif fournit un *sac radulaire*, *r* (D) et la
partie centrale forme le *foie*, *f*.

L'intestin terminal se contourne ensuite du côté droit, se jette
dans la cavité palléale droite, bien plus profonde que celle de
gauche, et l'asymétrie s'accentue de plus en plus. Pendant ce
temps la coquille s'est développée et a entouré complètement
tous ces organes; le voile s'est réduit et dans son champ ont
apparu deux *tentacules*, *t*, portant à leur base les *yeux*, *œ*; le
pied s'est accru et a formé un *opercule*, *op*, du côté de la coquille;
des involutions ectodermiques ont fourni les *otocystes*, *ot*.

Le *système nerveux* se forme par délamination (D″) : les ganglions
pédieux, *g.pé*, près des otocystes; les ganglions buccaux, *g.st*,
autour de l'œsophage; les ganglions pleuraux, *g.pl*, derrière le

velum, et les ganglions abdominaux sous forme d'épaississement ectodermique impair, près de la cavité palléale.

Les *organes excréteurs* et *génitaux* ainsi que le *cœur* sont d'origine mésodermique : les deux cœlomes que nous avons vus précédemment se fusionnent dans la coquille (D') en une *cavité* unique *péricardique, pé,* reportée vers la droite. Deux épaississements symétriques de la paroi péricardique sont les ébauches des *reins*

droit et gauche ; le gauche, ventral, perd sa fonction néphridienne et devient une glande hématique, tandis que le droit, *R*, se met en rapport avec une invagination de la cavité du manteau, *c.p*, invagination qui deviendra l'urèthre, *u*. — Le *cœur, cœ,* apparaît comme renfle-

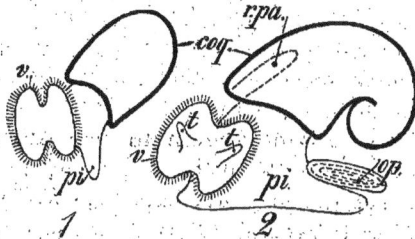

FIG. 94. — Deux *stades véligères* du développement des Gastéropodes. — *r.pa*, repli palléal.

ment de la paroi péricardique, un peu au-dessus du rein droit, *R*. — Les *organes mâle* et *femelle* ont la même origine : un bourgeon arrondi du péricarde, *gl.g,* situé près du rein gauche, est l'ébauche génitale et se met en relation avec la cavité palléale, par l'ancienne urèthre gauche.

En résumé : *le développement des Gastéropodes est caractérisé par un stade Trochosphère bien net, suivi d'un stade Véligère* (fig. 94, 1, 2). *Le voile est toujours bi- ou multilobé.*

Les embryons des *Gymnosomes* se distinguent des autres larves par trois couronnes ciliées transversales, placées en arrière du voile.

III. — SCAPHOPODES

La segmentation de l'œuf est identique à celle des Lamellibranches et aboutit à une *blastula*, puis à une *gastrula invaginata* (fig. 95, A) ; quelques grosses cellules mésodermiques prennent naissance près de l'entéropore et accusent une symétrie bilatérale. L'embryon se munit ensuite de 6 couronnes ciliées transversales, devient libre et ressemble, à ce moment (B) à la **Trochosphère** des Lamellibranches, des Gastéropodes et des Amphineures.

Peu après, l'embryon acquiert l'aspect de toupie ; ses couronnes ciliées se réduisent à quatre, puis à une seule bande bombée *(voile)* portant en son centre une touffe de cils ; son ectoderme dorsal forme une invagination *(glande coquillière, gl.cq)* et le *manteau* apparaît sous forme de 2 expansions latérales qui croissent, se rejoignent sur la ligne médiane ventrale, formant là un tube cilié où l'eau circule. Les valves de la coquille prennent la forme du manteau et deviennent le tube de l'adulte (D). A ce moment la couronne ciliée se réduit et sur la face ventrale fait saillie le pied trilobé, *p*; les tentacules, *t*, naissent un

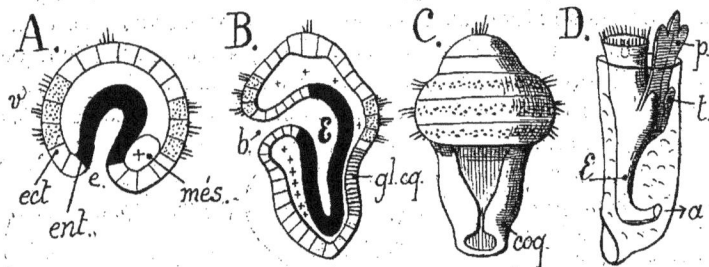

FIG. 95. — **Développement des Scaphopodes** : *Dentalium*. — A; *gastrula*. — B; *Trochosphère*. — C; D; formation du tube.

peu au-dessous. — En même temps les ganglions cérébraux ont apparu, sous forme de deux invaginations ectodermiques profondes, au centre du voile et à la base du toupet oral.

IV. — LAMELLIBRANCHES

L'œuf des Acéphales subit une segmentation inégale (fig. 96, A) aboutissant à une *gastrula embolique* (*Cyclas*, *Unio*) ou à une *gastrula épibolique* (*Teredo*, *Mytilus*). Les genres *Cardium*, *Modiolaria* et *Ostrea* présentent des procédés intermédiaires. Les deux initiales mésodermiques procèdent des macromères et produisent deux masses symétriques au voisinage du blastopore.

Au stade gastrulaire fait suite une larve libre et ciliée, ayant l'aspect caractéristique de **Trochosphère** chez les formes marines : *Teredo*, *Mytilus*, *Ostrea*, *Cardium*.

1° *Trochosphère marine*. — Prenons celle du *Teredo* pour exemple : le blastopore de la *gastrula épibolique* se ferme (B); les grosses cellules entodermiques se divisent et constituent l'intestin moyen qui se met bientôt en rapport avec deux invaginations ectodermiques : l'une, ventrale, donnant la bouche ; l'autre, inférieure, s'ouvrant plus tard et devenant l'anus (C). La couronne ciliée préorale, *v*, se développe énormément et constitue pour la larve le *voile*, *v*, organe de locomotion. La couronne postorale le toupet céphalique, la couronne anale et la bande ciliée ventrale prennent naissance, ainsi qu'une invagination ectodermique impaire dorsale, à cellules épaisses, qui devient profonde et forme la *glande coquillière*, *gl.cq*. Par l'ouverture de cette glande sort bientôt une matière hyaline qui s'étale en une mince peau (périostracum), à l'intérieur de laquelle se glissent les deux formations calcaires devenant les deux valves de la *coquille, coq.* L'amas cuticulaire médian fournit le *ligament.*

Au milieu de la face ventrale, le volumineux *ganglion pédieux, g.p,* apparaît avant le pied, ainsi que les *otocystes, ot* et les *néphridies primitives, n,* longues et à canal étroit.

Le mésoderme, compact au début, fournit les *muscles* du voile, *mu,* et les muscles de la coquille.

2° *Trochosphère d'eau douce.* — Son aspect est peu caracté-

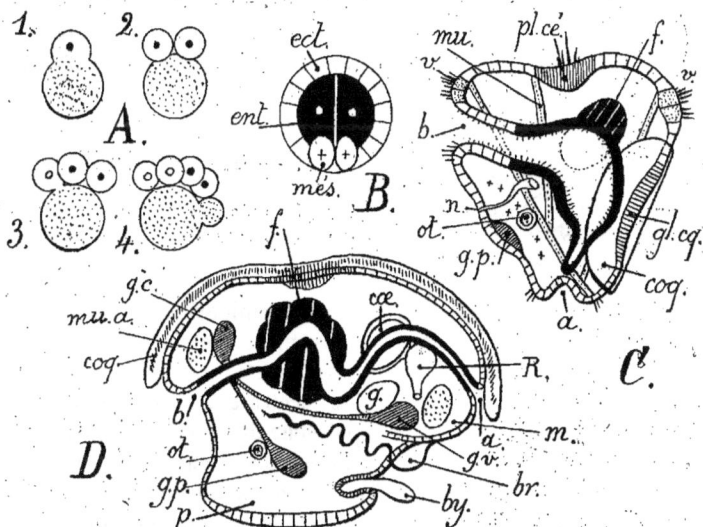

Fig. 96. — Développement des Lamellibranches.

A; B; C; chez le *Teredo.* — A; Segmentation. — B; *gastrula épibolique.* — C; *Trochosphère.*

D; embryon plus avancé de *Cyclas,* vu en coupe longitudinale; *g.c, g.v, g.p,* ganglions cérébral, viscéral et pédieux; *by,* byssus; *m,* manteau; *mu.a,* muscle antérieur; *f,* foie.

ristique. Le voile est réduit à une touffe ciliée postérieure chez l'*Unio* et, chez le *Cyclas,* à un petit champ entourant la bouche.

Origine des organes. — Voyons maintenant l'origine de quelques organes : le *cœur* provient de deux vésicules mésodermiques, placées symétriquement à droite et à gauche du rectum; ces vésicules se divisent, donnent en avant *deux oreillettes* communiquant avec la cavité centrale *ventriculaire,* et en arrière le *péricarde* dont deux lobes se reportent en avant pour entourer le tout, *cœ* (D). Tout à côté du cœur naissent les *organes de Bojanus*, *R* et les *glandes génitales*, *g*.

Les *branchies* apparaissent tardivement d'arrière en avant à la base du pied, sous forme de deux rangées de papilles. Les papilles internes croissent, renflent leurs extrémités libres en têtes, se soudent les unes aux autres, puis, se recourbant du côté du pied, forment le feuillet réfléchi de la branchie interne. La branchie externe, provenant de la deuxième rangée papillaire, se développe un peu après. — Chez le *Cyclas* et le *Teredo* l'appareil respiratoire naît d'un repli qui se contourne d'arrière en avant, *br* (D).

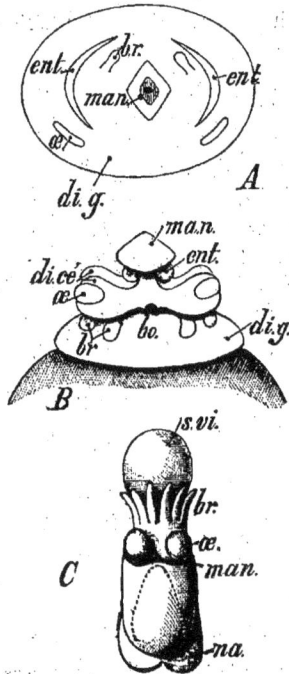

FIG. 97. — **Développement des Céphalopodes :** *Sepia.* — Formes extérieures. — A: *di.g*, disque germinatif développé sur le sac vitellin ; *ent*, entonnoir ; *man*, manteau ; *br*, branchies ; *œ*, yeux. — B ; *bo*, bouche ; *br*, bras ; *di.cé*, disque céphalique. — C ; embryon plus avancé présentant encore une partie non résorbée du sac vitellin, *s.vi* ; *na*, nageoire ; *br*, bras.

V. — CÉPHALOPODES

L'œuf méroblastique, gros et extrêmement riche en deutolécithe, subit une *segmentation partielle*. Le disque germinatif, *di.g* (fig. 98, A), accuse une symétrie bilatérale nette, et se montre bientôt formé d'une *aire centrale* claire, à une seule épaisseur de cellules, et d'une *aire périphérique* opaque, épaisse (B); quelques cellules émigrent, vont former l'*épithélium vitellin* ou entoderme, *ép.v*, bientôt recouvert par le mésoderme et l'ectoderme. Au moment où l'embryon accuse ses premières formes extérieures (fig. 97, A, B), l'ébauche de l'intestin apparaît en *i.m* (fig. 98, C), prend la forme d'un petit sac, s'allonge, se divise en deux : la *poche du noir*, *p.n* (D) et l'*intestin moyen*, qui un peu plus tard se munit d'un anus, *a*. Pendant ce temps, sur la face opposée (c'est-à-dire antérieure) une invagination ectodermique se dirige vers le pôle supérieur et constitue l'*intestin antérieur* avec la bouche, *b*, la *glande salivaire* très développée, *gl,s* et la *poche radulaire*, *r*. La communication du sac vitellin et du tube digestif se fait à l'aide d'un trou placé à la partie inférieure de l'estomac, trou qui se ferme quand le vitellus est résorbé.

La *glande coquillière*, *gl.coq*, provient d'une invagination ectodermique située au milieu du manteau, *m*; cette invagination se transforme en une vésicule close à parois épaisses qui émigre au milieu du mésoderme et sécrète la *coquille interne*.

Les *ganglions cérébraux*, *g.c*, *pédieux*, *g.p* et *viscéraux*, *g.v*, proviennent d'épaississements ectodermiques ventraux et dorsaux.

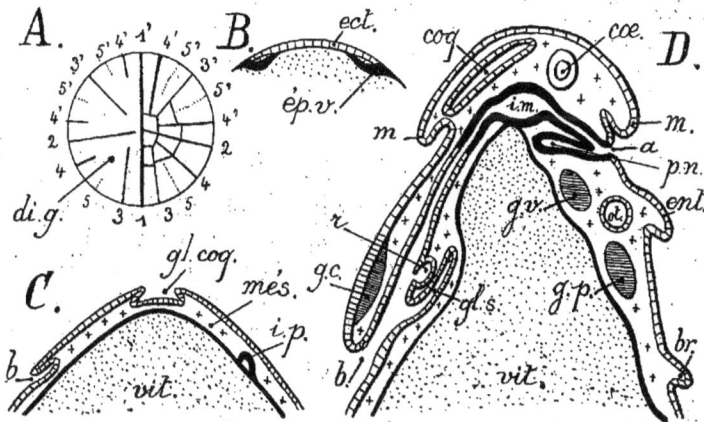

FIG. 98. — **Développement des Céphalopodes.** — A ; segmentation du disque germinatif de la Seiche; 1', portion postérieure; 1, portion antérieure. Les numéros indiquent l'ordre d'apparition des cloisons et la moitié droite du disque montre les blastomères centraux et les blastocones périphériques.

B ; C ; D ; coupes antéro-postérieures du Calmar à divers stades.

Entre les ganglions pédieux et viscéraux se trouvent les *otocystes*, *ot*, et à côté l'*entonnoir*, *ent*, qui a apparu sous forme de deux plis antérieurs et de deux plis postérieurs.

Les *branchies* dérivent de deux papilles, *br* (fig. 97, A), développées aux environs de l'anus; elles se placent plus tard dans la cavité du manteau.

En résumé : le **développement des Céphalopodes** est caractérisé par une larve dépourvue de voile et de pied, mais possédant un énorme sac vitellin et des bras.

PROTOCHORDES

A. HÉMICHORDES (ENTÉROPNEUSTES)

Les Entéropneustes présentent deux modes de développement : *direct*, chez le *Balanoglossus Kowalewskyi* ; *indirect* (type Tornarien) chez une espèce méditerranéenne.

(a) **Développement direct.** — La segmentation de l'œuf aboutit à une *gastrula invaginata* (fig. 99, A) ; l'entéropore devient l'anus et la bouche se perce à la partie supéro-ventrale, lorsque la larve s'est allongée et munie d'une couronne

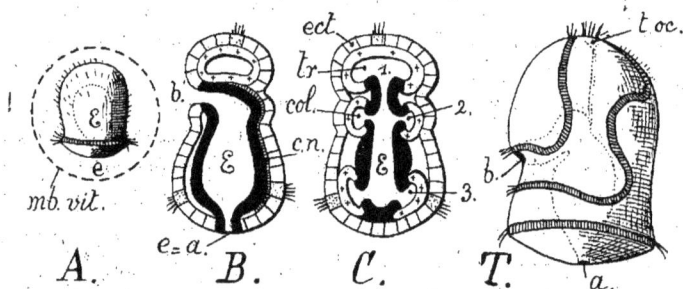

FIG. 99. — **Développement des Entéropneustes.**

A; B; C; développement *direct*. — *mb.vit*, membrane vitelline.
T; développement *indirect* avec *Tornaria*.

ciliée (B). L'entéron, ε, émet 5 diverticules qui s'isolent bientôt (C) : le premier, supérieur et impair, 1, forme la cavité de la *trompe*, *tr*, dans le lobe préoral ; les deux suivants, 2, 2′, symétriques et petits, forment l'anneau du *collier*, col ; les deux derniers, 3, 3′, postérieurs et grands, enveloppent l'entéron, s'allongent avec le *tronc*, lui fournissant son mésoderme et son cœlome.

C'est lentement et par différenciation progressive de la trompe, du collier et du tronc, que se fait la transformation en l'adulte.

(b) **Développement indirect.** — Après le stade *gastrula*, la larve acquiert la forme **Tornaria** (T) en se munissant d'une petite couronne *préorale*, surplombant la bouche, d'une couronne *marginale* plus grande, et peu après d'une couronne *préanale* régulière. — La Tornaria, restant ensuite longtemps sans modifier sa forme, développe ses organes, puis très vite se transforme en adulte.

Origine des organes. — Un sillon ectodermique soudant ses bords produit le *cordon nerveux dorsal*, *c.n.* L'entéron forme le *tube digestif* et envoie, en avant dans la trompe, un diverticule pharyngien qui devient la *notochorde ; en arrière*, il émet des diverticules creux qui s'ouvrent au dehors par des pores et constituent les *canaux branchiaux*. — Le mésoderme limite les 5 cavités cœlomiques formant la cavité générale, et se transforme complètement en mésenchyme dans le tronc, incomplètement dans le collier, ainsi que dans la trompe où il donne naissance à la *glande proboscidienne* et au *cœur*.

B. UROCHORDES (TUNICIERS)

I. — APPENDICULAIRES

L'œuf est petit et son développement peu connu rappelle celui des Ascidies, car les pores respiratoires se forment par invagination ectodermique.

II. — ASCIDIACÉS

Nous avons exposé et figuré, pages 318 et 320 (T. II, fasc. 2) le développement de la larve de *Phallusia* (*Ascidia*) *mamillata.*

Étudions le développement et la métamorphose de la *Clavellina.* La *segmentation totale* de l'œuf aboutit à une *gastrula invaginata* (fig. 100, A et B), à symétrie bilatérale. L'embryon s'allonge dans le plan médian, courbe sa portion postérieure et son entéropore, devenu étroit, émigre en avant. En même temps des éléments ectodermiques, qui se sont différenciés en un *anneau nerveux, a.n,* s'étendent sur la face dorsale et constituent d'arrière en avant le *tube médullaire, c.m.* Les cellules médianes d'un pli de la paroi dorsale de l'entéron donnent la *notochorde, not*; les cellules latérales fournissent le *mésoderme* composé de deux diverticules pairs.

La chorde et le mésoderme prennent naissance ici comme chez l'Amphioxus.— Le mésoderme antérieur, composé de plusieurs assises de petites cellules, fournit les parois de la cavité générale, les organes excréteurs et génitaux, le sang et les muscles ; le mésoderme postérieur, formé d'une seule assise de grosses cellules, produit les deux bandes musculaires de la queue, *mu* (D').

L'embryon devenu pyriforme brise sa membrane ovulaire, allonge sa *queue, q* (D), nage et sécrète sa cuticule qui contient bientôt quelques cellules mésodermiques éparses. Le pore neural se ferme, la bouche apparaît et s'ouvre dans un grand *pharynx, Ph,* terminé par un intestin en cul-de-sac. Cet intestin, recourbé vers la face dorsale, se met en rapport avec la vésicule cloacale gauche et se munit d'un anus. Puis les deux vésicules cloacales droite et gauche, produites par des invaginations de l'ectoderme, se fusionnent en une *cavité cloacale, cl,* qui s'unit à deux diverticules de l'intestin pour former les deux *sacs péribranchiaux.*

L'*endostyle, en,* provient de deux bourrelets ventraux accompagnés d'un anneau vibratile.

Entre l'extrémité postérieure de l'endostyle et l'œsophage nais-

sent bientôt deux *tubes épicardiques*, *t.épi*, qui se réunissent à
la *cavité péricardique*, *pé*, forment la paroi dorsale du cœur, *cœ*,
et joueront un grand rôle dans le bourgeonnement. Le cœur
provient d'une invagination de la paroi du péricarde.

Métamorphose. — Au bout de quelques heures de vie libre, la
larve, qui a acquis à peu près la constitution de l'adulte, se fixe

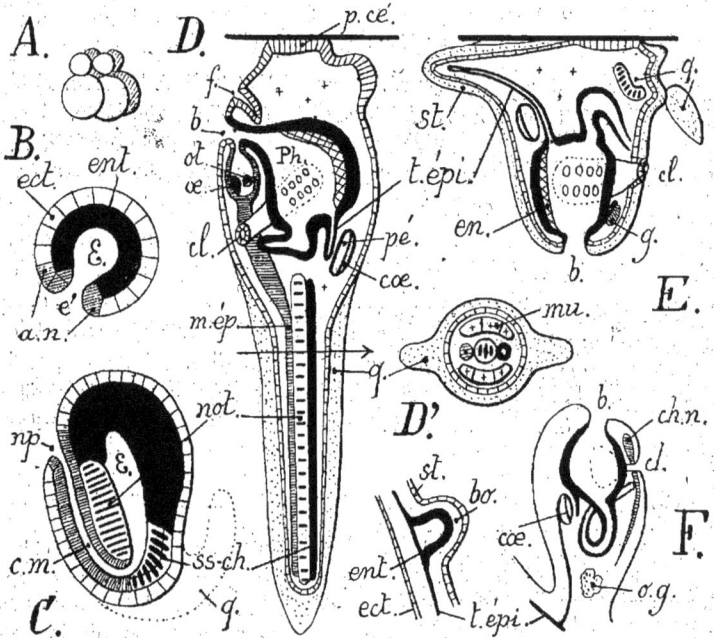

Fig. 100. — **Développement des Ascidiacés :** *Clavellina.* — A ; B ; stade *gastrula.* —
C, formation du canal médullaire, *c.m*, de la notochorde, *not* et de la sous-chorde, *ss.ch.* —
D ; embryon fixé par sa plaque céphalique, *p.cé.* — D' ; coupe de la queue. — E ; embryon
après la métamorphose, produisant son stolon, *st.* — F ; naissance à gauche d'un
bourgeon, *bo*, et formation à droite d'une jeune Clavelline.

par l'une de ses papilles adhésives antérieures (D). Un sillon
apparaît, *f*, s'élargit à tel point que la bouche, *b*, située d'abord
près du point de fixation, se trouve reportée à l'opposé (E).

La résorption des organes larvaires commence ensuite : la
substance cuticulaire de la queue, *q*, se détache ; les cellules de
la chorde se réunissent en amas et sont détruites par des phagocytes ; les cellules ectodermiques donnent de petites boules à
noyaux (identiques à celles vues pour les Muscides, page 121) qui

s'invaginent dans le corps. — La vésicule nerveuse se désagrège et donne un volumineux ganglion, g. — Les fentes branchiales se munissent de côtes transversales et de côtes longitudinales.

Bourgeonnement. — Pour se reproduire, l'animal fixé émet un *stolon, st,* sur lequel naissent les *bourgeons, bo* (F). L'ectoderme du bourgeon est en continuité avec celui du stolon; l'entoderme apparaît comme diverticule de la *lamelle épicardique, t.épi.* Cet entoderme donne le tube digestif, qui s'ouvre à la face antérieure du bourgeon et se termine dans un sac impair dorsal ou cloaque, *cl.* Deux sacs péribranchiaux volumineux prennent naissance; le système nerveux central, *ch.n,* apparaît sous forme d'un tube long et dorsal; les *organes génitaux, o.g,* dérivent d'une cavité génitale formée au sein d'amas mésenchymateux placés sous la boucle du tube digestif.

III. — THALIACÉS

Nous renvoyons à la page 327 du T. II, fasc. 2, pour l'évolution si curieuse du *Doliolum.*

Étudions, parmi les Salpes, la *Salpa democratica-mucronata,* qui présente deux individus : (a) individu *solitaire, asexué* et *bourgeonnant* (*S. democratica*); (b) individu *agrégé, sexué,* hermaphrodite, naissant sur un stolon et restant en chaîne toute sa vie (*S. mucronata*).

L'*œuf* provient de cellules mésodermiques situées en arrière du cœur, contre l'éléoblaste, chez la *S. democratica;* ces cellules se disposent à la file dans le stolon (fig. 101, F, *c.g*). Dans chaque bourgeon, c'est-à-dire dans chaque *S. mucronata,* se place un seul ovule qui s'entoure d'un follicule et se développe.

Le *follicule* forme d'abord (A) deux diverticules latéraux, *tes,* origines des *testicules,* puis un diverticule médian, *ovi.* Celui-ci s'insinue entre les parois du corps et du cloaque, s'ouvre dans cette cavité, forme l'*oviducte,* se raccourcit (B) et entraîne l'œuf près de son orifice.

Dans la membrane folliculaire devenue l'ectoderme provisoire, l'œuf subit une *division égale* et produit l'ectoderme définitif; la base de l'ectoderme provisoire, qui se détruit, bourgeonne une grosse masse spongieuse ou *placenta, p* (C).

Les organes apparaissent ensuite : une petite fente supérieure donne le *cloaque, cl*; une autre, large et inférieure, est l'ébauche du pharynx, *Ph.* L'ectoderme dorsal s'épaissit en une vésicule interne et creuse (*cerveau*, *g*); les éléments mésodermiques se groupent en un *péricarde*, *pé*, un *cœur* et une *masse éléoblas-*

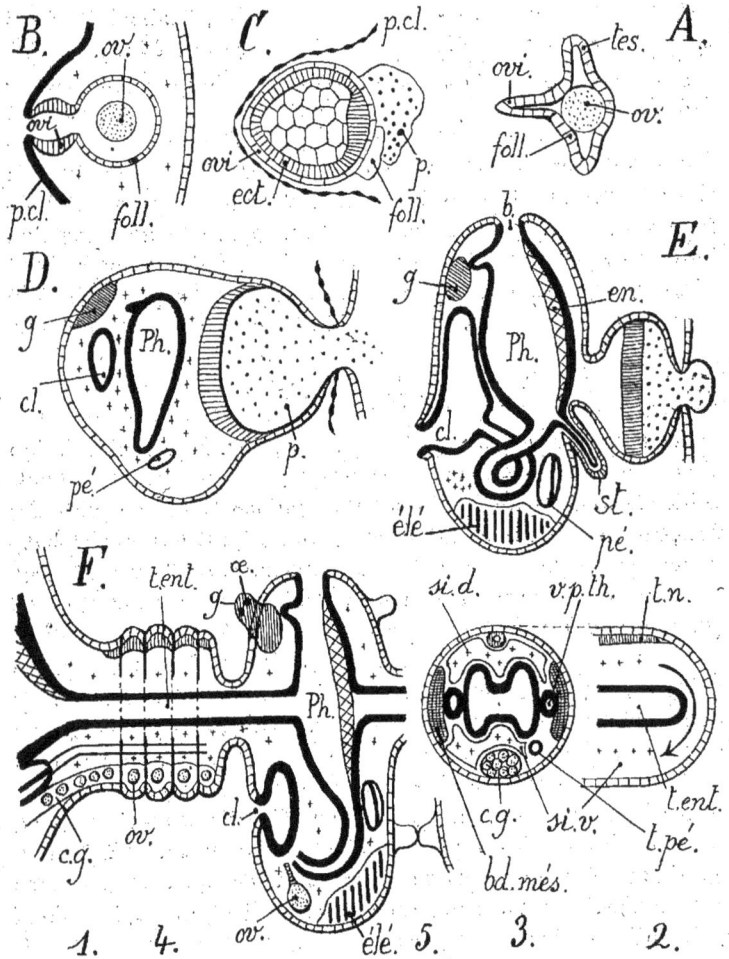

Fig. 101. — **Développement des Thaliacés :** *Salpa democratica-mucronata.* — A ; le follicule de l'œuf produit les testicules et l'oviducte. — B ; raccourcissement de l'oviducte ; *p.cl*, paroi du cloaque. — C ; segmentation de l'œuf. — D ; formation du pharynx, du cloaque et du placenta ; *pé*, péricarde. — E ; *Salpa democratica.* — F ; formation d'un individu sexué sur le stolon. 1 ; portion maternelle. 2 ; portion distale du stolon. 3 ; coupe transversale. 4 ; segmentation du stolon. 5 ; *Salpa mucronata.*

tique, *élé* (E). Le pharynx se munit d'un tube digestif, d'un *endostyle*, *en* et envoie un diverticule dans le *stolon*, *st*. L'embryon devenu énorme est maintenu dans le corps de sa mère par son placenta (E); il brise son attache et est expulsé à l'état de *S. democratica.*

Ici nous n'avons *pas de larve urodèle,* puisque la larve se développe dans le corps maternel et possède un placenta. Cependant l'éléoblaste représente les éléments mésodermiques de la queue et un amas de fines cellules, placées à côté, en figurent le système nerveux.

Bourgeonnement. — La forme solitaire va maintenant bourgeonner la forme agrégée (F) ; pour cela le stolon s'allonge, se munit en son centre (3) : d'un *tube entodermique,* enforme d'H, *t.ent,* dérivant du cul-de-sac endostylaire ; de *deux sinus sanguins, si.v* et *si.d,* communiquant entre eux par l'extrémité du stolon (2) ; d'un *tube nerveux, t.n,* provenant d'une invagination ectodermique ; d'un *tube péricardique, t.pé,* dérivant du cœur et du péricarde (1) ; de *deux vésicules périthoraciques, v.p.th*; de *deux bandes mésodermiques, bd.més* et *du cordon génital, c.g,* dont nous avons parlé plus haut.

Le stolon se segmente à sa base (4), et des étranglements profonds coupent tous les tubes, les cordons et les vésicules, les branches verticales de l'H et ne respectent que la branche horizontale et les sinus vasculaires. Dans chaque segment *devenu un individu,* les deux vésicules périthoraciques se portent à la partie inférieure, forment les *vésicules cloacales* et s'ouvrent dans le pharynx.

Les embryons prennent bientôt la structure marquée en 5 et subissent ensuite un déplacement latéral, qui les amène : 1° à pendre au-dessous du stolon ; 2° à se placer sur deux rangs en alternance ; 3° à se regarder — et cela par suite du développement exagéré de certaines régions stoloniales. — Le stolon se détruit ensuite, mais les individus restent attachés par groupes de huit, grâce à des papilles latérales qui naissent sur leurs tuniques et s'accolent, les unes aux autres, sans se souder.

L'embryon devenu *S. mucronata* perfectionne ensuite son organisme, se munit d'yeux compliqués, *œ,* portés par un volumineux ganglion cérébral, *g*; les *organes génitaux* (testicules, oviducte) se développent aux dépens de l'ovule du stolon, *ov,* ainsi que nous l'avons vu en débutant.

C. CÉPHALOCHORDES

L'œuf de l'*Amphioxus* alécithe, petit et pauvre en vitellus, subit une *segmentation totale* et presque égale (fig. 31; B : stade 2, vu d'en haut; C : stade 4, vu d'en haut; des plans équatoriaux donnent ensuite 8, 16, 32 blastomères). Au stade *blastula* (E) fait suite une *gastrula invaginata* (G, H); l'embryon s'allonge, se courbe et son entéropore devient antérieur et dorsal. La plaque médullaire d'origine ectodermique s'enfonce en bloc et se transforme ensuite en un *tube neural* (I, *ch.n*); au-dessous et aux dépens de l'entoderme, un *pli médian* fournit, d'avant en arrière, la *chorde dorsale, no*; *deux plis latéraux* se creusent de cavités cœlomiques, se ferment en vésicules mésodermiques, *v.més* et se coupent, d'avant en arrière, en segments pairs ou *sacs cœlomiques*. Au bout de 24 heures, la larve présente dix-sept de ces sacs.

La production du mésoderme est identique à ce que nous avons vu chez les Échinodermes, les Brachiopodes, les Chætognathes et les Entéropneustes. — Remarquons ici que la métamérisation intéresse tout le mésoderme.

Dès que l'embryon possède deux segments mésodermiques, il quitte sa membrane ovulaire, s'allonge, se comprime et prend l'aspect de Poisson (fig. 102); la *nageoire caudale, na.c*, apparaît comme épaississement ectodermique à cellules très longues. Lorsqu'il possède neuf segments, le *segment antérieur* impair s'allonge dans la tête et les dissépiments s'inclinent en arrière. — Les cavités segmentaires entourent le tube digestif, forment sur sa partie ventrale un splanchnocœlome et une *veine sous-intestinale, v.s.i*, qui se termine à droite vers la *glande en massue, gl*, provenant d'un pli de l'intestin. Celui-ci forme de plus deux diverticules en avant : l'un, volumineux, se place à droite et devient un sac antérieur; l'autre restant petit à gauche est adossé à la chorde dorsale : c'est *l'organe vibratile, o.v*, qui se met en relation avec le cerveau et avec l'extérieur. — En avant de la glande apparaît *l'endostyle, en*, sous forme de sillon vibratile.

C'est dans le second segment que naît la *première fente branchiale primaire*, délimitant son pourtour par un anneau de hautes cellules entodermiques et se plaçant bientôt sur le côté droit du corps. Puis, derrière cette première fente, s'en développe une rangée d'autres (*fentes primaires*), au nombre de 14 en général ;

chaque fente correspond à un segment et s'ouvre sur le côté droit du pharynx. Les deux plis ventraux qui délimitent ces fentes se rapprochent et se soudent, constituant la *cavité péripharyngienne, c.pph.* Cette cavité se place entre la paroi du corps et le pharynx et communique avec l'extérieur par le *pore abdominal.*

Au-dessus des fentes primaires, et en alternance avec elles, apparaissent les *fentes branchiales secondaires, f'* (8 en général);

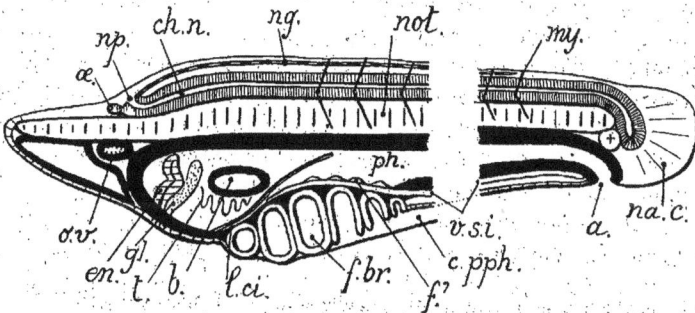

FIG. 102. — **Développement des Céphalochordes :** *Amphioxus.* — *ng,* gouttière dorsale ; *l.ci,* languette ciliée.

qui se portent sur le côté droit, pendant que les premières émigrent sur le côté gauche. Puis toutes les fentes se dédoublent par suite de l'apparition de cloisons.

L'ouverture buccale larvaire, b, apparaît dans le premier segment du côté gauche ; à la partie postérieure et du même côté se perce *l'anus, a,* lorsque le tube digestif s'est séparé du tube neural. — La bouche larvaire s'entoure ensuite d'un *voile,* sur lequel des tentacules apparaissent ; la bouche définitive émigre sur la ligne médiane et ventrale. Les cirres buccaux garnis de leurs tigelles squelettiques s'ébauchent.

La larve, pélagique jusque-là, s'ensable ensuite ; ses *fentes branchiales tertiaires* apparaissent durant l'état adulte ; le nombre de ses fentes primaires diminue et devient égal à celui des fentes secondaires (8 en général). — La partie antérieure du canal médullaire se différencie en un cerveau antérieur avec *ocelle, œ* et un bulbe en connexion avec la *fossette olfactive* (ancien pore nerveux, *np*).

De petits canaux font communiquer la cavité péripharyngienne avec le cœlome subchordal : ce sont des *canaux néphridiens,* disposés à côté de glomérules artériels. — Enfin, du dixième au trente-cinquième segment, de petits bourgeons (*ébauches des organes génitaux*) naissent sur la paroi épithéliale de chaque vertèbre primordiale, se munissent de conduits et s'entourent de petites chambres.

VERTÉBRÉS

Généralités. — La reproduction des Vertébrés est toujours sexuée et les développements y sont dilatés ou condensés.

1° Le **mode dilaté** est rare et l'œuf, pauvre en vitellus nutritif, donne une *morula*, une *blastula*, puis une *gastrula invaginata*.

Le neuraxe, la notochorde et le mésoderme prennent naissance comme nous l'avons vu chez l'*Amphioxus*, puis acquièrent leur structure définitive très complexe.

Le *cordon nerveux* est placé au-dessus de la *chorde dorsale* qui s'étend jusque dans la tête ; cette disposition persiste chez l'adulte.

Le *mésoderme* comprend deux parties :

(a) Ses *cavités*. Elles se divisent en 4 vésicules : *deux dorsales*, se segmentant en mésosomites et fournissant les fibres musculaires ; *deux ventrales*, ou *plaques latérales*, qui grandissent, entourent l'intestin et forment la *cavité péritonéale* avec les cavités pleurale et péricardique pour annexes.

(b) Son *mésenchyme*. Celui-ci organise ses cavités en *appareils circulatoire* et *lymphatique ;* il dispose les éléments de sa portion splanchnique autour de la notochorde et du neuraxe, pour fournir le *sclérome*, origine des vertèbres.

L'*appareil excréteur* des Vertébrés a une disposition segmentaire, car les tubes néphridiens sont groupés par paires et débouchent de chaque côté du corps dans un canal commun (fig. 20, A').

2° Le **mode condensé** présente de nombreuses modifications dues à l'abondance du deutolécithe. Le pôle supérieur de l'œuf, constitué par le vitellus formateur (*disque germinatif*), se segmente seul et produit une *discogastrula* (Poissons en général, Reptiles, Oiseaux, Mammifères).

Ces modifications dues au deutolécithe sont graduelles : partant de l'œuf de l'*Amphioxus* pauvre en vitellus, qui présente une *segmentation totale* et une *gastrula invaginata* nette,-nous trouvons chez les Cyclostomes, les Ganoïdes et les Amphibiens une segmentation *totale, mais vite inégale*, aboutissant à une *gastrula* dont le vitellus est accumulé au pôle inférieur; les œufs des Sélaciens et des Téléostéens sont gros et si bien pourvus en deutolécithe qu'ils ne se segmentent plus entièrement; *la cicatricule seule se divise* comme cela a lieu chez les Reptiles, les Oiseaux et les Monotrèmes. Une *discogastrula* se produit et une volumineuse vésicule vitelline pend à la face ventrale de l'embryon.

Chez les Mammifères vivipares, l'ovule est petit et sans deutolécithe; un *placenta* remplace la vésicule et nourrit l'embryon.

Métamorphoses.

1° *Métamorphoses externes*. — Lorsque le vitellus nutritif est peu abondant, de bonne heure l'embryon allongé et aquatique est mis en liberté ; il est incapable de se reproduire (sauf le cas de l'Amblystome), muni d'organes adaptatifs tels qu'épines et disques adhésifs et porte une petite vésicule vitelline. Cette vésicule est assez grosse chez les Ganoïdes et les Téléostéens.

2° *Métamorphoses internes*. — Un abondant deutolécithe entraîne une segmentation partielle de l'œuf et l'embryon n'éclôt que quand il a acquis ses organes définitifs ; il se nourrit aux dépens d'une *vésicule vitelline* énorme (quelques Sélaciens) ou d'une *vésicule allantoïde* jointe à la précédente (Reptiles, Oiseaux, Mammifères ovipares).

Les Mammifères vivipares possèdent une vésicule vitelline *très réduite*, mais par contre leur *allantoïde* très développé fournit le *placenta*.

Ces métamorphoses internes entraînent, chez les Amniotes, la production des *annexes embryonnaires* (amnios et allantoïde) qui disparaissent à l'éclosion.

En résumé, le **développement des Vertébrés est caractérisé :** par une *évolution régulière* allant des Vertébrés inférieurs aux supérieurs et par le *maintien du plan structural larvaire* chez l'adulte. — Les *seules variations* dans le développement tiennent à la *complexité plus ou moins grande de la structure définitive*, à l'*abondance variable du deutolécithe* entraînant une *segmentation totale ou discoïdale*, un *développement avec métamorphoses externes* ou *internes* et une *production d'annexes embryonnaires*.

VERTÉBRÉS ANAMNIENS

A. POISSONS

Leur développement a lieu sans amnios ni allantoïde.

I. **Cyclostomes.** — L'œuf de *Petromyzon Planeri* est volumineux (1 millimètre), à deutolécithe abondant et subit une *segmentation totale et inégale; morula*, puis *gastrula* à entéropore dorsal. La plaque médullaire ne s'incurve pas en gouttière, mais s'épaissit en un cordon.

Au bout de deux ou trois semaines, la vésicule vitelline, qui était devenue postérieure, est résorbée et l'embryon éclôt. Après trois ou quatre semaines seulement, l'embryon est devenu l'*Ammocœtes branchialis :* pour cela il s'est allongé ; ses yeux latéraux ont apparu, mais sont restés sous la peau (Voir T. II, fasc. 2, fig. 401, A); la fossette olfactive ventrale s'est formée; l'ouverture buccale est devenue un grand vestibule; les nageoires dorsales et ventrales se sont réunies à l'extrémité postérieure du corps.

L'Ammocœte vit plusieurs années, perfectionnant ses organes; puis il atteint la taille de l'adulte et subit en automne sa métamorphose définitive : ses *appareils de nutrition* (foie et reins), qui caractérisent sa vie purement nutritive, s'atrophient; au contraire, ses *appareils de relation* et de *reproduction* se développent ou se perfectionnent (yeux, encéphale, branchies, glandes sexuelles). L'*adulte* vit quelques semaines seulement.

Ce développement dilaté à stases peut être comparé à celui des Insectes holométaboliens.

II. **Ganoïdes.** — Le développement de l'Esturgeon est *dilaté ;* son œuf, de 2 millimètres de diamètre, subit une segmentation *totale et inégale*, avec grande cavité blastocœlienne aboutissant à une *gastrula* asymétrique. Le neuraxe se forme par une gouttière.

Le développement est *plus condensé* chez le Lépidostée, dont l'œuf est plus gros et plus riche en matériaux nutritifs; le stade gastrula est mal connu et le neuraxe ne se forme pas par une gouttière. La masse vitelline donne une grosse vésicule, sans cordon ; de grandes branchies externes apparaissent comme chez les Amphibiens et les Téléostéens.

L'éclosion des Ganoïdes est très tardive et donne de petites larves, ayant la constitution de l'adulte. La longue queue se réduit et donne la nageoire impaire et postérieure.

Le *Polypterus* a une larve munie de grandes branchies externes.

III. **Sélaciens.** — Leur développement est *condensé* et leur œuf, à volumineux deutolécithe et petite cicatricule, fournit une *gastrula* asymétrique assez semblable à celle des développements dilatés. Dès les premiers stades de la segmentation, le neuraxe apparaît sous forme de gouttière; l'entéron reste uni à la vésicule vitelline ou ombilicale par un *cordon ombilical*, comme chez les Reptiles et les Oiseaux.

L'embryon se munit de longues branchies externes disposées sur les fentes viscérales, la première fente ou évent n'en ayant qu'une paire et les autres deux; ces branchies tombent au moment de l'éclosion qui arrive lorsque les organes sont achevés. La métamorphose est donc *interne*.

Le *Mustelus Lævis* et le *Carcharias* possèdent un *placenta ombilical*.

IV. Téléostéens. — Leur développement *condensé* rappelle celui des Sélaciens; l'œuf petit, mais à deutolécithe abondant, donne une *discogastrula* munie d'un *bourgeon caudal*. Le blastoderme entoure la vésicule ombilicale, qui pend à la face ventrale de l'embryon et perd ses connexions avec le tube digestif; des vaisseaux sanguins assurent les échanges nutritifs.

L'embryon, ébauché au pôle supérieur, s'enroule, se munit d'une queue, d'une nageoire impaire médiane, d'une tête ronde, d'yeux volumineux et éclôt hâtivement, n'ayant pas encore acquis son organisation définitive; la métamorphose, peu importante en général, est donc *externe*.

C'est chez les Pleuronectidés que les métamorphoses sont les plus importantes : les yeux, symétriques chez le jeune animal long de 2 à 3 centimètres, sont du même côté chez l'adulte.

B. AMPHIBIENS

Leurs développements sont bien connus et *dilatés* chez les Amphibiens ovipares (Grenouille et Triton); moins connus et un peu condensés chez les vivipares.

I. Gymnophiones. — L'œuf de ces animaux est riche en deutolécithe et le développement, *un peu condensé*, donne un embryon qui, quoique enfermé dans une coque ovulaire, respire l'air avec des branchies externes. Les métamorphoses sont presque toutes *internes*; les appareils respiratoires tombent à l'éclosion. Les jeunes Gymnophiones ressemblent aux Dérotrèmes.

II. Urodèles. — Leur évolution est, en général, accompagnée de *métamorphoses externes*.

La métamorphose est *presque nulle* chez les Pérennibranches qui sont munis d'une queue, de branchies externes et respirent avec des poumons.

Les Dérotrèmes gardent la queue de la larve, l'opercule, une fente branchiale, mais perdent leurs branchies externes ; ils présentent donc une *faible* métamorphose.

Les Salamandrines, au contraire, ont des métamorphoses *complexes*, car ils offrent tout d'abord les stades Pérennibranche et Dérotrème ; ils ferment ensuite leur cavité branchiale, acquièrent la respiration pulmonaire et conservent leur queue.

Lorsque le vitellus nutritif est abondant, la métamorphose est interne. Les *Salamandra maculata* et *atra* rejettent leurs petits tout achevés ; dans l'oviducte maternel les embryons étaient munis de longues branchies externes et ramifiées.

III. Anoures. — Les développements *dilatés* y sont fréquents et accompagnés de *métamorphoses accusées* (Voir le développement de la Grenouille, p. 66).

Les développements *condensés*, accompagnés de métamorphoses *internes*, se rencontrent chez *Rana opisthodon*, *Hylodes* et *Pipa*.

VERTÉBRÉS AMNIENS

C. REPTILES

L'œuf, pourvu d'un vitellus nutritif abondant et d'une couche épaisse d'albumine sous la coque, subit une segmentation comparable à celle des Oiseaux (Voir p. 43). La *discogastrula* une fois obtenue, l'embryon s'organise d'une manière à peu près identique à celle que nous avons envisagée pour l'embryon de l'Homme et des Vertébrés supérieurs. (Consulter à ce sujet les pages 45 à 64.)

D. OISEAUX

Consulter les pages 36 à 37, 43 à 64 pour l'étude de la structure et de la segmentation de l'œuf des Oiseaux, et pour le développement de l'embryon.

E. MAMMIFÈRES

Consulter les pages 33 à 36, 43, 45 à 64 pour l'étude de la segmentation de l'œuf, du développement de l'embryon et de la division des **Mammifères** en *placentaires* et *implacentaires* (page 49).

TABLEAU SCHÉMATIQUE

des principaux développements des Métazoaires

ABRÉVIATIONS :

œ, œuf.

m, morula.

b, blastula.

p, parenchymula.

g. emb., gastrula embolique.

g. épib., gastrula épibolique.

N, Nauplius.

Z, Zoé.

T, Trochosphère.

Principaux développements des Métazoaires.

Spongiaires {
- Éponges calc. et *Halisarca* lob.... œ → Amphiblastula → g. emb. → adulte.
- Ép. non calc. et *Ascetta*....... œ → b → Parenchymula → adulte.
}

HYDROZOAIRES
- Hydrides et Hydroméduses...... œ → m → b → p → Hydrule → polype → polype → adulte / méduse.
- Tubularia coronata.......... œ → m → Actinule → polype → méduse.
- Trachyméduses............ œ → m → p → méduse.
  - *Liriope mucronata*........ œ → m → b → p → méduse.
- Siphonophores........... œ → m → p → Calyconula ou Siphonula → adulte / méduse.

Polypes {
- Cuboméduses............ œ → Scyphule → p → Scyphopolype → méduse.
- Stauroméduses........... œ → m → p → méduse.
- Discoméduses inférieures..... œ → m → b → g. emb. → p → Scyphule → Scyphist → Strobile → Éphyre → méduse.
- Discoméduses supérieures.... œ → m → p → Scyphule → Scyphist → Éphyre → méduse.
- Anthozoaires........... œ → m → p → Scyphule → adulte.
  - *Actinia equina, Monoxenia*... œ → m → b → g. emb. → Anthopolype → adulte.
- Cténophores........... œ → g. épib. → Scyphiule → Cténule → adulte.
}

SCYPHOZOAIRES

Échinodermes {
- Stellérides............ œ → b → g. emb. → Bipinnaria → Brachiolaria → adulte.
- Ophiurides............ œ → b → g. emb. → Pluteus → adulte.
- Échinides............. œ → b → g. emb. → Pluteus → adulte.
- Crinoïdes (*Antedon*)....... œ → b → g. emb. → Pupe → l. Cystide → l. Pentacrinoïde → Comatule.
- Holothurides (*Synapta*)..... œ → b → g. emb. → Auricularia → Pupe → adulte.
  - *Cucumaria doliolum*....... œ → Pupe. → adulte.
  - *Psolius brevis*......... œ → adulte.
}

Décapodes... {
- Penœus....... œ → péricblastula → *Nauplius → Métal → Protol → Z → Mysis → adulte.
- Sergestes..... œ → Protol → Z → Acanthosoma → Mastigopus → adulte.
- en général.... œ → Z → Mysis → adulte.
- Crabe....... œ → Z → Mégalope → adulte.
- Astacus...... œ → adulte.
}

Schizopodes {
- Euphausia... œ → *N → MétaN → Calyptopis → Furcilia → Cyrtopia → adulte.
- Mysis...... œ → adulte.
}

Stomatopodes... œ → Erichthus → adulte.

Isopodes parasites... œ → stade limpide → stade Cryptoniseien → stade Pterygode → adulte.

Copépodes {
- libres.... œ → *N → mue → MétaN → Cyclops → mues → adulte.
- parasites... œ → N → Cyclops → adulte.
}

Ostracodes {
- Cypris.... œ → N → adulte.
- Cythere.... œ → adulte.
}

CRUSTACÉS

Arthropodes {
- Cirripèdes..... œ → N → MétaN → Cypris → mue → adulte.
- Kentrogonides... œ → N 4 mues → Cypris → Kentrogone → adulte.
}

- Amétaboliens... œ → larve dépourvue d'ailes → adulte.
- Hémimétaboliens.. œ → larve → nymphe → adulte.
- Holométaboliens (Lépidoptères)... œ → larve → chenille → nymphe = chrysalide → imago = papillon → adulte.

INSECTES

* Astérisque indiquant le moment où l'embryon quitte l'œuf.

Plathelminthes.	Némertes. { Lineus lacteus.....	∞ → b → g. emb. → **Pilidium** → adulte.
	Lineus obscurus....	∞ → g. emb. → adulte.
	Turbellariés. Polyclades.....	∞ → g. épib. → larve de Müller → adulte.
	Trématodes Distomum hepaticum.	∞ → [cilié → (migr.)] → Sporocyste → Rédie → Cercaire → (migr.) → adulte.
	Cestodes. { Téniadés.....	∞ → m → **emb. hexacanthe** → (migr.) → Cysticerque → Scolex → adulte.
	Bothriocéphalidés.	∞ → **emb. hexacanthe** → (migr.) → Plérocerque → adulte.
Lophostomiens.	Rotifères.....	∞ → g. épib. → **Trochosphère** → adulte.
	Bryozoaires.....	∞ → b → g. → larve libre → métamorphose → polype → adulte.
	Brachiopodes.....	∞ → m → b → g. emb. → **T.** → métamorphose → adulte.
Annelés.	Polychètes. { Eupomatus.....	∞ → b → g. emb. → **T.** → larve libre → métamorphose → adulte.
	Terebella.....	∞ → g. épib. → adulte.
	Oligochètes. Lumbricus.....	∞ → b → g. emb. → adulte.
	Gephyriens. { Echiurus.....	∞ → ... → **T.** (larve de Loven) → adulte.
	Thalassema.....	∞ → b → g. emb. → **T.** → adulte.
	Phoronis.....	∞ → b → g. emb. → **T.** → **Actinotroque** → métamorphose → adulte.
Mollusques.	Amphineures. Chiton.....	∞ → g. emb. → **T.** → adulte.
	Gastéropodes. { Paludina.....	∞ → g. emb. → **T.** → stade Véligère → adulte.
	Nassa.....	∞ → g. épib. → **T.** → peu nette → adulte.
	Scaphopodes.....	∞ → b → g. emb. → **T.** → adulte.
	Acéphales. { Teredo.....	∞ → g. épib. → **T.** → peu nette → adulte.
	Cyclas.....	∞ → b → g. emb. → **T.** → peu nette → adulte.
	Céphalopodes.....	∞ → g. emb. → adulte.

Protochordés.	Hémichordés.....	∞ → g. emb. [→ **Tornaria**] → adulte.
	Urochordés. { Clavelina.....	∞ → g. emb. → embr. médic → métamorphose → indiv. sexué → Stolon → adulte.
	Pyrosoma.....	∞ → Cyathozoïde → Ascidiozoïde → Stolon → adulte.
	Salpa.....	∞ → indiv. solitaire, sexué → Stolon → indiv. agrégé, sexué = adulte.
	Doliolum.....	∞ → Nourrice { bourg. lat. → Gastrozoïdes
		médians → Phorozoïdes
		médians → Gonozoïdes → Indiv. sexué → ∞
Vertébrés.	Céphalocordés. Amphioxus.....	∞ → m → b → g. emb. → larve → adulte.
	Poissons. { Cyclostomes.....	∞ → m → b → g. emb. → Ammocœte → adulte.
	Téléostéens.....	∞ → discogastrula → métamorphose externe → adulte.
	Amphibiens. { Salamandre.....	∞ → discogastrula → stade pérennibranche → stade dérotrème → adulte.
	Grenouille.....	∞ → m → b → g. emb. → Têtard → adulte.
	Reptiles.....	
	Oiseaux.....	∞ → discogastrula → métamorphose interne → adulte.
	Mammifères.....	

TROISIÈME PARTIE

COMPLÉMENTS

DU

COURS D'ANATOMIE ET DE PHYSIOLOGIE

I. — GLANDES

§ 1. — GLANDES MAMMAIRES.

La plupart des animaux naissent d'un œuf qui renferme la proportion de matières nutritives nécessaire au développement du jeune jusqu'au moment où, devenu libre, celui-ci puisera au dehors une nourriture analogue à celle de l'adulte.

Chez les *Mammifères*, le nouveau-né exige une alimentation spéciale que lui offre la mère : c'est le *lait*. Peu à peu, les glandes digestives du jeune Mammifère, incomplètement développées à la naissance, acquièrent la propriété de sécréter les principes acides ou salins qui caractérisent les sucs digestifs et rendent possible la dissolution d'aliments variés.

La *lactation* ou sécrétion du lait se manifeste chez la femelle seulement, après l'accouchement; elle dure aussi longtemps que l'*allaitement* du jeune. Le lait est le produit de sécrétion des *mamelles*.

Description des mamelles. — Les mamelles existent dans les deux sexes ; elles se développent seulement chez la femelle, à partir de l'époque de la puberté. Elles forment alors, sauf chez les Monotrèmes, des proéminences plus ou moins accusées, variables comme nombre et comme position avec les espèces considérées.

Nombre des mamelles. — En général, le nombre des mamelles est en rapport avec le nombre moyen des petits d'une même portée : 2 (Homme, Singe, la plupart des Chéiroptères, Rhinocéros, Éléphant, Tapir, Cheval, Cétacés, etc...);

4 (Vache, Lion, Panthère, Loutre); 6 (Ours, Raton); 8 (Chat); 10 (Chien, Lapin, Lièvre, Porc); plus de 10 (Porc quelquefois, Agouti); 8 à 14 (Marsupiaux, où les mamelles sont disposées en cercle autour d'une mamelle centrale). Quelques-uns de ces organes avortent parfois.

Position des mamelles. — Les mamelles sont généralement placées sur la face ventrale. (Un Rongeur de l'Amérique du Sud, le *Myopotamus*, a des mamelles dorsales.) Ancestralement disposées par paires en deux rangées longitudinales, parallèles et symétriques, les mamelles ont conservé ce caractère chez les femelles qui mettent bas un grand nombre de petits; quand le nombre des petits par portée diminue, ce sont les mamelles occupant la partie moyenne des deux rangées qui disparaissent d'abord; puis l'atrophie se poursuit : tantôt à la partie postérieure (les mamelles persistantes sont dites *pectorales*), tantôt à la partie antérieure (les mamelles persistantes sont dites *abdominales, inguinales, vulvaires, anales,* suivant leur position).

Mamelles
{
thoraciques : Femme, Singes, Chéiroptères, Éléphant, Tatou, Sirénides.
abdominales : Quadrupèdes pour la plupart.
inguinales : Cheval, Chameau.
vulvaires : Cétacés.
anales : quelques Insectivorés (Musaraigne).
}

En général, les mamelles font saillie et le mamelon également; quelquefois elles sont cachées dans une fossette cutanée : chez le Marsouin, des deux côtés de la vulve se trouve une ouverture en boutonnière pourvue, au fond, d'un mamelon qui fait saillie lorsque le petit a besoin de téter.

Les Mamelles sont situées, chez les Marsupiaux, au fond de la poche marsupiale.

Chez la Femme, les mamelles forment, sur la poitrine, deux proéminences hémisphériques *M* (fig. 103, A), pourvues chacune d'une saillie centrale appelée *mamelon, m;* le mamelon occupe le centre d'une *auréole, au,* dépourvue de poils, tandis que la mamelle est tapissée d'un grand nombre de poils fins.

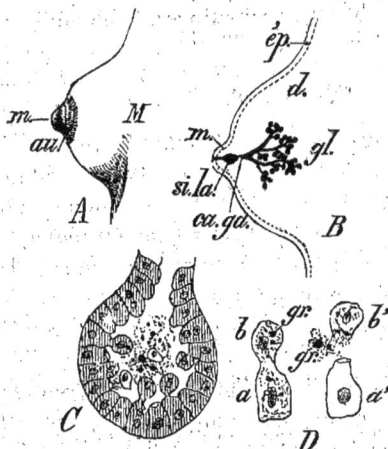

Fig. 103. — Constitution d'une mamelle et production du lait. — A, mamelle de la Femme, *M*; *m,* mamelon; *au,* auréole. — B, coupe schématique; *ép,* épiderme; *d,* derme; *gl,* glande en grappe; *ca.ga,* canal galactophore; *si.la,* sinus lactifère. — C, acinus glandulaire. — D, *ab, a'b',* cellule épithéliale subissant la fonte; *gr,* globules gras.

Structure d'une mamelle. — Sous l'épiderme, *ép* (fig. 53, B) qui la revêt, la mamelle présente un derme, *d,* composé de fibres musculaires lisses enveloppant 15 à 20 glandes en grappe, *gl* (fig. 103 et 104); de nombreux vaisseaux sanguins nourrissent abondamment ces glandes, pendant la lactation en particulier. Le tout est réuni par du tissu conjonctif adipeux.

Les fibres musculaires lisses sont très nombreuses dans le mamelon; en se contractant sous l'influence d'une excitation, de la succion, etc..., elles en provoquent l'érection. Des glandes sébacées, très réduites dans le mamelon, atteignent un grand développement sur toute l'étendue de l'auréole et portent le nom de *glandes lactées erratiques;* elles sont un diminutif des *énormes glandes sébacées que représentent,* en réalité, les 15 ou 20 *lobes* inclus dans une mamelle.

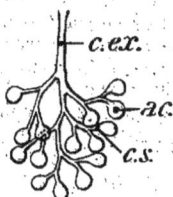

Fig. 104. — Glande en grappe; *ac.,* acinus; *c.s.,* canal excréteur de l'acinus; *c.ex,* canal excréteur de la glande.

Chaque lobe mammaire comprend une série d'acini, avec autant de courts canaux excréteurs qui rassemblent le produit de la sécrétion dans un *canal galactophore* commun, *ca.ga* (fig. 103, B). Ce dernier porte une dilatation ou *sinus lactifère, si.la.,* avant de s'ouvrir sur le mamelon. Le mamelon est percé d'autant d'orifices qu'il y a de canaux galactophores principaux dans la glande.

LAIT.

Mode de production du lait. — Chaque lobule de la glande mammaire possède un revêtement épithélial à cellules élevées (C). Ces cellules s'allongent encore, *a b* (D), et forment, dans le cul-de-sac du lobule, une saillie de plus en plus étranglée, *b,* puis libre, *b'.* Les éléments ainsi indépendants renferment des globules graisseux, *gr,* et leur protoplasma se liquéfie. *Le lait résulte de cette fonte épithéliale et s'engage dans les canaux galactophores.*

Le mode de production du lait est le plus facile à observer : soit au moment où la glande mammaire commence à sécréter le lait après la *parturition* (accouchement), soit à l'époque où cesse l'allaitement.

Le premier lait ou *colostrum* renferme, en effet, des cellules dont la fonte est incomplète et qui contiennent de nombreuses gouttes de graisse; quand la sécrétion est normalement établie, les cellules disparaissent, les globules graisseux subsistent seuls.

Composition du lait. — Le lait de la Femme est un liquide blanc, une *émulsion naturelle,* dont l'opacité est due aux globules butyreux en suspension, au nombre de 1 million environ par millimètre cube.

Abandonné au repos dans un endroit frais (10 à 15°), le lait se sépare en deux couches : l'une, supérieure, est la *crème* formée par la réunion des corpuscules graisseux, moins denses que le liquide et rassemblés à la surface; l'autre est un liquide blanc bleuâtre, *lait écrémé*. On peut faire plus rapidement cette séparation par le barattage ; l'agitation violente du lait a pour effet d'unir entre eux les corpuscules en une masse solide, le *beurre*.

Composition centésimale moyenne du lait.

	FEMME.	VACHE.	ANESSE.	JUMENT.	CHÈVRE.
Eau....................	87,7	85,2	90,12	82,84	79,5
Albuminoïdes (*Caséine*, etc.)	2,12	4,87	2,03	1,64	8,8
Corps gras..............	4,5	4,03	1,55	6,87	8,65
Sucre de lait...........	5,5	5,5	5,8	} 8,65	2,73
Sels......	0,18	0,4	0,5		0,32

Ces divers principes sont des produits d'élaboration des cellules sécrétrices des glandes mammaires, aux dépens des matériaux que leur apporte le sang. (Voir tome Ier, p. 159.)

Ainsi qu'on peut le voir, le lait renferme toutes les catégories de matières alimentaires propres à assurer le développement du nouveau-né, c'est même, pour le jeune, un *aliment complet*. (Voir tome Ier, p. 32-36.)

Caséine. — La majeure partie des matières albuminoïdes du lait est représentée par la *caséine* qui s'y trouve sous forme de *caséinate alcalin ou alcalino-terreux*, peut-être même unie aux phosphates (?). La caséine semble résulter de la désagrégation et du gonflement, par l'eau, du protoplasme ayant pour origine l'épithélium spécifique de la glande mammaire; elle paraît être, dans le lait, à l'état d'un léger mucilage.

Le lait, filtré par aspiration à travers l'argile cuite ou le biscuit de porcelaine, fournit une liqueur transparente sans caséine (contenant seulement un peu d'albumine coagulable à chaud, du sucre de lait et des sels). Sur le filtre se dépose une *matière insoluble* qui, privée de ses graisses par l'éther, forme une couche translucide et cornée (mélange de *caséine* et de *nucléine*).

La caséine est séparée du lait : par l'action d'un acide (acide

acétique, chlorhydrique, etc...); par la *présure* ; sous l'influence
de *microbes*. On dit que le lait est *coagulé*.

Coagulation du lait. — 1° *Action des acides*. — Un acide
ajouté au *lait frais* détermine la décomposition des caséinates
alcalins ou des caséino-phosphates, avec formation de grumeaux
de caséine qui entraînent les globules laiteux et diverses granulations. On lave à l'eau, puis à l'éther qui dissout les graisses.

2° *Action de la présure*. — La présure ou *chymosine* est un
ferment contenu dans le suc gastrique des adultes et dans
l'estomac des jeunes animaux.

On peut la préparer ainsi à l'aide de la caillette du Veau : on dissout par l'eau
acidulée la pepsine que renferme la caillette; le liquide obtenu est traité par l'acétate neutre de plomb qui ne précipite pas la présure. On sépare cette dernière,
dans la liqueur filtrée, par le sous-acétate de plomb; le précipité obtenu est additionné d'eau acidulée à 2 pour 1 000 d'acide sulfurique; un excès d'alcool y précipite
le ferment.

L'existence de la chymosine dans l'estomac n'est pas liée à celle de l'acide
chlorhydrique ou de la pepsine; la présure subsiste en présence de l'acide chlorhydrique faible, mais elle est détruite dès que le milieu est légèrement alcalin.

La présure transforme le lait en un caillot massif à 35° ou 40°;
au-dessous de 15°, son action est nulle; la température de 70° suffit
à détruire ce ferment.

Lait coagulé.
{
Caillot (*Coagulum*).............. { Caséine. / Matières grasses.

Liquide (*Sérum* du lait) ou *petit-lait*. { Eau. / Lactose (Sucre de lait). / Sels.
}

La pepsine pure ne modifie pas le lait; comme le suc gastrique
du jeune Mammifère, même neutralisé, le coagule, c'est qu'il
contient de la présure.

Transformations du lait dans l'organisme jeune. — Le lait subit
deux transformations successives sous l'influence des ferments
contenus dans les sucs digestifs :

1° La *coagulation* de la caséine par la présure du suc gastrique;

2° La *liquéfaction* de la caséine et sa transformation en *caséine-
peptone* soluble, sous l'influence de la *caséase* du suc pancréatique.

Chez les Mammifères jeunes, immédiatement après la naissance, le suc gastrique contient de la présure seulement; puis apparaît peu à peu la pepsine, tandis
que la présure diminue. [A l'âge de 8 mois, chez l'enfant, la présure a totalement
disparu.] La coagulation du lait chez les Mammifères adultes est due à l'acide
chlorhydrique du suc gastrique.

Ni la présure, ni le suc gastrique ne peuvent digérer la caséine qu'ils ont coagulée; ce rôle échoit à la caséase, ainsi que le montrent les expériences suivantes :

La présure, comme le suc gastrique, coagule le lait, mais ne le digère pas. — Dans un ballon Pasteur (fig. 105) stérilisé à 250° (voir tome Ier, p. 496), on introduit du lait également stérilisé dans l'étuve à 110° et de la présure.

A cet effet, l'ouverture du tube *b*, masquée d'ouate, *ou*, est mise en communication avec une trompe à eau faisant fonction d'aspirateur; on plonge l'extrémité du tube fermé et effilé *a* dans le lait stérilisé, puis on casse la pointe de ce tube; de la présure est aussi versée dans l'entonnoir *d*.

L'aspiration effectuée par la trompe provoque : d'une part, l'arrivée du lait dans le ballon; d'autre part, la filtration de la présure à travers le tube de porcelaine *p*.

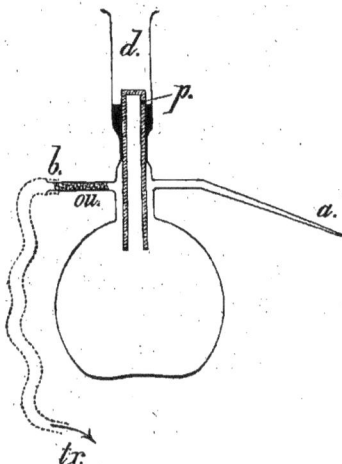

Fig. 105. — Ballon Pasteur; *d*, entonnoir; *p*, filtre en porcelaine; *b*, tube avec ouate, *ou*; *tr*, trompe à vide; *a*, tube effilé et fermé.

Le lait se coagule, mais le mélange demeure intact à partir de ce moment.

Une expérience identique peut être faite en remplaçant la présure par du suc gastrique.

Le suc pancréatique digère la caséine coagulée. — Comme il est difficile de stériliser le suc pancréatique, M. Duclaux, à qui nous sommes redevables de magnifiques recherches sur le lait, prend le pancréas lui-même :

Sur un animal qui vient d'être sacrifié, on prend, à l'aide d'une pince flambée, un petit fragment de pancréas qu'on flambe légèrement aussi, puis qu'on introduit rapidement dans du lait stérilisé et coagulé comme ci-dessus : au bout de quelque temps, la caséine est transformée en peptone dont on peut reconnaître tous les caractères.

3° **Action des ferments.** — Parmi les microbes, soit aérobies, soit anaérobies (voir tome Ier, p. 495), qui agissent sur le lait abandonné à l'air, les uns le coagulent, puis le digèrent; les autres l'altèrent, le putréfient, quelques-uns lui communiquent une certaine coloration.

Ferments aérobies. — Le *Tyrothrix tenuis*, semé sur du lait, élabore la présure qui coagule ce liquide, puis la caséase qui dissout le coagulum, mais bientôt apparaît du valérianate d'ammonium avec de la leucine, de la tyrosine, etc.

Les *Tyrothrix geniculatus, distortus, filiformis*, etc... transforment le lait en un liquide louche, avec formation d'acétate et de valérianate d'ammonium.

Ferments anaérobies. — Dans cette catégorie de ferments, M. Duclaux a signalé : les *Tyrothrix urocephalum* et *claviformis* qui putréfient le lait avec dégagement de gaz (H, Az, CO_2) ; le *Tyrothrix catenula* qui y développe de l'acide butyrique, etc.

Parmi les microbes qui colorent le lait, on peut signaler le *Bacillus prodigiosus* et le *Bacterium erythrogenes* qui le rougissent, le *Bacillus cyanogenes* qui colore en bleu le lait préalablement acidulé.

Conservation du lait. — Concentré dans le vide ou enfermé dans des boîtes scellées et porté à 120°, le lait peut se conserver longtemps, surtout s'il a été préalablement bien sucré.

Principaux sels du lait. — On retrouve dans les cendres du lait les sels que renfermait ce liquide ; la proportion en est de 6 grammes environ par litre dans le lait de la Femme (9 grammes dans celui de Vache). Parmi ces principes figurent : les *chlorures de sodium* (1,35) et de *potassium* (0,41), les *phosphates de calcium* (3,95), *de magnésium* (0,27), *de sodium et de fer* (traces), des traces de *fluor*, de *silice*, etc...

Petit-lait. — Le sérum ou petit-lait, qui reste après la séparation du coagulum, est un liquide clair et opalescent. Il contient de la *lactalbumine* (non précipitable par la présure et les acides, mais coagulable par la chaleur), tout le sucre et tous les sels minéraux du lait (sauf les phosphates terreux combinés en majeure partie à la caséine), des traces de matières grasses, d'urée, d'alcool, d'acides organiques (acides lactique, acétique, etc...).

Composition du petit-lait (Fleischmann).		Pour 100
	Eau	93,30
	Albuminoïdes	1,05
	Sucre de lait	4,40
	Acide lactique	0,33
	Graisses	0,10
	Matières minérales	0,82

§2. — GLANDES INFLUANT SUR LA NUTRITION GÉNÉRALE.

Certaines glandes, considérées longtemps comme des organes atrophiés et ne jouant plus aucun rôle dans l'économie, ont appelé récemment l'attention des physiologistes ; ceux-ci ont été frappés de voir les effets qu'entraîne, sur divers animaux, l'ablation partielle ou totale du *corps thyroïde*, du *thymus*, des *capsules surrénales*, voire du *pancréas* (ce dernier étant considéré en dehors de sa fonction essentielle comme glande digestive).

(a). CORPS THYROIDE.

Origine et évolution. — Le *corps thyroïde* (glande thyroïde, fig. 106, A, *g.th*) naît, chez l'embryon humain, d'un diverticule creux du pharynx, *Ph* (B), sur la face ventrale et au point de bifurcation de la paire antérieure d'arcs aortiques. Bientôt cette excroissance se transforme en une masse solide de cellules qui se sépare du pharynx et vient se placer sur la face ventrale du larynx, au-dessous du cartilage thyroïde (pomme d'Adam); elle s'étend même en avant de la trachée-artère. Le corps thyroïde se divise incomplètement en deux lobes réunis par un isthme médian; le tissu conjonctif qui l'enveloppe forme une capsule de la face interne

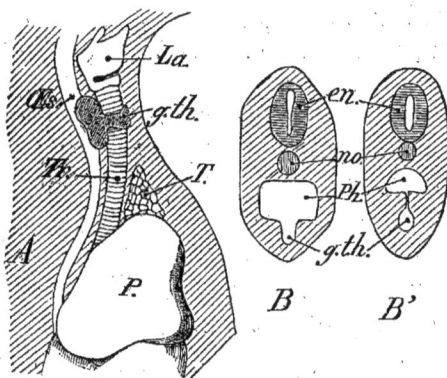

FIG. 106. — A, corps thyroïde, *g.th* et thymus, *T*, chez le Chat. *Tr*, trachée-artère; *P*, poumons; *Œs*, œsophage; *La*, larynx. — B, B', origine du corps thyroïde (gouttière hypopharyngienne) chez la larve de *Petromyzon; Ph*, pharynx; *no*, notochorde; *en*, encéphale.

de laquelle partent des cloisons nombreuses qui divisent la masse cellulaire en follicules ramifiés et creux.

Cette glande primitive, dont le canal excréteur a disparu[1], est capable de sécréter une matière *colloïde* qui remplit les vésicules creuses. Quand cette sécrétion est exagérée, la glande thyroïde s'hypertrophie et donne lieu au *goitre*, excroissance de la gorge dont les dimensions sont parfois considérables.

Le corps thyroïde se rencontre chez tous les Vertébrés; impair au début chez l'embryon, presque toujours divisé en deux lobes dans la suite, il apparaît chez tous comme une *gouttière hypopharyngienne,* largement ouverte dans le pharynx d'abord, puis transformée peu à peu en un organe pourvu d'un canal rétréci et de prolongements antérieurs et postérieurs; ces sortes de cornes deviennent autant de follicules glandulaires, en partie résorbés chez l'adulte.

Chez l'*Amphioxus*, on trouve également la gouttière hypopharyngienne homologue de l'*endostyle* des Ascidies.

1. Le *trou borgne* de la langue (voir tome Iᵉʳ, page 230, fig. 227) paraît être la terminaison de ce canal dans la bouche.

Effets de l'atrophie ou de l'ablation du corps thyroïde. — Des observations récentes ont montré que l'atrophie du corps thyroïde chez l'Homme est accompagnée d'une altération profonde de la nutrition avec dépérissement, bouffissure de la peau, engorgement du derme par une sérosité abondante et épaisse.

Des phénomènes identiques se manifestent chez les personnes opérées du goitre; au bout d'un temps plus ou moins long, des troubles cérébraux surviennent chez ces malades dont les facultés intellectuelles s'éteignent. Vertiges, convulsions, inconscience, arrêt de développement du corps : tels sont les effets de l'ablation du goitre.

Frappés de l'analogie de tels faits qui sont la conséquence de l'atrophie du corps thyroïde ou de l'ablation du goitre, les physiologistes ont procédé à des expériences d'ablation partielle ou totale de la glande chez les animaux; les résultats acquis jusqu'à ce jour sont les suivants :

1° L'ablation partielle du corps thyroïde chez le Chien n'est suivie d'aucun accident.

2° L'ablation totale est suivie de torpeur, puis d'accès convulsifs; la mort survient à bref délai.

3° L'animal demeure bien portant après l'ablation totale si, de temps à autre, on lui injecte dans le sang le liquide obtenu en exprimant le corps thyroïde d'un autre Chien.

Il est difficile d'interpréter, quant à présent, le mode d'action de la glande thyroïde sur les actes de la nutrition générale; il semble toutefois, en raison des troubles nerveux que provoque sa suppression, que cet organe élimine de l'organisme, par l'intermédiaire du sang, quelque *leucomaïne*, poison analogue à ceux que nous rejetons constamment par les voies urinaire et respiratoire.

(b). THYMUS.

Placé, comme le corps thyroïde, à la partie antérieure de la trachée-artère et pénétrant même un peu dans la cavité thoracique, au-dessus des poumons, le *thymus*, *T* (fig. 106, A) est une excroissance ayant pour origine l'épithélium d'une paire des fentes viscérales constatées chez l'embryon (fig. 42, A et B). Il est formé de deux lobes, pleins chez l'adulte, ayant extérieurement l'aspect de grains chez le Veau et les jeunes Ruminants : d'où son nom de *ris de veau*. Son tissu est gorgé de cellules lymphatiques.

Bien développé pendant la période fœtale, le thymus continue à grossir chez l'enfant jusqu'à l'âge de deux ans, puis il perd de son importance et s'atrophie complètement ou à peu près chez l'adulte.

Le thymus est représenté chez tous les Vertébrés. Plus allongé chez les Oiseaux et les Crocodiles que chez les Mammifères, il s'y étend tout le long du cou, du péricarde jusqu'à la mâchoire inférieure. C'est un petit tubercule chez les Amphibiens ; le même organe est contenu dans la cavité branchiale des Poissons.

La fonction du thymus est encore inconnue.

(c). CAPSULES SURRÉNALES.

Origine et évolution. — Leur nom de *capsules surrénales* indique que ces organes, *C.sur.* (fig.107),sont situés au-dessus des reins qu'ils coiffent à la manière d'un casque chez l'Homme.

Quand on suit le développement des Vertébrés amniens (Mammifères, Oiseaux et Reptiles), on remarque que *les capsules surrénales dérivent des ganglions sympathiques et de cellules mésodermiques indifférentes.* Ces organes comprennent donc deux sortes d'éléments :

1° Des cordons irréguliers de cellules mésodermiques remplies de globules d'aspect graisseux forment la couche corticale des capsules.

2° Des amas de cellules brunes, abondantes dans la substance médullaire, principalement du côté dorsal, dérivent des ganglions sympathiques.

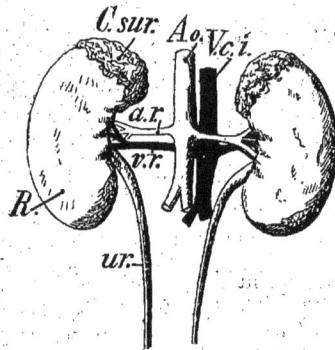

Fig. 107. — Capsules surrénales, *C.sur.* R, rein.

Les Poissons Sélaciens possèdent une série de corps pairs, homologues des capsules surrénales, dérivés des ganglions sympathiques, et en outre un corps impair d'origine mésoblastique.

Fonction des capsules surrénales. — Il est difficile de se prononcer sur le rôle de ces organes, rôle incontestable cependant, puisque la suppression de l'une des capsules, chez un animal, entraîne l'hypertrophie de l'autre : cette dernière a donc double travail à effectuer.

L'ablation simultanée des deux capsules détermine, dans le sang du patient, l'apparition et l'accumulation d'un poison dont l'effet sur l'économie est la paralysie générale, effet comparable à celui du curare.

Les capsules surrénales paraissent donc être des glandes à rôle défensif, des organes chargés de l'élimination d'une substance toxique, au même titre que le foie signalé déjà. (Voir tome Ier, page 173.)

(d). PANCRÉAS.

Des expériences récentes effectuées sur le Chien ont montré que le pancréas, outre sa propriété de sécréter un suc digestif riche en pancréatine (voir tome Ier, pages 58-59), joue un rôle important dans l'assimilation des matières sucrées.

La suppression *totale* du pancréas provoque, chez l'animal opéré, une sorte de *diabète* (apparition de sucre dans les urines), avec amaigrissement rapide, faiblesse générale suivie de mort. La suppression *partielle* du pancréas, même avec celle du canal excréteur de la glande (canal de Wirsung), n'entraîne pas ces phénomènes; le diabète ne se manifeste pas chez le Chien en expérience.

Quelle est la signification de ces faits? De quelle manière le pancréas contribue-t-il à l'utilisation du sucre contenu dans le sang? Sécrète-t-il un composé organique dont la combinaison avec le glucose en permet l'assimilation plus rapide par la cellule animale? De nouvelles expériences sont nécessaires pour jeter la lumière sur ce sujet encore obscur

II

ORGANES PRODUCTEURS de LUMIÈRE et d'ÉLECTRICITÉ

§ 1. — ORGANES PHOTOGÈNES.

La *fonction photogénique* ou *luminosité est une fonction physiologique et générale* (car elle s'étend aux plantes comme aux animaux), *indépendante de la nature des organes où elle s'exerce, placée sous la dépendance étroite du protoplasme des cellules qui engendrent le phénomène.*

Les exemples qui suivent confirment en effet ces données.

Organismes photogènes. — La fonction photogénique a été observée : chez certains êtres vivants des plus élémentaires (quelques *Bactériacées* parmi les plantes, *Noctiluques* parmi les animaux); chez les organismes végétaux plus élevés, mais *dépourvus de chlorophylle* (certains *Champignons*, fleurs jaunes du Souci, de l'Œillet d'Inde, etc.); chez des animaux appartenant à tous les degrés de la série : *Isis, Gorgones, Pennatules, Pelagia noctiluca, Cydippes, Béroés*, etc., parmi les Cœlentérés; *Brisinga*, parmi les Échinodermes; *Balanoglossus* (Entéropneustes); *Photodrilus* et certaines *Annélides*, parmi les Vers; quelques Crustacés; de nombreuses espèces d'Insectes dont *Lipura noctiluca, Lampyris noctiluca, Pyrophorus*, etc...; plusieurs Mollusques : *Æolis, Hyalea, Phyllirhoe, Pholas dactylus;* les *Appendiculaires*, les *Pyrosomes*, des *Salpes*, etc... parmi les Tuniciers; quelques espèces de *Poissons*.

Nombre d'animaux, autres que les précédents, ne sont pas lumineux par eux-mêmes et le deviennent parce qu'ils sont envahis par des parasites photogènes.

Description des organes photogènes. — Le *Photobacterium Sarcophilum* (fig. 108, A)est une Bactériacée qu'on peut obtenir à l'état de pureté, en culture sur bouillon de gélatine-peptone additionné de 4 pour 100 de sel marin. Cette Bactérie, dont les dimensions varient entre 1 et 4 μ, affecte diverses formes (microcoque, virgule, filament), sans cesser d'être lumineuse; elle envahit la viande des Mammifères.

Les Photobactériacées communiquent le pouvoir photogénique :

soit aux cadavres sur lesquels elles brillent jusqu'au moment de la décomposition, soit à des animaux (Pholades, Pélagies) avec qui elles vivent en symbiose, soit même à des liquides (urines, sueur, humeurs des plaies) qui constituent un excellent milieu de culture.

Le mycélium photogène de l'*Agaricus melleus* communique cette propriété aux débris végétaux qu'il pénètre et dont il se nourrit. Nombre d'autres Agarics exotiques jouissent de la même faculté.

La propriété d'émettre de la lumière est inhérente au protoplasme et non le résultat d'une sécrétion : en effet, un bouillon de culture,

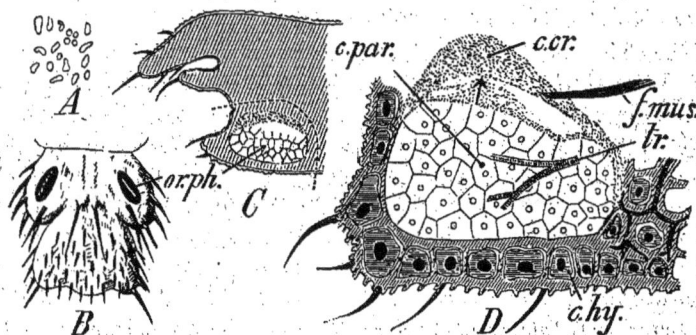

FIG. 108. — Organismes photogènes. — A, *Photobacterium Sarcophilum*. — B, organes photogènes, *or.ph*, de la larve de Lampyre noctiluque. — C, coupe d'un de ces organes, fortement grossie en D. *c.par*, couche parenchymateuse ; *c.cr*, couche crayeuse ; *f.mus*, faisceau musculaire ; *tr*, trachée.

lumineux par les Photobactériacées qui y pullulent, devient obscur dès que, par son passage à travers un filtre de porcelaine, il a été séparé de ces êtres.

L'étude histologique des organes photogènes des animaux conduit à la même conclusion.

Chez *Noctiluca miliaris*, Flagellé auquel est due souvent la *phosphorescence de la mer* (comme l'on dit encore *inexactement*), le pouvoir photogénique appartient à des granulations très réfringentes du protoplasme. La Noctiluque, qui semble, à l'œil nu, une source unique de lumière, se résout, à un grossissement suffisant, en une multitude de points lumineux qui correspondent aux granulations précitées. Ces mêmes granulations se retrouvent dans toutes les régions photogènes de la *Pelagia noctiluca* (surface externe, canaux radiaires, etc.); les cellules qui les renferment produisent, en se désagrégeant, un mucus qui demeure lumineux pendant quelque temps.

Dans l'organe photogène du Lampyre noctiluque (fig.108, C et D), on distingue deux couches : l'une inférieure, *c.par*, composée de cellules granuleuses; l'autre supérieure, opaque et crayeuse, *c.cr*, formée de *granulations cristalloïdes* très réfringentes qui résultent de la désagrégation des cellules précédentes. La respiration active des organes photogènes est assurée par les nombreuses trachées qui y aboutissent, *tr*; des faisceaux musculaires, *f.mus*, soumis à l'influence de la volonté de l'animal, règlent par leurs contractions l'irrigation sanguine et la nutrition des mêmes organes.

En outre, les éléments photogènes sont directement excitables par des agents mécaniques, physiques et chimiques qui peuvent, suivant les cas, y faire jaillir la lumière ou l'éteindre lorsqu'elle est produite.

MÉCANISME DE LA FONCTION PHOTOGÉNIQUE

1° **Couleur de la lumière physiologique.** — La lumière engendrée par l'activité des organismes photogènes présente une *couleur* variable : avec les espèces, chez une même espèce avec les conditions de milieu, chez un même individu parfois.

La couleur de la lumière émise est variable avec les espèces. — Ainsi les Photobactériacées apparaissent d'un blanc d'argent, sont quelquefois bleuâtres, vertes ou orangées; il en est de même des Champignons (*Agaricus olearius*, blanc; *Agaricus igneus*, bleu). Parmi les animaux, le Balanoglosse émet une lumière vert-émeraude; celle du Lampyre est bleuâtre; celle de la Luciole est blanche avec des reflets jaune d'or.

La couleur de la lumière varie chez un même individu photogène. — Chez certains *Gorgonidés*, la lumière prend rapidement et sans interruption la plupart des teintes du spectre; il en est de même des *Pyrosomes* soumis à une forte excitation : le *Pyrosoma atlanticum*, d'abord rouge, devient successivement aurore, orangé, verdâtre et enfin bleu foncé.

Ces variations de la lumière émise par un même individu paraissent correspondre à un état de fatigue, à certaines variations dans la composition du sang : ainsi l'injection d'éosine dans le sang d'un Pyrophore en fait passer la lumière, préalablement verte, à la nuance rose.

2° **Analyse de la lumière physiologique.** — La lumière des Photobactériacées, des Champignons et de la plupart des animaux marins est d'intensité tellement faible que l'analyse spectroscopique n'en peut être faite; on voit cependant que cette lumière est polychromatique. Par contre, la lumière des Insectes donne un beau spectre continu dont les diverses radiations sont nettement visibles. Le spectre du *Pyrophorus noctilucus* est compris entre les raies *B* et *F* du spectre solaire avec maximum d'intensité dans le jaune verdâtre, au voisinage de la raie *E*. Ce spectre n'a rien de commun avec celui du phosphore en combustion dans l'oxygène ou l'hydrogène [le mot *phosphorescence* n'est donc pas synonyme de *luminosité*].

M. R. Dubois pense qu'il existe dans le sang des Pyrophores une substance fluorescente, la *pyrophorine* (non isolée d'ailleurs), qui, diminuant la réfrangibilité de certaines radiations ultra-violettes, les transforme en radiations lumineuses rejetées dans la région moyenne du spectre : telle serait la raison de l'éclat particulier présenté par la lumière verte du Pyrophore.

En outre, les radiations chimiques contenues dans ce spectre, quoique faibles, sont suffisantes pour décomposer les substances sensibles à l'action de la lumière : une plaque photographique au gélatino-bromure est impressionnée en *cinq minutes* par l'organe photogène ventral du Pyrophore, tandis qu'avec la lumière solaire il suffit d'une *fraction de seconde*.

Origine de la lumière physiologique. — La production de lumière ne dépend ni de la structure de l'organe photogène, ni de son fonctionnement, car l'organe photogène du Lampyre desséché et broyé émet encore de la lumière quand on humecte d'eau le résidu ainsi obtenu.

Si l'on suit, à l'aide du microscope, l'évolution d'une cellule lumineuse de la Pholade dactyle à mesure que s'épuise son pouvoir photogénique, on voit que *le noyau cellulaire se désagrège en une foule de granulations qui, de la forme sphéroïdale et de l'état colloïdal, passent peu à peu à l'état radio-cristallin :* c'est la marche normale des transformations éprouvées par tout protoplasme qui se désassimile. Ici la matière protoplasmique photogène perd sa nature colloïdale avec l'énergie qu'elle rayonne ; mais *cette matière photogène est capable de survivre à l'animal et peut continuer à briller pendant quelque temps après sa mort.*

La conservation de la matière photogène ne peut être indéfinie, ainsi que le montrent les faits suivants : des organes lumineux, desséchés à l'étuve à 36°, sont épuisés par l'alcool absolu, puis par l'éther froid à 60°. Ainsi traités, ces organes redeviennent lumineux au contact de l'eau, après un temps plus ou moins long, mais non indéfini.

La matière photogène, comme beaucoup de micro-organismes, résiste à la température de 120° en milieu sec ; elle ne peut briller quand elle a été portée à 60° en milieu humide.

Depuis la température de sa congélation, la matière photogène émet une lumière de plus en plus intense jusqu'à 35°, constante de 35° à 55°, décroissante jusqu'à 60°, température à laquelle elle s'éteint. Les *réactifs oxydants* (oxygène, ozone, eau oxygénée) n'augmentent pas l'intensité lumineuse et peuvent même la détruire ; les *agents réducteurs* (H, H²S, sulfites) la suspendent ; les solutions d'acides et de bases énergiques et les antiseptiques l'éteignent, ainsi que les réactifs qui coagulent l'albumine.

En résumé, *le phénomène photogénique n'exige pour s'accomplir ni l'intégrité de l'organe lumineux, ni celle des éléments cellulaires. Grâce à son activité physiologique, la cellule capable de luminosité forme la substance photogène qui, une fois produite, peut briller ou s'éteindre indépendamment de l'élément anatomique originel, et seulement suivant les modifications du milieu ambiant.*

Les conditions de milieu nécessaires à la luminosité sont : l'eau, l'oxygène et une température convenable (toutes conditions fondamentales pour l'entretien de la vie). Toute cause, capable de suspendre ou de supprimer l'activité protoplasmique, suspend ou supprime la fonction photogénique.

La photogénie est donc un phénomène complexe : de nature physique en ce qu'il y a dégagement de lumière ; de nature chimique par la transformation d'une matière colloïdale en substance cristalline ; de nature physiologique, par suite de l'évolution du noyau de la cellule photogène, noyau résolu en granulations protoplasmiques par désassimilation.

Utilité de la fonction photogénique. — Le fait que l'œuf et la larve (fig. 64, B) du Lampyre, l'embryon du Béroé encore renfermé dans l'œuf, etc... possèdent déjà le pouvoir photogénique, prouve que *cette fonction, transmissible de génération en génération, est une propriété ancestrale,* perdue peut-être par *l'adaptation* de certaines espèces à des conditions de milieu particulières.

Remarquée ordinairement chez des animaux marins et fréquemment chez les espèces des grandes profondeurs, la luminosité paraît s'y être perpétuée parce que ces êtres sont normalement plongés dans l'obscurité; or la lumière leur est utile, temporairement au moins, pour chercher leur nourriture, effrayer leurs ennemis et faciliter leur accouplement. Il n'en est pas tout à fait ainsi pour les animaux adaptés à la vie aérienne qui vaquent à leurs occupations pendant le jour, le plus souvent.

Peut-être aussi la fonction photogénique est-elle ignorée encore chez bien des êtres vivants, parce que nos moyens d'investigation sont encore trop imparfaits pour nous permettre de reconnaître une faible émission de lumière? Il n'y aurait pas lieu de s'étonner qu'elle fût aussi générale, étant donné que la lumière, au même titre que l'électricité et la chaleur, est une forme de l'énergie.

§ 2. — ORGANES ÉLECTRIQUES.

Les nerfs et les muscles produisent de l'électricité. — 1° Si l'on sectionne un nerf, n (fig. 109, A), dont on réunit ensuite la surface a à un point quelconque b de la section par un fil métallique sur le trajet duquel est interposé un galvanomètre G, on remarque que l'aiguille du galvanomètre dévie, en accusant un courant électrique qui va de la surface à la section du nerf par le circuit extérieur.

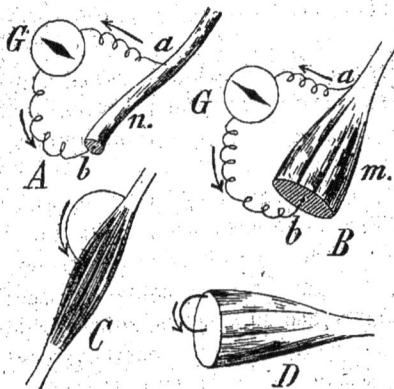

FIG. 109. — Organes producteurs d'électricité. A, lors de la section du nerf n, il se produit, de a vers b, dans le circuit extérieur aGb, un courant accusé par la déviation de l'aiguille du galvanomètre G. — B, même expérience faite sur un muscle, m. — C, D, sens des courants obtenus en réunissant deux points de la surface ou de la section d'un muscle.

2° Une expérience identique à la précédente, réalisée sur un muscle m (B), coupé perpendiculairement au ventre, donne une déviation de même sens dans le galvanomètre. On remarque, en outre, que :

1° Sur la surface intacte d'un muscle au repos, la tension positive est plus grande au voisinage du ventre qu'aux extrémités (C);

2° Sur la section d'un muscle au repos, la tension négative est plus grande au centre qu'à la périphérie (D).

La figure 109 (C et D) montre le sens des courants qu'on obtiendrait ainsi dans un conducteur métallique appliqué sur le muscle en expérience.

La tension diminue en chaque point du muscle au moment de sa contraction : c'est ce qu'on appelle la *variation négative*.

Les nerfs, les muscles, les glandes, tous les organes, en un mot, consacrent à la production d'électricité une partie de l'énergie qui a pour origine les réactions chimiques dont ces organes sont le siège.

Les courants électriques ainsi obtenus sont de faible intensité; il est fort probable cependant qu'ils jouent un certain rôle dans les réactions intracellulaires (mouvements moléculaires, électrolyse, etc.)

POISSONS ÉLECTRIQUES.

Quelques Poissons sont pourvus d'organes spéciaux qui leur permettent de donner de puissantes décharges électriques aux animaux qui les attaquent ou à ceux dont ils veulent faire leur proie. Ces sortes de piles vivantes sont : la *Torpille*, le *Gymnote*, le *Malaptérure*.

Chez la Torpille (fig. 110, A), les organes électriques, *Org.él*, sont situés de chaque côté et en avant des nageoires pectorales, *na.pec*, entre la tête, les sacs branchiaux, *Br* et *s.Br*, et le proptérygium de ces nageoires.

Constitution d'un organe électrique. — Un tel organe est composé d'une multitude de petits prismes hexagonaux dont les axes sont parallèles entre eux, ainsi qu'au plan de symétrie de l'animal; les prismes sont séparés par du tissu conjonctif qui divise en outre chacun d'eux en disques ou alvéoles, superposés comme les rondelles d'une pile de Volta. Un plexus nerveux, très fin, issu du trijumeau, *n.tr* et du *pneumogastrique*, est réparti dans toute l'étendue du tissu conjonctif que renferme l'organe électrique; un réseau vasculaire nourricier sillonne également le tissu conjonctif.

Alvéole. Lame électrique. — Chaque prisme de l'organe électrique comprend une pile d'alvéoles renfermant chacun :

1° une *lame électrique* qui en constitue *l'élément fondamental* (comparable à une rondelle zinc-cuivre de la pile voltaïque); 2° une couche de substance gélatineuse (correspondant à une rondelle de drap du même appareil).

Les lames électriques et les disques gélatineux alternent régulièrement. Dans les lames aboutissent les terminaisons en bois de cerf (fig. 110, B) du plexus nerveux contenu dans les cloisons conjonctives adjacentes.

Un alvéole donné présente donc : 1° une face occupée par la lame électrique (toujours électro-négative chez la Torpille);

2° une face opposée constituée par le disque gélatineux (électro-positif).

Comme tous les alvéoles sont disposés de même dans chaque prisme et tous les prismes identiquement placés dans chaque

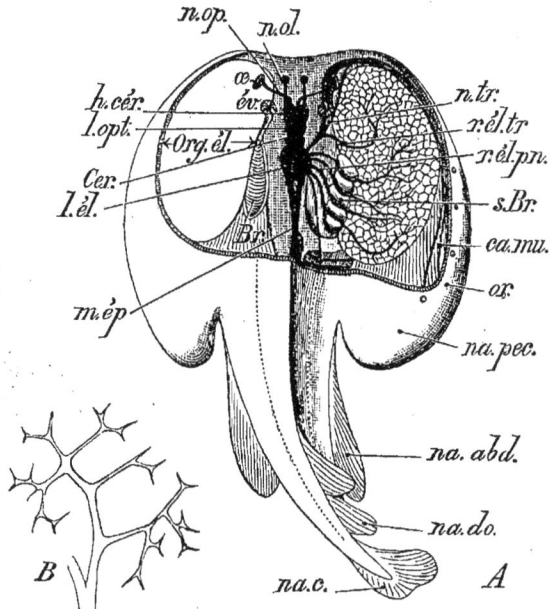

FIG. 110. — Organes électriques. — A, Torpille ; *na.pec*, nageoire pectorale ; *na.abd*, nageoire abdominale ; *na.do*. nageoire dorsale ; *na.c*, nageoire caudale ; *Br*, *s.Br*, sacs branchiaux ; *év*, évent ; *Org.él*, organes électriques (figurés seulement à droite) ; *h.cér*, hémisphères cérébraux ; *l.opt*, lobes optiques ; *l.él*, lobes électriques ; *m.ép*, moelle épinière ; *n.ol*, nerf olfactif ; *n.op*, nerf optique ; *œ*, œil ; *n.tr*, nerf trijumeau et son rameau électrique, *r.él.tr ; r.él.pn*, rameaux électriques du nerf pneumogastrique répartis dans l'organe électrique droit. — B, terminaisons en bois de cerf du plexus nerveux dans les organes électriques.

organe électrique, on conçoit facilement que la Torpille possède *une véritable pile dont l'activité dépend des centres qui l'innervent;* aussi la destruction des *lobes électriques*, *l.él*, annihile physiologiquement les organes électriques qui demeurent cependant excitables pendant quelque temps par des moyens artificiels.

Chez le *Gymnote*, les deux organes électriques sont placés dans la région caudale et de chaque côté du corps. Ceux du *Malaptérure* occupent la région du tronc ; ils forment une véritable ceinture placée sous la peau ; une mince cloison médiane, dorsale et ventrale, partage cette ceinture en deux parties symétriques.

Les organes du Gymnote et du Malaptérure sont innervés par la moelle épinière.

La *Raie* et le *Mormyrus* possèdent des organes pseudo-électriques, ainsi appelés parce que, tout en ayant une structure analogue à celle des organes électriques, ces appareils paraissent ne pas produire d'électricité.

Caractère et effets de la décharge. — M. Marey a

reconnu que *la décharge de l'organe électrique, résultant de la fusion de secousses successives et rapides, présente une grande analogie avec l'acte musculaire.* Cette déduction est rationnelle, puisque *le tissu électrogène* qui compose les prismes *résulte d'une différenciation du tissu musculaire strié.*

Les effets produits par la décharge consistent en un ébranlement des articulations suivi d'engourdissement; ils sont tellement violents avec le Gymnote que cet animal est capable de foudroyer de gros animaux, parfois des Chevaux.

Le Gymnote vit dans les fleuves et les marais de l'Amérique méridionale; or les indigènes, poursuivant les Chevaux sauvages qu'ils veulent capturer, les chassent parfois dans les marais pour les exposer aux décharges engourdissantes des Poissons électriques.

Paris. — Imp. E. Capiomont et Cie, rue des Poitevins, 6.

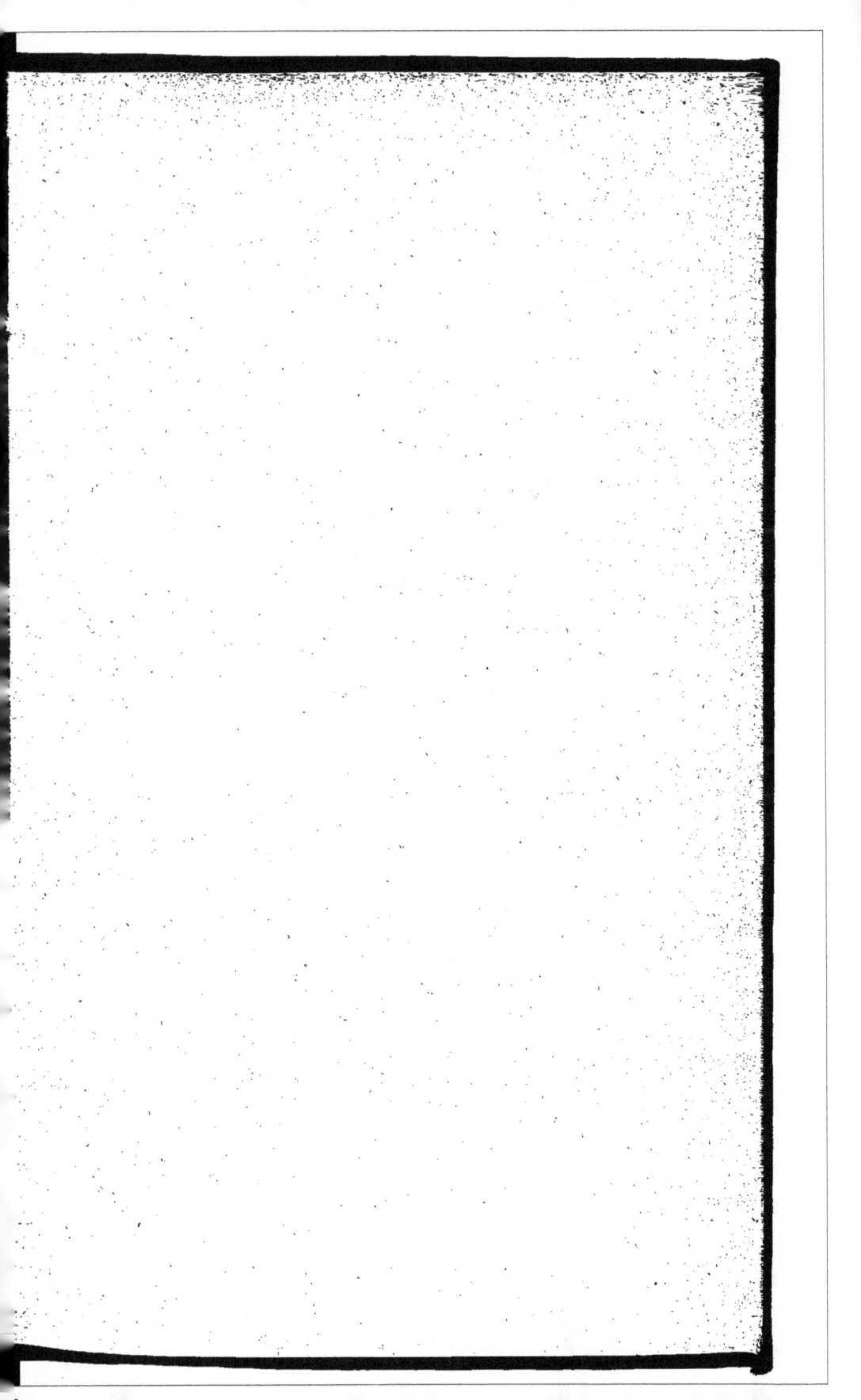

www.ingramcontent.com/pod-product-compliance
Lightning Source LLC
Chambersburg PA
CBHW070400090426
42733CB00009B/1475